KB254109

위빠싸나 33일

수행법

위빠싸나 수행법 33일

문이 안으로 열리느냐 밖으로 열리느냐 하는 것은 돌쩌귀의 상태에 달려있듯이 행복과 불행은 생각하기 나름입니다. 알면서 뜻대로 되지 않는 것은 수행의 결여 때문입니다.

여기에 수록된 내용들은 선원에서 처음 수행의 열의를 갖고 찾아오는 사람들에게 하루하루 일러준 내용들로서 행복을 만드는 처방들입니다.

수행자들이여!

세상에는 두 개의 극단(極端)이 있느니라.

수행자는 그 어느 쪽으로

기울어져도 안 되느니라.

두 개의 극단이란 무엇인가?

하나의 극단은 감성이 이끄는 대로

쾌락의 욕망을 채우는 것인데

이것은 천하고 저속하며

어리석고 무익한 것이니라.

다음의 극단은 자기 자신을 **괴롭히는** 것인데

이것은 **괴롭기**만 할 뿐 천하고 무익하니라.

수행자들이여!

여래는 양극단을 버리고 중도(中道)를 깨달았느니라.

그리고 이 중도에 의해서

완전한 깨달음의 열반에 이르렀느니라.　　　　　[초전법륜경에서]

이와 같이 부처님도 이 수행법으로 정각자가 되었듯이 누구나 쉽게 이 글을 읽고 스스로 한번쯤 일어나고 사라지는 감정이나 느낌에 마음을 챙겨봅시다!

지나간 과거의 그림자와 미래의 환상에 빠져 한 순간도 현재에 살아보지 못하고 감정과 느낌의 노예가 되어 철없는 어른인 채 사라져 갑니다.

부처님의 수행법인 위빠싸나(佛敎冥想)란 자신의 안과 밖에서 일어나고 사라지는 현상들을 잘 꿰뚫어 보고 감정의 속박과 느낌의 구속으로부터 자유를 찾는 수행법입니다. 이 수행은 불교의 전유물이 아니라 전 인류의 신앙을 초월한 복락의 길이며 나아가 현실적으로 보다 건전한 삶에 만족할 줄 아는 길입니다. 여기서 말하는 「무지(無知)」란 전체 지혜가 아닌 부분적인 지혜에 묶여 있거나, 부분적인 지혜나마 뒤죽박죽 뒤얽혀 있어 상세하고 체계적으로 정립되어 있지 못하거나, 경험적인 지혜가 아닌 관념적인 지혜에 얽매여 있는 상태를 의미하는 말입니다. 이 무지에 묶인 범부들은 스스로의 사견이나 소견에 묶여 탐욕에서 벗어날 수 있는 두 가지 방법 즉, 「욕망 채우기」와 「욕망 비우기」 중 욕망 채우기를 원하며 불교를 이해하려 합니다.

이렇게 「욕망 채우기」 쪽으로 기울어짐은 그들이 소견이나 사견에 의해서 심안이 어두워졌기 때문이며 이것이 진정한 진리를 보지 못하게 되는 원인입니다.

불교의 핵심적인 진리가 4성제이며 자성을 밝혀 진정한 평화를 위한 해탈의 길이 중도(中道)인 계, 정, 혜의 삼학입니다. 이것을 좀 더 세분화 한 것이 팔정도이고 보다 더 체계화한 것이 37보리분이며 완전히 펼쳐진 것이 84,000법문이 됩니다. 중도의 무아사상이 곧 불교이며 사성제 팔정도가 부처님의 가르침이며 괴로움에서 벗어날 수 있는 진정한 해탈의 길입니다.

「명칭은 불교라 하지 않더라도 팔정도가 있으면 나의 가르침이지만 비록 불교라 하더라도 팔정도가 없으면 나의 가르침이 아니다.」라고 부처님께서 선언하셨으며 이 팔정도의 윗자리에 정견(正見)을 놓으셨습니다.

다시 말해서 바른 견해의 확립이야 말로 불제자에게 요구되는 가장 우선되는 덕목입니다. 따라서 깨달음을 성취하여 해탈하는 요체가 바른 마음 챙김이며 진리를 추구하는 불자는 바른 견해부터 이해하여야 할 것입니다.

바른 견해는 여시여시하게 「있는 그대로」를 이해함을 말합니다. 그러나 범부중생들은 자신에 대한 잘못된 관념 때문에 자신과 사물을 있는 그대로 보지 못해서 바른 견해를 갖출 수 없는 것입니다.

대부분의 사람들은 자아를 전제해서 진화해왔기 때문에 보호의 본능과 보존의 본능이 웃자라게 되었던 것입니다. 또 그 본능들을 충족시키기 위해서 절대자와 영혼불멸의 이론을 다듬어 왔고 이런 견해가 세상을 거의 뒤덮게 되었습니다. 이런 때에 「고타마」라는 성자께서 이 수행법으로 정진하셔서 마침내 「나는 실재하지 않는다.」라는 공의 도리를 깨달으시면서 불교가 탄생되었습니다. 그러나 부처님의 가르침이 긴 세월 동안 전해져 오는 동안 자신들의 눈높이만큼 이해된 부분만을 강조해서 나열한 자료들이 의외로 많아졌습니다. 그리하여 이러한 자료들이 수행의 길에 들어선 우리들을 오히려 더 깊은 혼란의 수렁으로 밀어 넣고 있는 안타까운 실정입니다.

불교를 맹목적으로 믿어서는 안 됩니다. 더구나 우연한 인연으로 알게 된 법(法)이 제법 논리 정연한 내용을 갖추고 자신의 소견과 눈높이가 비슷하다고 해서 믿게 되면 도리어 「나는 알고 있다.」라는 무지에 빠져 버리게 됩니다.

불교란 무엇입니까?

모든 앎을 내려놓고 불교의 핵심인 교리, 수행, 깨달음 등의 요체가 되는 중도를 불교라 할 수 있을 것입니다. 바른 삶을 뒤로 미루고 삿된 삶을 앞세우지 말아야 하겠습니다. 이제 우리들은 훌륭한 삶의 문턱에서 성자들의 대열에 한발을 들여놓는 순간 거룩한 진리를 만나게 될 것입니다.

그래서 감정과 느낌의 족쇄를 풀고 대자유인이 되길 발원합니다.

丙戌年 中秋

銀海寺 市民禪房 瑞雲庵 如來禪院

法 山 붓다피야 合掌

| 길라잡이 |

여기 왜 왔는가?

여기 왜 왔는가?

『여기 왜 왔는가?』

「모든 고통에서 벗어나는 깨달음을 위해서 왔습니다.」

『부처님은 무엇을 가르쳤는가?』

「사성제입니다.」

『사성제란 무엇인가?』

「첫째, 고통의 진리,

둘째, 고통의 원인의 진리,

셋째, 고통의 소멸의 진리,

넷째, 고통의 소멸에 이르는 길의 진리 등 네 가지입니다.」

『고통의 진리란 무엇인가?』

「이 세상에 존재하는 여덟 가지 고통 즉, 8고(八苦)를 고통의 진리로 알고 있습니다.」

『여덟 가지 고통이란 무엇인가?』

「생로병사(生老病死)의 4고와 원증회고(怨憎會苦), 애별리고(愛別離苦), 구부득고(求不得苦), 오음성고(五蘊性苦) 등 4고, 이 여덟 가지가 고통이라고 이해하고 있습니다.

즉, 태어남이 고통이고,

늙음이 고통이고,

병듦이 고통이고,

죽음이 고통이고,

싫어하는 것과 함께 해야 하는 것도 고통이고,

좋아하는 것과 함께 하지 못하는 것도 고통이고,

원하는 것을 얻지 못하는 것도 고통이고,

오온도 고통이라고 이해하고 있습니다.」

『태어남이란 무엇인가?』

「사람들이 윤회하는 존재로서 입태하여, 감각기관이 형성되고 오온을 갖춰서 나오는 것을 태어남이라고 이해하고 있습니다.」

『늙음이란 무엇인가?』

「세월 따라 약해지고, 노쇠하고, 머리가 희어지고, 피부가 주름지고, 생기가 없어지고, 감각 기관이 무너지는 것을 늙음이라고 이해하고 있습니다.」

『병듦이란 무엇인가?』

「사람의 몸은 무너지기 쉬워 각종 질병과 사고에 의해서 고통을 받는데 이것을 병듦이라고 이해하고 있습니다.」

『고통이란 무엇인가?』

「사람들이 겪는 육체적으로 즐겁지 않은 느낌을 고통이라고 이해하고 있습니다.」

『고뇌란 무엇인가?』

「사람들이 겪는 불안, 공포에서 비롯되는 정신적인 불만족을 고뇌라고 이해하고 있습니다.」

『죽음이란 무엇인가?』

「사람이 결국 의식이 사라지고 목숨이 끊어져 몸이 무너지고 분해되며 사라지는 것을 죽음이라고 이해하고 있습니다.」

『싫어하는 것(사람)과 함께 해야 하는 고통이란 무엇인가?』

「좋아하지 않는 형상, 소리, 향기, 맛, 감촉, 법 등과 또 타인의 불행과 손해를 바라는 이들과 함께 해야 하는 것이 싫어하는 것(사람)과 함께 해야 하는 고통입니다.」

『좋아하는 것(사람)과 함께 하지 못하는 고통이란 무엇인가?』

「좋아하는 형상, 소리, 향기, 맛, 감촉, 법 등과 또 아버지, 어머니, 형제, 자매, 친구, 친척들, 그리고 타인의 행복, 번영과 해탈을 바라는 이들과 함께 할 수 없는 것이 좋아하는 것(사람)과 함께 하지 못하는 고통입니다.」

『원하는 것을 얻지 못하는 고통이란 무엇인가?』

「반드시 다시 태어나고, 늙고, 병들고, 죽고, 슬픔과 비탄에 빠져, 근심하고 고뇌하는 존재로서 '이러한 일들이 나에게는 일어나지 않았으면' 하고 원하지만 원하는 대로 되지 않는 이것이 원하는 것을 얻지 못하는 고통입니다.」

『오온의 고통이란 무엇인가?』

「몸이 나이다,

느낌이 나이다,
관념이 나이다,
의도가 나이다,
인식이 나이다,
이 모두가 나이다,
나(我)라고 잘못된 대상
의 집착에서 비롯되는

것을 오온의 고통이라고 이해하고 있습니다.」

『사성제 중 둘째, 고통의 원인의 진리란 무엇인가?』

「갈애라는 것이 고통의 원인이라는 것을 아는 진리입니다.」

『갈애는 무엇인가?』

「여러 가지 대상에 계속적으로 탐착하는 것입니다.」

『갈애의 종류는 몇 가지가 있는가?』

「감각적으로 좋아하는 것을 쫓는 갈애,

존재하거나 다시 태어나려는 갈애,

다시 태어나지 않으려는 갈애 등 세 가지입니다.」

『감각적으로 좋아하는 것을 쫓는 갈애란 무엇인가?』

「형상, 소리, 향기, 맛, 감촉, 법 등 좋아하는 것들을 원하며 집착하는 것입니다.」

『존재 또는 태어나려는 갈애란 무엇인가?』

「죽은 후에 지금의 ‘나’라는 영혼이 다시 좋은 곳에 태어나, 영원히 머물기를 바라는 것입니다.」

『존재 또는 태어나지 않으려는 갈애란 무엇인가?』

「죽은 후에 다시 몸을 받지 않기를 바라거나 다른 곳에 태어나지 않기를 바라는 것입니다.」

『사성제 중 셋째, 고통의 소멸의 진리란 무엇인가?』

「괴로움의 원인인 갈애가 남김없이 사라져 소멸하는 것, 즉 갈애의 포기, 단념, 집착하지 않음, 해탈 등이라고 이해하고 있습니다.」

『넷째, 고통의 소멸로 이끄는 길의 진리란 무엇인가?』

「팔정도입니다.

즉 정견(正見) 정사유(正思惟) 정어(正語) 정업(正業) 정명(正命) 정정진(正精進), 정념(正念), 정정(正定) 등입니다.」

『정견이란 무엇인가?』

「사성제와 오온에 대한 바른 견해를 바탕으로 한 완전한 깨달음입니다.」

『정사유란 무엇인가?』

「욕심, 성냄, 악의 등 세 가지가 없는 마음입니다.」

『정어란 무엇인가?』

「거짓말, 험담, 거친 말, 잡담 등 네 가지가 아닌 말입니다.」

『정업이란 무엇인가?』

「살생, 도둑질, 사음 등 세 가지를 제외한 행위입니다.」

『정명이란 무엇인가?』

「살생, 도둑질, 사음 등을 비롯해서 무기거래, 인신 매매,

짐승 매매, 술이나 독극물 매매 등의 일을 하지 않는 것입니다. 쉽더라도 잘못된 생활 방법을 버리고, 어려움이 있더라도 바른 생활 방법으로 사는 것입니다.」

『정정진이란 무엇인가?』

「아직 일어나지 않은 악행은 일어나지 않도록 노력하고,
이미 일어난 악행은 멈추도록 노력하고,
아직 일어나지 않은 선행은 일어나도록 노력하고,
이미 일어난 선행은 멈추지 않도록 노력하며 마음을
다스리는 이 네 가지를 바른 노력이라고 이해하고 있습니다.」

『정념이란 무엇인가?』

「네 곳의 바른 마음 챙김입니다.
몸에 마음을 챙겨서 알아차리며,
느낌에 마음을 챙겨서 알아차리며,
마음에 마음을 챙겨서 알아차리며,
정신적인 대상에 마음을 챙겨서 알아차려 세상에 대한 집착과 근심에서 벗어나 생사윤회를 해결하는 방법을 바른 마음 챙김이라고 이해하고 있습니다.」

『정정이란 무엇인가?』

「감각적인 욕망과 악행에서 벗어나 깨어있음의 고요에서 비롯되는 기쁨과 행복을 동반한 초선정, 자연스러운 마음 챙김과 적정 속에서 마음의 순일함이 있는 기쁨과 행복을 동반한 2선정, 기쁨을 떨치고 바른 마음 챙김과 바른 앎에서

평온하게 행복을 경험하는, 즉 성자들이 '평정심에서 행복하게 산다.'라고 일컫는 3선정, 행복감마저 떨친 불고불락의 경계에서 비롯된 청정함만이 있는 4선정 등 이 네 가지를 바른 선정이라고 이해하고 있습니다.」

『부처님의 가르침을 잘 이해하고 있으니 이제 팔정도를 실천하여 깨달음의 경계를 능히 성취할 수 있을 것이다. 열심히 정진하라』

깨달음으로 향하는 도정道程

깨달음으로 향하는 도정 道程

어떤 생명체라도 모두 불성을 갖추고 있습니다. 괴로움을 싫어하고 또 그 괴로움에서 벗어나려는 불성(佛性/에너지) 때문에 우리는 괴로움에서 벗어나는 바른 방법을 배우려 합니다.

지난날(전생 포함)의 착한 공덕(수행정진)이 많은 사람들이나 道(도)나 果(과)를 갖춘 사람들은 경구의 몇 구절만으로도 쉽게 깨달을 수 있었습니다. 그렇지만 대부분의 범부들은 성스러운 팔정도를 통하지 않고는 불자들의 목표가 되는 깨달음은 요원(遼遠)할 것입니다. 즉 계청정(戒淸淨), 심청정(心淸淨), 견청정(見淸淨), 혜해탈(慧解脫) 등의 도정을 거치지 않으면 불가능하다는 말입니다.

불제자의 첫걸음은 팔정도의 길에 들어서는 것으로 이때 무엇보다도 계율에 대한 이해가 전제되어야 합니다. 계율은 억압이나 굴종을 위한 것이 아니라 고통을 싫어하고 그 고통에서 벗어나려는 이라면 반드시 지켜야 합니다.

정어, 정업, 정명에 앞서 지켜야 하는 불살생, 불투도, 불사음, 불망어, 불음주 등이 불제자로 입문함과 동시에 지켜야 할 기본 계율입니다.

이 기본 계율 가운데 첫째, 불살생은 자신의 목숨을 포함해서 살아있는 모든 존재들의 생명을 보호해야 합니다. 둘째 불투도는 훔치는 것뿐만 아니라 남의 물건을 탐내는 말이나 행위를 하지 않은 것입니다. 그리고 셋째, 불사음은 성희롱을 비롯해서 비도덕적인 사랑 나눔을 금하는 것이며 넷째, 불망어는 거짓말, 욕설, 험담, 이간질 하는 말 등을 비롯해서 남에게 이익이 된다고 생각해서 하는 회색 거짓말도 하지 말아야 하는 것입니다. 마지막 다섯째 불음주는 정신을 흐리게 하는 약물을 비롯해서 술, 담배, 최음제 등을 취하지 않는 것입니다.

그리고 식탐을 제어하는 오후 불식의 계, 마음집중을 막는 가무를 금하는 계, 애착의 제어와 남들의 평화를 저해하는 화장이나 장식품의 치장을 금하는 계까지 해탈을 위한 도정(道程)이며 계청정의 필수적인 요소들입니다.

이 계청정이 전제되지 않고는 결코 심청정의 경계에 진입할 수 없고 심청정의 경계를 이해하지 않고는 견청정을 기대할 수 없는 것입니다. 당연히 견청정이 전제되지 않은 상태에서 혜해탈의 바른 깨달음은 기대할 수 없습니다.

고통에서 벗어나는 방법을 배우려면 부처님께서 직접 실천하셔서 성공하셨던 체험을 바탕으로 당시의 제자들을 비롯해서 현재의 제자들에게까지 전해지고 있는 가르침을 우리는 믿고 따라야 할 것입니다. 그것이 곧 괴로움에서 벗어나는 방법인 팔정도입니다.

이제 계청정과 심청정과 견청정과 혜해탈의 길을 나서려는 수행자가 되려면 수행이란 무엇이며 어떤 결심(熱意)이 전제되어야 수행자라고 할 수 있을 것인가에 대해서 챙겨볼 차례입니다.

우선 수행이란 고통이 싫어서 벗어나려는 이가 마음과 몸을 잘 다스려 착한 말과 바른 행위를 해서 생사를 뛰어넘는 깨달음을 성취하기 위해 바르게 노력함을 말합니다.

즉 우리와 다름없는 인간적 조건을 가졌음에도, 고뇌를 극복하여 그 어떤 존재보다도 평화롭고 거룩한 삶을 사셨던 부처님을 닮으려는 노력이 곧 수행입니다.

고통과 윤회의 조건에서 먼저 벗어난 부처님을 닮으려면 우리는 먼저 그 분이 가신 그 길로 그 분의 발자국을 따라 밟지 않을 수 없습니다.

부처님이 가셨던 그 길이 앞에서도 제시했듯이 바로 성스러운 계정혜를 위한 팔정도입니다. 이 팔정도에 들어서는 것이 곧 수행이며 이 길을 가는 이를 수행자라고 합니다.

수행자라면 세 단계의 열의가 전제되어야 합니다. 괴로움이나 그 조건에서 벗어나려면 우선 진리를 바르게 깨달으려는 열정을 일으켜야 합니다. 즉 바르게 노력해서 완전한 깨달음을 성취하려면 수행을 시작해서 모든 장애와 어려움을 극복하며 깨달음의 지혜가 완성될 때까지 멈추지 않고 정진할 수 있어야 합니다. 이것을 갖춘 사람을 세 단계의 열의를 갖춘 수행자라 할 수 있습니다.

여기서 수행의 열의라는 말에는 세 단계의 과정에서 빠지기 쉬운 함정을 잘 넘을 수 있는 노력이 전제되어 있습니다.

첫째, 깨달음을 위해 수행을 실천하려는 결심인 노력의 열의, 둘째, 수행 중에 일어나는 다섯 가지 장애를 극복해 나가면서 노력을 배가하는 열의, 셋째, 열 가지의 족쇄로부터 벗어나서 목표에 도달 할 때까지 중단하지 않는 열의 등 이 3가지의 노력을 아끼지 않는 능력을 갖춘 사람을 바른 수행자라고 정의합니다.

첫 번째 시작하는 단계의 노력은 여러분들이 이 자리에 함께 하게 된 이 순간이 깨달음에 이르는 첫걸음이 된다는 의미를 내포하고 있습니다.

이 첫걸음은 수행의 길을 처음 나선다는 뜻도 되지만 수행을 시작하기까지 일어났던 여러 가지 번뇌를 슬기롭게 극복하여 이 자리에 함께 할 수 있는 초발심의 열매를 얻은 상태이기도 합니다.

시작이 반이라는 말처럼 불교수행의 첫걸음이 깨달음을 거의 다 이룬 것이나 다름없다는 뜻으로 「초발심시변정각(初發心是邊正覺)」이라고도 합니다.

첫 결심을 통해 정신적인 열의가 갖춰졌으리라 생각하고 오늘은 누구나 알고 있겠지만 수행의 기초가 되는 몸과 마음의 자세에 대해 살펴보겠습니다.

첫째, 옷은 헐렁한 옷이 바람직하고, 긴장도 풀고 미추와

목과 정수리가 수직이 되도록 편안한 방석 위에 앉아서 마음을 챙겨나갑니다.

우선 머리카락을 비롯해서 치아, 손·발톱까지 신체의 어떤 부분에도 긴장이 맺혀서는 안 되고 혀끝은 입천장과 윗니 사이에 붙인 채 움직이지 않아야 합니다. 그렇지 않으면 입 속에 침이 괴어서 집중이 흩어집니다. 눈은 가볍게 감고 턱을 몸 쪽으로 당깁니다.

좌법에는 여러 가지가 있지만 주로 쓰이는 자세는 결가부좌, 반가부좌, 길상좌입니다. 이 세 가지 자세 중에서 여러분들의 신체적 특징이나 취향을 고려하여 선택하면 됩니다.

여기서 「자신의 취향에 맞는 보편적인 자세」란 정진 중에 잠들지 않은 채 움직이지 않고 가장 오래 견딜 수 있는 자세를 말합니다. 그러나 가능하면 결가부좌를 권합니다.

첫 번째의 결가부좌는 보통의 앉는 자세와는 조금 다릅니다.

먼저 미추[꼬리뼈]를 꼿꼿이 한 다음 한쪽 발등의 바깥쪽을 바른쪽의 허벅지에다 올리고 다른 발등의 바깥쪽은 역시 바른쪽의 허벅지에 올리는 좌법입니다.

이것은 인도의 고행자들에게서 오래 전부터 선호되며 전해져 온 가장 호평 받는 자세입니다. 그래서 불가에서는 물론 다른 수행단체에서도 많이 실천하고 있는 자세이지만 처음 습관화 될 때까지 조금은 힘든 자세입니다.

이 자세가 좋지만 신체적인 특징에 따라 반가부좌 방법이나 평가부좌 방법을 권합니다.

결과부좌 법은 자연스럽게 척추가 곧아지면서 여러 곳의 신경을 잘 조절하여 금방 마음은 안정되고 편안해 집니다.

그리고 외부의 자극에도 쉽게 동요되지 않습니다. 또 쌓인 피로도 빠르게 풀리며 정신이 맑아지고 선정도 깊고 오랫동안 유지시킬 수 있습니다.

두 번째 반가부좌는 한쪽 발의 뒤꿈치를 회음부에 밀착시킨 채 발바닥은 대퇴부 밑에 깔릴 듯 말듯하게 앉는 자세를 말합니다. 바른쪽의 발등 바깥쪽을 반대편의 허벅지와 장딴지 사이에 새끼발가락이 끼이게 앉거나, 아니면 그냥 발뒤꿈치가 치골에 닿도록 당겨서 앉고 미추를 세우는 방법도 있습니다.

이 좌법은 결과부좌법이 힘든 수행자들에게는 아주 적합한 자세입니다. 물론 어느 쪽의 발이 올라가든 별문제는 없으므로 가끔 바꿔가며 앉아도 무난합니다. 이 좌법은 무릎과 발목의 경화를 치료하는데 아주 좋으며 허리 부근의 혈액순환이 원활해서 허리 아랫부분의 상태를 매우 조화롭게 합니다. 그리고 신체의 긴장된 부분을 이완시키며 간장에도 매우 좋은 효과를 주는 가장 보편적인 자세입니다.

세 번째는 한쪽 발의 바깥쪽 발등을 바른쪽의 대퇴부와 바닥 사이에 놓고 또 다른 발의 바깥쪽 발등을 먼저 접어진 발목 언저리에 발뒤꿈치가 닿도록 놓고 미추만 꼿꼿이 세우는 자세입니다. 이 자세는 다리의 마비나 저림이 심하지 않고 오래 동안 편안하게 앉아서 명상을 즐길 수 있어서 다른 위의 자세들 보다 매우 편안합니다. 그래서 쉽게 졸림과 혼침, 망상 등에 빠지기 쉽지만 마음을 굳건히 챙기면 괜찮습니다. 특히 이 자세는 긴장감이 풀리면서 배의 움직임도 미세하게 챙길 수 있으며 또한 상기(上氣)병에 시달리는 수행자들에게 특별히 권하는 좌법 중 하나 입니다.

위의 어떤 좌법을 선택하든 미추가 무너지면 안 됩니다. 미추부터 정수리까지 꼿꼿하게 세워서 가장 편안하게 그리고 정수리 부분의 머리카락 하나가 천정에 매달린 듯이 앉아야 됩니다. 즉 몸을 뒤로 기댄 듯이 척추가 뒤로 약간 휘어져야 됩니다. 이것이 좌법의 핵심입니다.

그리고 가장 중요한 것은 어떤 자세라도 어깨를 비롯해서 손가락 끝부분까지 긴장이 되어서는 안 됩니다. 이것이 좌법의 핵심입니다. 척추를 제외하고 어금니를 비롯해서 눈썹과 손발톱까지 힘이 들어가면 안 됩니다.

그렇게 하지 않으면 금방 피로해지며 어깨나 목 부근의 뻐근함이나 허리와 어깨 등의 결림이나 상기 병이 생기기 쉽습니다.

이렇게 몸의 자세를 강조하는 것은 우선 마음이 담긴 몸을 잘 간추리면 날 뛰는 마음을 제어하는데 보다 용이하기 때문입니다.

이제 자세가 선택되어 바르게 갖추었으면 두 손바닥이 위로 향하도록 편안하게 겹쳐서 놓고 눈은 완전히 감거나 반쯤[半開] 뜨고 한 번 더 온 몸에 긴장된 곳이 있는지 두루 살펴보아야 합니다.

지금부터는 다음에 제시하는 숫자를 가장 빠른 혀 놀림과 정확한 발음으로 소리 내어서 외워야 합니다. 사마타 수행 가운데 하나인 수식관을 통해 마음을 안정시키기 위함입니다.

먼저, 코끝의 공기가 드나듦에 따라 붙여야하는 숫자의 혼돈을 피하기 위해서 먼저 모든 숫자의 발음을 두 음절로 즉「하-나, 두-울, 세-엣, 네-엣, 다-섯,…… 여-얼」이라고 명칭을 붙여서 연습을 합시다.

왜냐하면 코끝에 바람이 들어오는 것이 들이쉼의 시작이고 바람이 가슴과 배의 중간부분을 스치는 것이 들이쉼의 진행이고 횡경막(아랫배)에 닿을

때가 들이쉼의 끝이 되기 때문입니다. 횡경막의 꺼짐이 내어 쉼의 시작이고 가슴과 배의 중간부분을 스칠 때가 내어 쉼의 진행이고 코끝에 바람이 나가는 것이 내어 쉼의 끝이 됩니다.

「하-나, 두-울, 세-엣, 네-엣, 다-섯, 여-섯, 일-곱, 여-덟, 아-홉, 여-얼, 아-홉, 여-덟, 일-곱, 여-섯, 다-섯, 네-엣, 세-엣, 두-울, 하-나……」

이와 같이 숫자를 약 10분 정도 외우는 방법을 먼저 익히면 수행에 큰 도움이 될 것입니다.

열이란 숫자는 중도(中道)를 나타내는 중요한 의미로서 평온과 무심을 나타내는 것입니다. 그래서 열을 넘어서도 안 되고 또 못 미쳐서도 안 됩니다.

열이라는 수를 넘어서면 집착하는 마음으로 바른 노력이 결여된 마음이 되고, 열에 미치지 못하면 산란한 마음으로 역시 바른 노력이 결여된 호흡이 됩니다.

이렇게 혀와 앎이 함께 잘 돌아가도록 발음과 숫자가 잘 익혀졌으면 이제 어금니를 지그시 다물고 혀를 입천장에 철썩 붙입니다.

어떤 수행자들은 혀를 입천장에 붙이라고 하니까 매우 힘들다고 하는데 이것은 혀의 전체를 목젖까지 밀어붙이라는 뜻이 아닙니다. 앞쪽 윗니 털과 입천장에 혀의 앞부분을 붙인 채 어금니를 지그시 다물면 됩니다. 다시 말해서 입맛을 다실 때처럼 자연스럽게 혀가 입천장에 붙도록 하는 것입니다.

만약 정진 중에 혀가 입천장에서 사르르 떨어지면 동시에 미추가 풀리고 금방 마음 챙김이 느슨해지면서 정신이 몽롱해져 곧 게으름이 피어나게 됩니다. 그리고 이어서 혼침이나 번뇌가 일어나면서 마음은 몸 밖에서 과거의 그림자나 미래의 환상을 쫓게 되든지 아니면 무기(無氣)에 빠지게 됩니다.

이렇게 몸과 마음의 자세를 고요하게 갖추고 눈을 살며시 감습니다. 물론 반쯤 눈을 뜨는 것도 좋지만 처음부터 눈을 반개하면 마음이 산란해져 마음의 집중이 쉽지 않습니다.

심청정을 위한 사마타 수행법의 정진 중에는 눈을 반쯤 뜨거나 완전하게 감거나 별로 차이가 없지만 위빠싸나인 경우, 특히 처음 시작하는 수행자는 눈을 반개하면 마음을 챙겨야하는 대상이 잘 보이지 않고 산란심이 많이 일어나기 때문에 완전히 눈을 감고 안식으로 염처(念處/수행대상)를 챙겨야 합니다.

여기서 마음을 챙긴다는 의미는 레이저 광선으로 목표물을 조준해서 보듯이, 착암기가 바위를 부수듯이 수행의 대상을 안식(安息)으로 꿰뚫어 의식하는 것을 말합니다.

이렇게 고요히 몸과 마음을 간추려서 앉아보면 온 몸 가운데 금방 알아차리기 쉬운 움직임을 발견할 수 있을 것입니다.

먼저, 자신의 코끝에 드나드는 바람의 현상을 쉽게 인식할 수 있습니다. 즉 코끝에 공기가 드나듦을 인식할 수 있다는 뜻입니다. 코끝에 공기의 드나듦을 자세하고 면밀하게 챙겨 나가는 동안 마음속에는 어떤 많은 현상들이 일어날 것입니다.

그 현상들을 자세히 관찰하여 나중에 점검할 때 보고하면 됩니다. 그 보고는 수행을 바르게 하고 있는가를 점검하는 것으로 환자가 의사에게 진료를 받을 때 설명하듯이 하면 됩니다.

자! 이제 눈을 감고 방금 일러준 숫자를 소리 내어서 5~10여 분간 외워 봅시다. 옆 사람의 소리에 귀 기울이지 말고 이렇게 연습한 뒤, 자신의 코끝에 마음을 집중해서 공기의 드나듦에 마음을 챙겨서 마음속으로 숫자를 헤아려 봅시다.

사마타와 수식관이란?

사마타와 수식관이란?

수행자들이여!
사마타로 삼매를 개발해야 하느니라.
잘 갖춰진 삼매는 모든 현상을
「있음 그대로」를 볼 수 있느니라.
「있음 그대로」본다는 말은
물질의 일어나고 사라짐,
느낌의 일어나고 사라짐,
인식의 일어나고 사라짐,
의도의 일어나고 사라짐,
의식의 일어나고 사라짐 등을
바르게 이해한다는 것이니라.

사마타는 위빠싸나의 휴식인 동시에 견청정을 위한 심청정 즉, 집중력인 삼매를 개발하는 동시에 위빠싸나 수행을 위한 예비 과정인 셈입니다. 이 사마타 수행법 가운데 필수적인 수행법 중의 하나가 수식관법입니다.

들숨과 날숨이라는 의미의 아나빠나 삿띠가 《안반수의

(安槃隨誼)》로 한역되어 《안반수의경》이라는 경전도 이미 오래전에 우리에게 전해졌습니다. 이것은 위빠싸나와 같은 부처님의 호흡법이며 가르침입니다.

부처님께서는 「날뛰는 몸과 마음을 가라앉히고 평안을 얻는 인류의 탄생 이래 지금까지 발견된 두 가지의 지성적인 수행법 가운데 사마타(일념선정법)와 위빠싸나(중도선정법)가 있느니라.」고 말씀하셨습니다. 이러한 가르침에 따라 우리가 시도하려는 수행도 이 두 가지를 함께하지 않으면 안 됩니다. 그런데 모든 현상을 제대로 보기위해서는 먼저 마음을 가라앉혀야 합니다.

수행의 초기에는 사마타로 수행하기 시작해서 심청정이 성숙되면 견청정을 위한 위빠싸나로 전환하는 경우가 많으며, 선근 공덕으로 말미암아 계청정과 심청정이 잘 가꿔진 사람이나 수행이 성숙되어 심청정이 잘 갖춰진 사람이 사마타를 거치지 않고 바로 위빠싸나로 직입하는 경우도 있습니다.

견청정을 위한 위빠싸나로 들어가기 전에 오늘은 사마타 수행의 종류에 대해서 알아보겠습니다. 부처님은 자연현상을 대상화하는 열 가지, 몸의 구성요소를 대상화하는 열 가지, 아라한(부처님)의 거룩함(10대 명호)을 대상화하는 열 가지, 사무량심(四無量心)과 사대원소, 그리고 그림이나 색깔을 등 사마타의 수행대상을 마흔 가지 정도로 크게 나누었습니다.

　이와 같은 사마타 수행의 대상들은 수행자가 스스로 선택하는 것이 아니라 스승으로부터 지정을 받아서 수행하게 합니다. 이 방법은 선택된 수행대상에 의해서 마음을 고요하게 가라앉히는 심청정의 수행법입니다.

　수행자의 마음이 그 대상에서 벗어나지 않고 계속 묶여 있는 동안은 마음이 쉽게 밖으로 뛰쳐나가지 않고 고요와 적정상태에 머물게 됩니다. 사마타 수행법은 수행자의 마음이 제한된 그 대상의 영역에서 벗어나지 못하게 하고 고요와 정적의 상태를 지속할 수 있게 하는 장

점이 있는 반면, 계속해서 하나의 대상에 묶여 있어야 하므로 결국 어떤 한계에 부딪히게 됩니다.

　이 때 「사마타 수행만으로 해탈할 수 있을까?」라는 의문이 생기는데 사실 그것만으로는 불가능한 일입니다. 그래서 그 단점을 보완한 수행법이 바로 위빠싸나인 셈입니다.

　사마타는 쉽게 마음이 편안하고 고요하게 되면서 번뇌로부터 시달림을 받지 않을 수 있는 장점이 있으나 자신의 성품을 바르게 이해하며 지혜를 개발하여 깨달음에 이르게 하지는 못합니다.

사마타가 극히 제한된 대상에 마음을 묶는 상태라면 위빠
싸나는 묶인 대상에서 벗어나 삼법인의 보편적인 진리를 이
해해 나가는 것입니다. 즉 위빠싸나의 수행법을 실천하는
동안 모든 것은 덧없다는 앎[무상]과 모든 것은 만족할 만한
것이 못 된다는 앎[고]과 일체의 존재 속에 내가 존재하지 않
는다는 앎[무아]을 먼저 일궈 나갈 수 있습니다.

기록에 의하면 그동안 한국이나 일본을 비롯해서 중국의
많은 조사나 선사들이 깨달음을 성취하였다고 합니다. 그것
은 그들이 처음에는 계청정과 심청정을 익혀나가다가 점점
수행이 깊어지면서 자연스럽게 견청정과 혜해탈 쪽으로 발
전된 것으로 봅니다. 마지막에는 위빠싸나 수행법을 통해서
완전한 깨달음을 성취하였다고 할 수 있습니다. 당시 이름
은 「위빠싸나」라고 하지 않더라도 방법이 같으면 누구든지
깨달음을 성취할 수 있는 법이기 때문입니다.

흔히 우리들이 알고 있는 화두선(공안선)은 12세기경 중
국 송나라 때 첫 개창자인 법연의 제자 대혜(大慧 1089~
1163)선사에 의해서 개발되었다고 전하고 있지만 이와 같
은 화두선 내지 간화선은 부처님의 재세 시에도 수행을 처
음 시작하는 사람이나 특히, 오랫동안 익혀온 습성 때문에
쉽게 마음이 가라앉지 않는 수행자들을 위해서 비슷하게 많
이 권장되어온 가르침입니다.

부처님께서 특별히 선택해서 지도하신 다섯 가지의 정
심관법으로서 수식관, 자비관, 염불관, 부정관, 백골관(묘

지관) 등이 있습니다. 그래서 오늘은 견청정을 위한 심청정을 위해서 즉 위빠싸나의 예비단계로 여러분들의 집중력을 키우기 위해서 필수적이라고 할 수 있는 수식관부터 시작해야 할 것입니다.

물론 전생부터 익혀온 습(習)이 있어서 예비과정을 거치지 않고 본 수행법으로 바로 들어가는 방법도 있지만 부처님 당시부터 지금까지의 선지식들이 오랫동안 지도해 온 체험에 의해서 우선 집중력을 먼저 갖추는 것이 바람직하다고 전해지고 있기 때문에 이 방법을 택하게 되었습니다.

수식관법이란 지난번에 하나에서 열까지 익힌 숫자를 코끝에 드나드는 바람결 따라 붙이는 방법을 말합니다. 이 방법의 핵심은 자신의 코를 대상화하여 코끝에 공기의 드나듦을 놓치지 않고 인식하는 데 있습니다. 공원의 나무 그늘에서 호수 속에 노니는 백조를 한 동작도 빠트리지 않고 지켜보듯이 오직 코끝의 느낌만 지켜봐야 합니다.

이렇게 수행하는 동안은 자신의 마음이 밖으로 향하지 않을 것입니다. 수행점검을 위해서 인터뷰를 하는 동안 어떤 수행자는 「호흡을 자세히 관찰 하려면 숫자를 놓치고, 숫자에 신경을 쓰다 보니 코끝의 호흡을 놓치게 됩니다.」라고 수행자들은 말합니다.

그것은 화살이 과녁을 지나치거나 아니면 화살이 과녁에 미치지 못한 것과 같은 것입니다. 처음 코끝의 바람이 들어올 때 「공기가 들어오는구나.」라고 의식하면서 「하-」 또는

「하나」라고 염송하고 코끝의 바람이 나갈 때 「공기가 나가는구나.」라고 의식하면서 「나-」또는 「두울」이라고 염송해야 합니다. 즉, 호흡을 자신이 한다는 생각으로 하지 말고 자신의 의지와는 관계없이 몸을 구성하는 사대 원소 가운데 바람의 작용을 단지 지켜보며 알아차리면 됩니다.

아나함과나 아라한과에 진입한 성자들은 좋은 일이나 나쁜 일이나 의도적인 사고가 사라진 상태이기 때문에 좋은 업이든 나쁜 업이든 조건을 만들지 않게 됩니다. 마찬가지로 우선 호흡부터 의도하는 바 없이 그냥 공기의 움직임에 숫자만 붙이는 수행법으로 진행해야 됩니다. 만약 이와 반대로 의도적인 호흡을 하면 피로감도 더할 뿐더러 공기의 움직임을 알아차리는 것과 숫자를 붙이는 두 가지의 균형을 갖추기가 쉽지 않게 됩니다.

코끝에 바람이 들어오면 숫자의 첫음절인 「하」 또는 「하나」라고 명칭을 붙이며 알아차리고 바람이 나갈 때는 숫자의 둘째음절인 「나」 또는 「두울」이라고 명칭을 붙이며 알아차려야 합니다.

물론 숫자를 이렇게 붙이려는 마음도 관념적인 의도이지

만 이 과정은 수행의 진전을 위해 필수적입니다.

수행의 시작 단계에서는 코끝에 드나드는 바람의 흐름과 그 흐름에 붙여나가는 숫자 때문에 약간의 혼돈과 어려움이 나타나는 경우도 있습니다. 그러나 코끝에 마음을 잘 챙겨서 공기의 드나듦을 지켜보며 단지 숫자만 붙여야 합니다.

어떤 수행자들은 숫자를 앞세워서 호흡을 뒤따르게 하는데 그러면 머리의 긴장감이 생기면서 안면의 근육이 굳어지는 현상이나 통증이 생길 수 있습니다. 즉 긴장으로 인해 부작용이 생길 수 있습니다.

자! 지금까지 일러 준대로 수를 헤아리며 코끝의 호흡에 마음을 챙겨봅시다.

「하-나, 두-울, ‥ ‥여-얼」 그리고 아래로 「아-홉, 여-덟‥ ‥하-나」 다시 위로 「두-울‥ ‥아-홉」 즉 아홉 까지만 헤아리고 다시 아래로 「여-덟‥ ‥하-나」 다시 위로 「두-울‥ ‥여-덟」 이번에는 여덟까지만 헤아리고 다시 아래로 「일-곱‥ ‥하-나」 다시 위로 「두-울‥ ‥일-곱」 이번에는 일곱까지만 헤아리고 다시 아래로 「여섯‥ ‥하-나」 다시 위로 「두-울‥ ‥여-섯」 이번에는 여섯까지만 헤아리고 다시 아래로 「다-섯‥ ‥하-나」 다시 위로 그리고 같은 방법으로 「두-울‥ ‥다-섯, 네-엣‥ ‥하-나, 두-울 세-엣, 두-울 하-나, 두-울 하-나」 다시 처음부터 시작하게 됩니다.

이때 「두-울, 하-나, 두-울」이라는 이 「하-나」가 되는 자리가 한 주기가 됩니다. 이 때 소요되는 시간은 보통 15분에서

20분인데 수식관의 정진 중에 코끝에 공기가 들어올 때 숫자의 첫 음절을, 공기가 나갈 때 숫자의 둘째 음절을 붙이면 수행을 처음 시작하는 사람에게는 도움이 될 것입니다.

좌선 중에는 호흡에 의해서 드나드는 공기의 움직임을 알아차리는 것으로 수행을 시작합니다. 숨이 들어올 때는 들어오는 현상을 알아채고 나갈 때는 나가는 현상을 놓치지 않고 알아채야 합니다.

이 수행을 하다 보면 숨과 관련된 여러 가지 느낌을 알 수 있습니다. 예를 들면 공기의 차고 뜨거움에서부터 온 몸의 느낌, 코에서 피어나는 안개, 희뿌연 구름 뭉치, 밝은 빛, 샛별 등 여러 가지의 찬란한 색깔, 불상, 성상 등 여러 가지 현상들이 코끝을 중심으로 나타납니다.

여기서 현상이란 느낌이나 의식, 그리고 앎의 정도를 통칭해서 그 순간의 상태(현재 상태)를 뜻하는 것입니다. 결코 관념적이거나 미래나 과거의 것이 아닌 당시의 현상을 의미하는 것으로 결코 추측이 보태지거나 이미 알고 있는 것이 아닙니다.

순간순간 일어나는 현상을 알아차리고, 코끝에 바람이 들고 남에 마음을 모으는 단계가 수행의 시작이며 이 단계에는 초발심의 열의가 필요합니다.

만약 정진 중에 마음집중과 마음 챙김이 모자라 숫자가 혼미해 지거나 코끝의 공기가 흐릿해져 혼돈이 일어난다면 이것은 결코 바른 방법으로 정진하는 것이 아닙니다. 그렇다고 또 숫자에 집착해서도 안 됩니다.

숫자나 공기의 움직임이 흐릿해 질 때면 미련 없이 지금까지 헤아려 오던 숫자를 깨끗이 놓아 버려야 합니다. 그리고 다시 시작해야만 됩니다. 사람들은 한 번 생각한 것이나 자신의 소유한 물질이나 생각을 버리지 않는 성향이 있습니다.

그래서 숫자도 그냥 얼버무려서 끝까지 채우려고 합니다. 한 번 기억된 숫자마저 버리지 않으려는데 무엇을 포기하고 무엇을 놓으려고 할런지? 여하튼 버리고 다시 시작하고 또 실패하면서 노력해야 합니다. 이렇게 정진해야 수행의 진전이 따르게 됩니다.

그렇지 않고 숫자에만 마음을 집중해서 열심히 헤아려 나가다 보면 숫자와 공기의 움직임이 일치되지 못해서 공기가 나갈 때 숫자의 첫째 음절을 붙이고 있음을 발견하게 될 것입니다. 이때 다시 마음을 챙겨 처음부터 시작해야 합니다. 이것이 마음을 길들이는 첫걸음이기도 합니다.

이렇게 공기의 들고 나는 움직임을 챙기는 수식

관법으로 정진해 나가는 동안 수식단계, 상수단계, 선정단계 등 세 단계의 심청정을 스스로 이해하게 될 것입니다. 그 첫째의 수식단계는 공기의 들고 남을 지켜보며 수를 헤아려 나가는 동안 해탈을 위한 욕구, 바른 노력, 바른 겨냥, 바른 선정 등의 힘이 점점 강해질 것입니다.

빈 병에 한 방울의 물이 들어갈 때 그 물방울의 부피만큼 공기가 밖으로 빠져 나가듯이 한 시간만큼 정진하면 그 만큼 어리석음이 사라지고 지혜가 담길 수 있는 바탕이 마련되는 것입니다.

둘째의 상수단계에서는 공기의 들고 나는 움직임과 알아차리는 앎이 하나가 되도록 정진하는 동안 네 가지를 증장하려는 노력의 힘이 강화될 것입니다.

증장해야 하는 네 가지의 노력은 다음과 같습니다. 그 첫 번째의 노력은 이미 일어난 악업이나 악을 최소화하거나 지혜롭게 극복하려는 것입니다. 두 번째의 노력은 아직 일어나지 않은 악업이나 악을 예방하고 앞으로 일어날지도 모르는 습관적인 악업은 다시 일어나지 않도록 노력하는 것입니다. 세 번째의 노력은 아직 일어나지 않은 선업을 계발하면서 다시 악업이나 악업이 일어나지 않도록 하는 것입니다. 마지막으로 네 번째의 노력은 이미 실천되고 있는 선업을 멈추지 않고 지속시키려는 것을 말합니다. 이것은 수행자가 반드시 챙기고 넘어야 하는 깨달음의 문턱입니다.

셋째의 마지막 선정단계에서는 팔정도 즉 위빠싸나에 대

한 마음 챙김의 집중력이 증장되며 바른 지혜를 갖추게 되는 바탕이 강화됩니다. 이 수식관법만 열심히 하더라도 깊은 삼매를 체험하게 되고, 자신도 모르는 사이에 고도의 지혜가 갖춰지는 수행법으로 옮겨 갈 수 있는 계기가 만들어집니다.

세간의 살림살이는 나날이 모으고 쌓는 것이지만 진리의 살림살이는 나날이 버리고 비우는 것입니다. 복덕은 나날이 모으고 쌓는 것이지만 공덕은 나날이 버리고 비우는 것입니다. 지식은 나날이 모으고 쌓는 것이지만 지혜는 나날이 버리고 비우는 것입니다.

심청정과 정심관법

심청정과 정심관법

　부처님께서는 6년 동안 요가와 지식(止息)과 단식(斷食)을 비롯해서 인도의 전통적인 선정수행법들을 두루 실천해 보셨습니다. 그 뒤 마지막으로 다른 수행단체에서는 전혀 시도하지 않는 이 수식관법을 비롯해서 위빠싸나의 수행법을 처음 발견하시고 마침내 그 동안의 고행을 포기하셨습니다.

　그때까지 우루벨라의 니련선 강변에서 함께 정진하던 도반들인 콘단냐를 비롯한 다섯 비구가 「고타마는 타락했네.」라고 하며 조용히 그의 곁을 떠나 버렸습니다. 그러나 확신에 찬 부처님께서 오히려 다행인 것처럼 스스로 찾으신 그 길을 따라 홀로 열심히 정진하셔서 결국 생사 문제의 해답을 얻는 완전한 깨달음을 성취하셨습니다.

　그 뒤 당신이 스스로 실천하시며 챙기신 체험을 그 도반들에게 펼치시면서 당시로서는 새로운 중도 무아사상의 불교가 인도에서 처음으로 일어나게 되었습니다.

　지금까지 초기의 깨달음과 가르침을 조금의 첨삭 없이 고스란히 담은 경전이 있는데 그 경전 중의 하나가 대념처경입니다.

당시 부처님이 고행을 포기한 이유는 고행의 괴로움에 굴복한 것이 아니라 고행이 깨달음의 지혜를 일궈 나가는데 조금도 이롭지 않다는 사실을 깨달으셨기 때문입니다.

부처님은 몸을 괴롭히는 고행을 비롯해서 호흡을 참는 지식(止息)으로 훈련을 쌓는 것은 특수한 기능을 계발하는데 도움이 되지만 결코 일반사람들이 실천할 수 있는 보편적인 수행법으로는 적합하지 않다는 사실을 깨달으셨던 것입니다.

옛날 고행자들은 호흡을 오래 참는 지식법(止息法)으로 쁘라나(Prāna)라는 우주의 에너지를 많이 흡수해서 체내에 오랫동안 저장해 두려고 했습니다. 이 수행법은 불로장생의 특수한 능력을 얻으려고 하는 사람들에게는 필요할 수도 있는 것입니다.

그러나 부처님의 수행목표는 건강장수 비법을 얻으려는 것이 아니라 고통의 원인이 되는 갈망을 쉬어서 생로병사(生老病死)를 여의는데 있었던 것입니다. 그렇기 때문에 생명체들이 살아가는데 필수적인 호흡의 중요성을 이해하시고 마침내 고행을 포기하셨습니다.

그리고 이 아나빠나 삿띠라는 수식관법을 비롯해서 자비관, 염불관, 부정관, 백골관(묘지관) 등의 다섯 가지의 정심관법이라고 하는 이 사마타법과 몸(身)과 느낌(受) 마음(心) 법(法) 등의 네 곳을 대상으로 마음을 챙겨서 이해하는 위빠싸나 수행법을 발견하시고 불교를 정립하셨던 것입니다.

부처님은 평화롭고 즐거운 수행법을 창안하여 생리적 욕구를 거역하는 극기적인 수행이 아니라 일상적인 생활 속에서 생과 사의 모순으로부터 벗어날 수 있는 위빠싸나 수행법을 발견하신 것입니다.

호흡은 모든 동물을 비롯해서 인간이 살아가는 자연적인 생리 현상으로서 어느 누구도 호흡을 떠나서 살 수 없습니다.

이러한 호흡을 가장 자연스럽고 합리적으로 행하는 수식관법은 몸과 마음을 위해서 더 없이 중요한 수행법입니다.

수식관법은 생리현상으로 일어나는 들이쉬고 내쉬는 호흡을 그대로 방치하는 것이 아니라, 호흡 따라 일어나고 사라지는 공기의 흐름에 마음을 모아 우주를 보고 진리를 깨닫는 수행법입니다. 즉 고행을 떠나 즐겁고 행복하게 깨달음의 지혜를 여는 수행법을 열어 보이신 것입니다.

호흡을 대상으로 마음을 챙기는 동안 중생심이 정제되어 자제심(自制心)과 더불어 자연스럽게 자비심이 성숙됩니다. 여기서의 자제심은 주관과 객관이 하나가 되어 서로 갈등을 일으키지 않는 상태를 말합니다.

그래서 그물에 바람 가듯 연잎의 이슬처럼 그 어디에도 걸림 없는 자유인이 되는 것입니다.

만약 주관이 객관에 집착하면 자재하지 못하고 객관적인 어떤 대상의 노예가 됩니다. 그러나 객관과 주관이 하나가 될 때는 주와 객의 대립이 사라지고 객관이 주관의 세계로 들어오면서 자연스럽게 동화되는 것입니다.

주와 객이 따로 존재하는 것이 아니라 하나가 되는 자제심으로 너와 내가 대립되지 않는 동체대비심이 일어날 것입니다. 이 상태는 모든 인간들에게 갖춰져 있는 근본적인 마음이며 나를 비롯해서 모든 살아있는 이들을 이롭게 하려는 의지입니다.

우리들은 항상 오감의 대상에 집착하며 자제력을 잃게 되는데 이것은 감각기관에 의한 속박만이 아니라 관념의 노예가 되어 살아가는 현실입니다. 그러나 인간에게는 이러한 속박에서 벗어나려는 생명에 대한 원초적인 욕구가 있습니다. 이런 근원적인 욕구가 충족되었을 때 즐거움을 느끼게 됩니다.

들이쉬는 바람으로 세포 속에 산소를 공급하는 것은 생명의 창조이며 동시에 자비이고 내쉬는 바람으로 세포속의 불순물을 몸 밖으로 내어 보냄으로서 생명력을 잘 정화 유지시키는 행위가 곧 자비인 것입니다.

이것이 생멸의 윤회인 동시에 생사를 떠난 불사의 수행법이 되는 것입니다.

들이쉬는 숨은 생명의 창조이고 내쉬는 숨은 다음 창조를 위한 휴식으로서 들숨이 태어남이라면 날숨은 죽음인 것입니다. 죽음이란 소멸되고 없어지는 것이 아니라 다음의 재생을 위한 준비인 셈입니다.

생과 사는 대립이 아니라 서로 떨어질 수 없는 불가분의 관계로서 죽음을 통해 태어남이 있고 태어남이 있어 죽음이 있게 됩니다. 바람이 들어와 극치에 이르면 자연적으로 나가게 되는데 이것은 곧 자연적인 이치이며 진리입니다.

일어남의 극치에서 사라짐이 따르고 사라짐의 극치에서 일어남이 따르게 되어 상호부정이 아닌 상호의존이며 공존이라는 것을 이해할 수 있을 것입니다. 이런 이치에서 볼 때 진정 어느 것이 생이고 어느 것이 멸이라고 나눠서 단정할 수 있겠습니까? 결국 생이 멸이고 멸이 생이라는 즉 둘로 나눌 수 없는 불이(不二)의 진리입니다.

들이쉬고 내쉬는 호흡이 곧 생멸이며 생사가 되는 참된 삶이 됩니다. 호흡은 몸과 마음의 원초적인 생리현상으로서 바른 생리현상 아래 건전한 몸과 바른 마음을 기대할 수 있습니다. 호흡이 안정되지 못하면 정신이나 몸이 안정되지 못하고 몸과 마음이 안정되지 못하면 호흡 역시 고르지 못합니다.

또 모든 생명체들이 호흡을 통해서 나고 죽는 진리를 이해하고 우주의 근본을 깨달으셨던 부처님은 우주의 뜻이 나의 뜻과 다르지 않음을 이해하셨던 것입니다.

종교의 목적은 불만족에서 벗어나는 데 있습니다.

불교는 불만족의 근원적인 원인을 타파하는 반면 타종교는 부분적인 불만족에서 벗어나려 합니다. 즉 하늘에 태어나게 되기를 노력하는 것이나 부자가 되게 해달라고 애걸하는 것이나 모두가 불만족의 근원적인 해결의 방법이 되지 못합니다.

결국 삶이란 불만족에서 벗어나기 위한 몸부림입니다. 나의 삶과 우리들의 삶은 결국 모든 생명체들의 삶이며 우주의 자체임을 알아야 합니다. 우리들의 삶은 몸과 마음의 작용이며 그 작용은 호흡이 근원입니다.

바꾸어 말하면 호흡은 우리들의 무의식속에서 작용하고 있지만 그 무의식은 우리들의 깊은 잠재 의식화된 마음에서 비롯되는 것입니다. 불만족에서 벗어나려는 마음이 없으면 호흡이 있을 수 없습니다.

불만족에서 벗어나려는 마음은 인연에 의해서 일어나고 사라지며 몸도 인연에 의해서 성주괴공화(成住壞空化)되는 것입니다. 마찬가지로 들이쉬고 내쉬는 호흡 역시 생명을 지속하려는 원인과 결과로 이어지는 인연법으로 우주의 근본진리와 하나가 되는 셈입니다.

결국 진리는 멀리 있는 것이 아니라 바로 여러분들의 코앞에 있습니다. 이 진리를 깨달으면 바로 부처가 되는 격입니다. 거룩하신 부처님도 이 코앞의 진리를 이해하시고 깨달음을 성취하시게 되셨습니다.

들숨이 있으므로 날숨이 있고, 먹으면 내어놓고, 낮의 극
치는 밤이 되고, 만나면 헤어지고, 들어가면 나가게 되고,
태어나면 죽는 것이 지극히 평범한 이치입니다.

여하튼 지난번에 일러준 호흡의 현상에 마음을 집중해서
숫자의 발음과 배의 움직임이 일치되고 또 움직임과 알아차
림이 하나가 되도록 노력을 아끼지 말아야 할 것입니다.

수행자들이여!
먼저 숲 속의 나무 아래나 조용한 장소에서
가부좌를 한 다음 몸을 바르게 하고 마음을 모은다.
숨을 들이쉬고 내쉬는 것에 마음을 모아
숨을 길게 들이쉴 때는 숨을 길게 들이쉰다고 알아차리고

숨을 길게 내쉴 때는 숨을 길게 내쉰다고 알아차린다.
숨을 짧게 들이쉴 때는 숨을 짧게 들이쉰다고 알아차리고
숨을 짧게 내쉴 때는 숨을 짧게 내쉰다고 알아차린다.
호흡하는 몸 전체를 느끼며 숨을 들이쉴 것이라고 익히고
호흡하는 몸 전체를 느끼며 숨을 내쉴 것이라고 익힌다.
호흡하는 몸의 움직임을 평온하게 하여
숨을 들이쉴 것이라고 익히고
호흡하는 몸의 움직임을 평온하게 하여
숨을 내쉴 것이라고 익힌다.
몸의 안과 밖으로 마음을 모아 관찰하고
몸의 움직임을 안과 밖에서 일어나고
사라지는 현상을 관찰한다.
몸의 자연적인 특성을 이해하기 위해
바르게 마음을 챙겨 알아차리는 동안
이 세상 그 어디에도 매이지 않고 벗어나게 되리니
수행자는 이와 같이 머무느니라.

이 경구의 가르침처럼 수행은 고요한 곳에서 마음을 가라
앉혀 호흡을 챙기는 것으로 시작합니다. 그러는 동안 마음
집중은 차츰차츰 강화되고 증득될 것입니다.

코끝과 윗입술의 바람이 닿는 곳을 지켜보는 것을 전제하
지만 어떤 곳에서는 아랫배의 횡경막까지 들고나는 호흡을
지켜보라고도 합니다. 어느 쪽이든 마음을 집중하는 심청정

을 개발하는데 큰 차이는 없습니다.

　금방 젖 떨어진 송아지에게 필요한 말뚝처럼, 궁극적인 목적은 마음을 붙들어 바르게 챙길 수 있는 방법에 불과한 것입니다. 수행의 길목에서부터 「어떤 수행법이 좋고 어떤 수행법이 좋지 않다.」라는 편견에 묶이지 않기를 바랍니다.

경행은 어떻게 하는가?

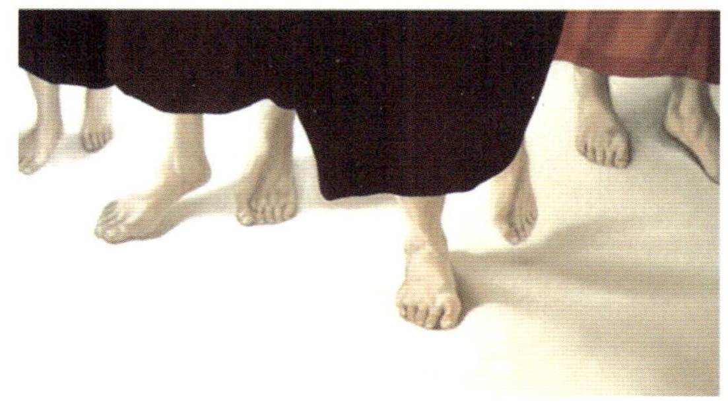

경행은 어떻게 하는가?

지금까지 첫 번째 노력의 단계를 비롯해서 수식관법에 대해서 이해했으리라 믿고 이제 퇴굴심을 극복하는 노력과 경행에 대해서 살펴보겠습니다.

우리가 이렇게 거룩한 수행을 시작한 이상 이제 방일하거나 더는 뒤로 미룰 수가 없습니다. 「금생에 못하면 다음 생에 해야지.」라는 생각은 굉장히 위험하지 않을 수 없습니다. 왜냐하면 다음 생은 결코 보장된 삶도 아니며, 미래 또한 사람으로 살아갈 수 있는 공덕이 다하고 나면 전생에 쌓은 숨은 악업이 나타나 언제 우리를 삼악도로 휩쓸어 갈 것인지 아무도 모르기 때문입니다.

캄캄한 밤에 손전등을 켜 놓고 대낮 같다고 좋아하다 갑자기 태양이 나타나면 그 전등불은 무용지물이 되어버립니다. 이는 마치 촛불 같은 선업 속에서 한없이 행복해 하다가 그 선업이 다하고 태양 같이 강력한 악업이 나타나면 그 선업은 금방 빛을 잃어 버리는 것과 같습니다.

비록 지금 우리들이 이렇게 공부하며 인간으로 향유할 수 있는 이 복덕을 누리고 있으나 이 복덕이 언제 다할 것인지 아무도 알 수 없습니다. 공부 복이 있을 때 기회를 놓치지 말고 좀 더 열심히 정진하여 확고한 삶의 방향을 갖춰 놓지 않으면 안 될 것입니다.

부동지의 슬기로서 그 어떤 이론이나 감각적인 경계에도 묶이지 않겠다는 확신으로 더 이상 물질과 느낌의 노예상태에서 묶여있지 않고 벗어나야만 할 것입니다.

어떤 사람이 훌륭한 묘목을 정원에 심었다면 버팀목과 보호대를 만들어 물과 거름을 주며 주의를 기울여 보호해야 할 것입니다. 묘목을 비싼 값으로 사서 정원에 심어놓고 버팀목이나 보호대도 없이, 물도 거름도 주지 않고 심은 것만으로 만족하며 보고 즐기면 그 나무는 어떻게 되겠습니까?

그 나무는 깊이 뿌리도 내리기 전에 심한 비바람이 불어오면 금방 쓰러지고 말 것입니다. 마찬가지로 우리들도 이 수행법이 좋다는 생각만 하고 자신의 자그마한 소견만을 쫓아 자만에 빠진다면 진정한 수행의 열매를 얻기 전에 쓰러지고 말 것입니다. 이는 마치 나무를 심어놓고 심한 바람이 불어 언제 넘어질지 모르고 그냥 나무만 보고 즐기는 것과 같은 어리석음입니다.

항상 마음을 챙기며 바른 노력으로 열심히 수행하면 얼마 지나지 않아 어김없이 찾아드는 반가운(?) 친구가 있습니다. 게으름, 졸림, 통증, 의심 등 정신적이고 육체적인 갖가지의 장애가 곧 이들입니다. 이러한 장애는 수행의 진척을 나타내주는 중요한 증표이기 때문에 수행자라면 이러한 장애를 장애로만 보아서는 안 됩니다.

오히려 해탈의 긴 여정을 이끌어 주는 수행의 동반자로 이해해야 합니다.

보통 사람들은 바로 이런 장애를 만났을 때 체념하거나 주저앉아 버리거나 자신을 합리화해 버립니다. 자기 앞에 놓인 난관이나 역경을 넘지 못하고 자신이 해야만 하는 일과 노력을 포기하는 퇴굴심을 일으키며 그런 자신을 교묘하게 합리화하려 듭니다.

이때 다시 마음을 가다듬고 초발심으로 되돌아와 이런 장애들을 뛰어 넘을 수 있는 두 번째의 노력을 해야 합니다. 바른 수행자라면 그 어떤 장애가 자신을 가로 막더라도 그 장애를 극복하고 말겠다는 용기를 갖춰야 하며 죽는 한이 있더라도 깨달음을 향해 정진하는 수행을 멈추지 않고 지혜를 증장시켜야 합니다.

한 시간 정도 정진하면 온 몸에 통증이 일어나고 무기력과 혼침에 빠지기도 합니다. 이때 자세를 바꾸거나 몸의 불편함을 없애려고 애쓰지 말고 그 불편함에 명칭을 붙여 알아차려야 합니다. 피곤하다고 기대거나 자세를 자주 바꾸거나 쉬는 것은 퇴굴심에 굴복하는 것이니 이때가 두 번째 단계의 노력이 필요한 시점입니다.

이 수행으로 심하게 병이 든 사람이나 죽은 사람은 없습니다. 도리어 있는 병이 낫게 되니 염려하지 말고 강한 용기로 장애를 헤쳐 나가며 정진을 쉬지 마십시오.

　지금까지 여러분들은 육체가 원하는 대로 즉 오감의 노예 상태에서 몇 억겁인지 모르는 동안 종노릇을 해 왔습니다. 그래서 여러분들이 지금 하는 수행은 그동안의 종노릇을 청산하고 주인이 되고자 하는 것입니다. 오감의 종노릇을 하다 보면 많은 고통이 뒤따릅니다. 우리는 오감이 빚어내는 괴로움에서 벗어나기 위한 정진을 하려는 것입니다. 이제 육체가 원하는 바를 무시하고 육체를 죽여야 합니다.

　씨앗이 썩어 새싹이 돋아나듯 육체가 죽어야 정신세계를 이해하게 되어 성숙된 지혜를 맞이하게 될 것입니다.

　우리들이 팔을 뻗어 손으로 물건을 잡을 때, 순간순간의 일어나고 사라지는 마음을 관찰하면서 손끝에 물건이 닿는 그 순간순간의 일어나고 사라지는 느낌을 보면서 그 변화의 현상에 마음을 챙겨야 합니다.

　또한 걸을 때 왼발을 옮겨 놓으면서「왼발」이라고 염송하고 오른발을 옮겨 놓으면서「오른발」이라고 염송하며 발이 땅에 닿을 때 그 변화와 현상에 마음을 챙겨 알아차리며 걷습니다.

　경행을 할 때는 역시 왼발을 천천히 옮겨 놓으며「왼발(걷기위해 발이 땅에서 떨어지기 까지) 앞으로(발을 앞으로 내밀어 땅에 닿기 직전까지) 내려(발이 땅에 닿을 듯 말 듯 한 상태) 놓음(발이 땅에 닿는 순간부터 밟아서 중심을 잡을 때까지)」이라고 염송하고 또 오른발을 천천히 옮겨 놓을 때「오른발, 앞으로, 내려놓음」이라고 염송하며 매 순간마다 일어나고 사라지는 그 변화의 점진적 현상을 알아차리며 천천히 걷습니다.

왼발을 들어 올릴 때나, 발을 앞으로 내밀 때나, 발이 바닥을 향해 내려놓일 때, 발이 바닥에 닿아 밟을 때, 왼발이 닿으면서 오른발이 버텨지며 나아갈 때, 각각의 일어나고 사라지는 근육의 팽창과 이완을 인식하는 것입니다. 그리고 무거움이나 가벼움, 그리고 차가움이나 뜨거움, 딱딱함이나 부드러움 등 그 변화를 낱낱이 마음을 챙겨 알아차려 나가는 것이 곧 몸의 움직임에 마음이 집중한다는 의미의 명색(名色/몸과 마음) 일치수행법입니다.

빠르게 걸을 때는「좌-우, 좌-우…」조금 천천히 걸을 때는「왼발, 오른발,‥」이라고 명칭을 붙이며 경행을 합니다. 왼발을 내디디면서 왼발인 줄 알아차리고 오른발을 내디디면서 오른발인 줄 알아 차려 나가야 합니다.

이때 여러분들이 주의해야하는 세 가지가 있습니다.

첫째 평상시의 걸음걸이대로 걸어야 하고, 둘째 가장 먼저 바닥과 닿는 발바닥(보통 발 뒤쪽) 부분의 느낌에 마음을 모아 알아 차려야 하고, 셋째 바닥에 닿는 부분을 가능한대로 포커스를 작게 해서(카메라의 조리개를 맞추듯) 미세한 느낌까지 놓치지 않고 알아차리는 세 가지의 요건을 갖춰야 합니다.

그리고 보다 더 자세하게 관찰 할 때에는 세단계로「왼발 앞으로 놓음, 오른발 앞으로 놓음,‥」이라고 명칭을 붙이며

천천히 왼발을 내딛으면서 왼발의 움직임을 세분화해서 알고 천천히 오른발을 내디디면서 오른발의 움직임을 단계로 나눠서 알아차려 나가야 합니다.

「나눠서 알아차리다.」라는 의미는 발을 들기 전의 현상, 들 때의 현상, 발이 앞으로 나아갈 때의 현상, 발이 땅에 바로 닿기 전의 현상, 발이 막 땅에 닿는 현상, 발이 땅에 닿아 대지를 밟을 때의 현상, 그리고 다시 다른 쪽 발이 들리는 현상 등등의 현상들에 주의를 집중해서 알아차려 나간다는 뜻입니다. 여기서 현상이란 관념을 벗어난 의식의 상태를 일컫는 것으로 찰나찰나의 몸과 마음의 느낌이라고 이해하면 됩니다.

처음 경행을 시작할 때는 이 세 가지의 방법을 씁니다. 이 방법을 쓰면 몸에서 일어나고 사라지는 현상을 정확하게 보고 이해할 수 있게 됩니다. 이 수행이 익숙해지면 수행자는 몸의 움직임이나 생각들이 고요하게 되고 정숙해지며 또한 중생심도 점점 정화됩니다. 경행은 마치 자동차가 운행되면서 다음에 사용할 기동력을 충전하듯이 쉼 없는 수행을 위해서 필수적인 것입니다.

부처님께서 입적하신 90일 뒤에 부처님의 유물(사리)을 배분도 하고 또 부처님의 45년 동안 일러주신 가르침을 정리편집하기 위해서 마하가섭 존자를 비롯하여 500여명의 아라한들이 모여 초기경전의 결집대회를 열기로 했었습니다. 그 결집회의가 내일로 다가온 전날까지 부처님을 25년간 시봉해왔던 아난다 존자는 수다원과 이상으로 진전이 되지 않았었습니다.

부처님의 45년 동안 가르침이 다른 아라한들에게는 부분적으로는 갖춰져 있었지만 거의 대부분은 아난다 존자의 기억에 입력되어 있었습니다. 그래서 그의 기억을 되살리

며 경을 체계적으로 결집해야 하는데 아난다 존자는 아라
한과를 갖추지 못했기 때문에 그 결집대회에 참석할 수가
없었습니다.

그래서 아난다 존자는 그런 긴박한 사정을 누구보다 잘
알고 있었기에 「오른발, 앞으로, 놓음」「왼발, 앞으로, 놓
음」이라고 염송하며 밤이 훤하게 새도록 정진을 계속했습
니다. 매 걸음마다 몸과 마음에서 일어나고 사라지는 변화
의 현상에 마음을 챙겨서 알아차리며 쉼 없는 경행을 강행
했습니다.

그때 「아난다여! 너는 충분한 선근공덕이 있어 쉬지 않고
정진하면 멀지 않아 아라한과를 성취하게 되리라.」라는 부
처님의 유훈을 기억하며 「아! 나는 지금까지 최선을 다해
왔지만 아라한과를 성취하지 못한 이유가 뭣 때문일까? 혹
시 경행만 지나치게 해서 선정이 약화되어 그렇지는 않을
까? 이제는 선정을 보다 더 강화하여 균형을 갖춰야지.」라
고 생각하며 그의 방으로 돌아왔습니다. 그리고 「앉음……
누움……」하면서 엉덩이가 바닥에 닿고 이어 허리와 머리
가 땅에 닿으며 누우려는 그 찰나에 드디어 아난다 존자는
아라한과를 성취하게 되었습니다.

아난다 존자는 행주좌와(行住坐臥)의 네 가지 자세 중 어
느 자세도 아니었습니다. 발이 바닥에서 떨어져 있었기 때
문에 서있는 자세도 아니고 머리가 바닥에 닿으려는 자세였
기 때문에 누운 자세나 앉은 자세도 아닌 상태였습니다. 그

리고 그는 수다원과에 머물러 있었기에 사다함과와 아나함과를 단숨에 거치며 아라한과를 성취했습니다.

열심히 수행하시는 여러분들도 선정과 지혜가 충분히 갖춰졌을 때 언제 어디서 깨달음을 성취하게 될른지 모릅니다. 이와 같이 짧은 순간에 열반의 실현이 가능하다는 특별한 경우를 경전에서는 기록하고 있습니다.

경행만 열심히 실천해도 일반적인 생활선이 되어 아라한과를 성취할 수 있고, 몸의 움직임만 열심히 챙겨 나가더라도 아라한과를 성취할 수 있음을 아난다 존자의 수행에서 확인시켜 주었습니다.

몸의 움직임에 마음을 함께하는 이 위빠싸나는 행주좌와의 모든 움직임에 마음을 밀착시켜 낱낱이 세밀하게 일어나고 사라지는 현상을 알아차려 이해하는 것입니다.

여러 번 반복하지만 이 수행법은 몸의 안과 밖의 것을 대상으로 수행하기 때문에 시간이나 공간에 구애받지 않고 일상적인 생활 속에서 앉으면 앉은 대로, 서 있으면 서 있는 대로, 걸으면 걷는 대로, 누우면 누운 대로, 말 할 때나 말하지 않을 때나 움직이거나 움직이지 않거나를 막론하고 있는 그 상태에서 일어나고 사라지는 그 변화의 현상에 마음을 챙기며 알아차려 나가는 생활이며 수행입니다.

이렇게 수행을 생활화해서 살아가는 동안은 자취 없고 흔적 없는 삶이 될 것이며 의도하려는 갈망을 쉬고 업을 쌓지 않는 삶이 되는 동시에 느낌의 노예가 아닌 삶의 주인으로

서 당당하게 물질적이고 감각적인 족쇄를 벗어 던지게 될 것입니다.

이곳의 우리 선우들만이라도 자신의 기량 따라 정진하면서 부처님 당시 구루마을의 사람들처럼 서로 반목과 질시와 성냄이 없이 환희에 찬 법담을 나누며 서로가 인격적으로 존경하고 미워하거나 싫어하지 않고 반갑게 만나고 행복하게 헤어지는 사람들이 되었으면 합니다.

부처님께서 한때 구루마을에서 일러주셨던 그 유명한 대념처경 때문에 이곳의 사람들은 부처님의 가르침을 철저히 믿고 따르는데 아주 유명했습니다. 이 마을 전체가 위빠싸나 수행원처럼 그 곳에 사는 사람들은 누구나 이 수행을 실천하고 있었습니다. 마을이나 뱃머리나 장터에서나 사람들이 모이는 곳이면 수행의 체험들을 묻고 답하며 화기애애했었습니다.

「나는 이렇게 정진하는 동안 이런 현상이 일어났는데 너는 어떤 것을 대상으로 수행했으며 어떤 현상이 일어났느냐?」 등의 수행담이 일상대화처럼 되었습니다.

뒤쳐진 사람을 격려하고 앞선 수행자를 본받으려는 정진력으로 자신을 지키며 우리들의 삶이 바람 앞의 등불같이 정말 순간순간을 살아가는 연약함을 바르게 이해하고 서로의 인연됨이 얼마나 귀중한 것인지를 알게 되면 누가 누구를 비난할 수 있겠습니까?

우리들의 만남이 이렇게 점진적으로 아름답고 평화롭게 넓혀진다면 모임에서 지역으로 그리고 나라와 세계로 펼쳐지면서 진정한 이상적인 사회로 변화되어 가리라고 믿습니다.

위빠싸나란?

위빠싸나란?

수행자들이여!
뭇 삶들의 정화를 위한
육체적인 고통에서 벗어나기 위한
정신적인 고뇌에서 벗어나기 위한
해탈을 향해 진리의 길을 나아가기 위한
오직 한 길!
네 곳에 마음을 챙겨 관찰하는 위빠싸나 뿐이니라.
그러면 네 가지의 마음 챙김에 대한
관찰 대상은 무엇인가?
대상을 바르게 겨냥해서 바르게 마음을 모아 바르게
마음을 챙기는 수행자라면 몸의 현상을 관찰하며
몸에서 일어나는 욕망과 혐오감을 극복하고,
느낌의 현상을 관찰하며 느낌의 세계에서 일어나는
욕망과 혐오감을 극복하고,
마음의 현상을 관찰하며 마음의 세계에서 일어나는
욕망과 혐오감을 극복하고,
정신적 대상을 관찰하며 정신적 대상의 세계에서

일어나는 욕망과 혐오감을 극복하느니라.

부처님께서 스스로 실천하셔서 깨달음을 성취하셨던 이 가르침에서 오직 한 길이라고 언급하신 「위빠싸나(vipassana)」의 어원부터 챙겨봅시다.

빠알리어 사전에 의하면 「위(vi)」란 접두사로서 「여러 가지」라고 해석됩니다. 그러나 여기서의 「위」에는 세 가지의 중심 의미가 있습니다. 이 세 가지란 부처님께서 깨달음의 핵심이 되는 제행무상, 일체개고, 제법무아 등 삼법인을 의미합니다.

첫째, 제행무상이란 어떤 것인가? 우리들의 몸과 마음을 비롯해서 우리 주변을 한번 둘러보십시오. 나가면 들어가게 되고, 먹으면 내어 놓게 되고, 또 내어 놓으면 먹게 됩니다. 공기도 들이쉬면 내어 쉬고 또 들이 쉬어야 하듯이 모든 만물이 순간순간 일어나고 사라지는 덧없음의 이치를 가슴으로 깨달아야 하는 것이 첫 번째의 수행목표가 됩니다.

둘째, 일체개고란 무엇인가? 모든 생명체는 태어나면서부터 육체적인 괴로움을 체험합니다. 또한 나고, 늙고, 병들고, 죽는 것과 춥고, 덥고, 목마르고, 배고픔과 같은 일반적인 괴로움을

비롯해서 미운 사람이나 싫은 환경에서 함께 할 수밖에 없는 괴로움, 사랑하는 사람이나 좋은 환경을 함께 할 수 없는 괴로움, 원하는 바를 모두 이루지 못하는 괴로움을 느끼게 됩니다. 이처럼, 모든 것이 허무하고 무상하게 변화되는데, 일체개고란 이러한 조건적인 괴로움이 초래하는 불만족을 통칭하는 말입니다.

이런 고통들은 시시각각 일어나고 사라지는 자연적인 현상이기에 이 고통의 특성을 이해하면 더 이상 집착하지 않고 감각적인 노예의 굴레에서 벗어나게 됩니다.

셋째, 제법무아란 우리들이 나, 너, 그이, 그녀 등 모든 개체를 실체처럼 믿어오던 관념에서 벗어나라고 일러주는 중요한 진리입니다. 부처님의 재세 시에도 육십 두 가지의 사상들이 있었으나 모든 사상의 근원은 나를 전제해서 갖춰져 있었습니다. 「나는 존재하지 않는다.」라는 이 말은 오직 부처님만이 입에 올릴 수 있었던 무아사상이었습니다. 그래서 불교가 개창된 원인이 되었으며 오직 불교에서만이 찾을 수 있는 독특함이었습니다. 다른 신앙에서는 나를 전제해서 자아나 영혼 혹은 신성이나 불성이라고 표현하면서 신이나 그 어떤 절대자를 의지하며 받들고 신봉합니다. 그래서 자아나 영혼 신성이나 불성으로부터 구원을 받거나 하느님, 신 등 어떤 절대자와 일체화를 꾀하는 교리 체계를 가지고 있습니다.

그러나 부처님께서는 이런 사상을 절대 부정하시며 「나라고 할 수 있는 실재는 그 어디에서도 찾을 수 없습니다. 다만 일어나고 사라지는 자연적인 몸과 마음의 인과적 현상만 존재할 뿐이다.」라고 일러 주셨습니다. 여기서 우리는 깨달음을 향한 매우 중요한 귀로에 서게 됩니다.

우리들은 지금까지 나라는 존재를 전제해서 지금까지 살아왔습니다. 만약, 부처님의 가르침대로 「실재하는 내가 없다면」 나라는 존재를 전제하여 세운 삶의 목표와 방향을 바꾸지 않으면 안 됩니다. 이 세상에서 무엇보다 급한 일이 「나를 바르게 이해하는」 일이 아니겠습니까? 그런데 범부들은 먼저 해야 할 일과 뒤에 해도 될 일을 분간하지 못하고 먼저 해야만 할 일을 뒤로 미루고 뒤에 해도 될 일을 먼저 하려고 합니다. 즉, 앞뒤가 뒤바뀐 어리석음 속에서 살다 자신을 단 한번이라도 돌아보지 못하고 삶을 마치게 됩니다.

「과연 내가 실재하는 존재인지? 그렇지 않은지?」 우선 부처님의 가르침을 따라 수행을 통해 조사하고 점검한 뒤 삶의 목표와 방향을 결정하는 것이 보다 더 중요하지 않겠습니까? 부처님께서 「내가 실재하지 않는다.」고 하셨지만 「형상적으로는 그래도 내가 존재하지 않겠습니까? 만약 그것도 아니라면 영혼은 존재하겠지?」라는 의문마저 일체 용납하지 않으셨습니다.

자! 여기서 부처님의 가르침이 옳다면 우리들은 지금까지 「나」라는 존재가 없는 것을 있는 것으로, 환상적인 착각 속에서 살아 왔다는 결과가 됩니다. 「믿어야 하느냐? 믿지 말아야 하느냐?」 이것이 큰 문제가 되지 않을 수 없습니다. 부

처님의 지혜로「나」라는 존
재를 아무리 살피고 찾아보
셨지만 그것은 결코 존재하
지 않는다는 결론을 얻으시
고 우리들에게 직접「제법
무아」라는 공의 이치를 일
러 주셨습니다.

　우리 불자들은 부처님을
믿으며 부처가 되려는 사람
들입니다. 그러니 더 이상 의심하지 말고 이론적으로나마
이해하고 우선 그 가르침을 믿고 따라야 할 것입니다. 만약
부처님의 가르침에 의심이 생기면 그 의심을 의심 속에 묻
어 두는 것은 결코 용납되지 않습니다.「내가 엄연히 존재하
는데 왜 무아라고 일러 주셨을까?」라고 묻고 살피며 조사,
확인, 검증까지 해서 부처님의 가르침이 바른지 틀린지를
살펴봐야 할 것입니다. 그 뒤에는 믿음도 불신도 없어지고
오롯한 자신의 지혜로 깨달음을 완성하게 됩니다.

　물론 부처님의 가르침은 달을 가리키는 손가락에 지나지
않지만 달을 보려면 그 손가락을 의지해서 가리키는 방향을
쫓아 달을 봐야 합니다. 마찬가지로 부처님의 그 가르침을
의지해서 정진한다면 이와 같은 세 가지의 진리를 쉽게 이
해하는 동시에 더 없는 지혜를 갖춰 생사윤회를 벗어나는
깨달음에 이르게 될 것입니다.

70

다음 위빠싸나의 「빠(pa)」란 「자세히, 면밀히」라는 뜻이며 「싸나(ssana)」는 「꿰뚫어 관찰하다.」라는 의미를 갖습니다.

「제행무상, 일체개고, 제법무아 등 삼법인의 진리를 바르게 관찰하다.」라는 의미의 위빠싸나는 결론적으로 부처님께서 생사윤회를 벗어나셨던 중도의 깨달음을 일궈낸 불교의 비법입니다. 그리고 우리들이 이 부처님의 수행법을 실천하는 것은 부처님의 가르침을 실천으로 확인한다는 의미도 됩니다.

우리들이 알고 있는 도에는 일반적인 도와 지성적인 도 등 두 가지로 대별할 수 있습니다. 일반적인 도는 인간을 포함해서 대부분의 동물들까지 수행할 수 있는 것임에 비해 지성적인 도는 높은 의식수준을 갖춘 사람만이 수행할 수 있습니다. 즉 동물이나 낮은 의식 수준의 사람은 지성적인 도에 이르기가 어렵습니다.

이 지성적인 수행법은 마음을 한곳에 집중시키는 사마타와 몸과 마음을 이리저리 살펴서 그 특성을 이해하는 지혜를 갖추는 위빠싸나로 분류할 수 있습니다.

여기서 위빠싸나의 오직 한 길이란 위빠싸나만이 우리들에게 목적하는 깨달음을 성취케 해 준다는 국한된 의미가 아니라 사마타에 위빠싸나가 결여되어서는 안 된다는 의미입니다. 어떤 사람들은 천상에 태어나는 수행법이 따로 있는 것으로 알지만 굳이 천상에 태어나려고 노력하지 않아도 위빠싸나를 비롯해서 사마타인 5정심관법, 염불, 주력, 간경이나 보시의 선근복덕으로도 충분히 천상의 태어남으로 보상받을 수 있는 것입니다.

타종교에서도 특별히 천상에 태어나는 수행법이 따로 정해져 있는 것이 아닙니다. 그리고 천상에 나려고 노력하는 것은 금 족쇄에 묶이려고 발버둥치는 것과 같습니다. 금 족쇄든 은 족쇄든 구리 족쇄든 결국은 윤회의 족쇄입니다.

돈은 있다가도 없고 없다가도 있을 수 있습니다. 일반적으로 돈이 많으면 좋은 집에서 살며 좋은 의복과 좋은 음식을 먹고, 돈이 없으면 셋집에서 살며 잘못 입고 잘못 먹게 됩니다. 마찬가지로 선근복덕이 많은 사람은 천상에 태어나고 박복한 사람은 악도에 태어남은 세상이치와 조금도 다를 바가 없습니다.

아무리 많은 돈도 모두 써버리고 다시 벌지 않으면 셋집은커녕 거리에 나와야 되고 복덕도 다하여 다시 쌓지 않으면 지옥에 태어나게 되는 것이 진리 아닙니까?

「천상에 태어남을 구하지 말고 생사윤회의 족쇄에서 벗어나라」고 부처님께서 간곡하게 당부하셨습니다. 왜냐하면 천상에 태어남은 윤회의 길을 계속 밟는 것이며 윤회의 족쇄에 계속 머무는 것으로서 결코 우리들의 수행목표는 될 수 없습니다. 부처님의 목표는 우리들이 한 순간이라도 빨리 생사윤회로부터 벗어나게 하는데 있고 부처님의 자비는 우리들이 생사윤회 속에 한 순간이라도 더 머물지 않게 하는데 있습니다.

그대들도 나처럼!

그대들도 나처럼!

옛날부터 인류가 생긴 이래 지금까지 많은 사람들은 불만족에서 벗어나려고 수많은 종교나 신앙 그리고 미신들을 만들어 믿고 실천 해 왔습니다.

태어나기 이전에 나는 누구인가?

태어난 뒤 나는 누구인가?

이 몸 버릴 때 나는 누구인가?

왜 태어났는가?

어떻게 태어났는가?

어떻게 살아야 하는가?

이와 같은 의문을 갖고 살다 바른 해답도 얻지 못하고 그냥 아주 미미한 불만족을 해결하려고 애쓰며 사라져 갑니다.

사람을 비롯해서 모든 생명체들은 불만족에서 벗어나려는 불성을 모두 갖고 있으며 우선은 행복하게 「잘 살겠다.」라는 공통된 바람을 가지고 있습니다. 그러면 어떻게 사는 것이 잘 사는 것인지 한번 생각해 봅시다.

정말 잘 사는 것은 부족함이 없고, 써도 모자라지 않고, 더 이상 구할 바도 없는 삶이 아니겠습니까? 또한 불안이나 공포, 근심이나 걱정과 원망, 미움, 질투, 성쇠 등이 없고, 억압과 구속이 없는 진정한 평화와 자유가 있는 삶, 그리고 생로병사(生老病死)에 휘둘리지 않는 삶이 우리가 바라는 진정한 삶입니다.

인류 역사상 이렇게 잘 살다 간 사람은 과연 누구였겠습니까? 이렇게 잘 살아 보려고 애써 스스로 실천하여 그 목적한 바를 성취한 사람은 바로 성자 「석가모니」라는 부처님과 그의 가르침을 따랐던 많은 제자들이지 않습니까?

이처럼 참된 삶에 도달하게 한 이 위빠싸나 수행법은 제삼자가 아닌 부처님께서 직접 실천하셔서 얻은 바를 펼쳐 보이신 길입니다.

부처님께서 6년간의 고행 끝에 발견하신 이 수행법으로 말미암아 불교가 개창되었습니다. 위빠사나는 불교의 전통적인 수행법으로 많은 제자들을 깨달음으로 인도한 수행의 지름길이면서 핵심적 가르침입니다.

불교의 핵심적 가르침에 도달하는 방법은 경전을 공부하는 것과 직접 수행하는 것 그 다음에 깨달음을 성취하는 것 등 세 가지로 나눌 수 있겠습니다.

그러면 경전공부와 수행과 깨달음은 어떤 연관관계에 있는 것인지를 우선 고추에 비유해서 설명해 봅시다. 먼저 경전공부는 고추를 따서 손에 들고 이리저리 두루 살피며 그 모양과 색깔과 그리고 특징에 대해서 지식을 갖추는 것입니다. 그러면 수행은 어떤 것인가? 바로 그 고추를 직접 쪼개서 입에 넣고 씹어서 먹어보는 것입니다. 그래서 말이나 글로 표현할 수 없는 독특한 맛과 그 고추마다 갖는 특성을 이해하게 되는 것이 이 깨달음에 해당됩니다.

만약 100명이 함께 고추를 먹어본 뒤 그 독특한 맛에 대한 설명을 각각 적었다고 합시다. 그 설명서에 적혀있는 각각의 글은 결코 같을 수 없을 것입니다. 이 설명서 중 20명분의 것을 모두 외운 어떤 사람이 30분명의 것을 외운 사람 앞에서는 어떻게 되겠습니까? 바로 무식쟁이가 됩니다. 그러나 그 30명분의 것을 외운 사람도 90명분의 것을 외운 사람 앞에서는 고개도 들지 못할 것입니다. 더구나 90명분의 설명서를 외운 사람 역시 91명분의 것을 외운 사람 앞에서는 지식이 모자랄 수밖에 없습니다. 그러나 가장 중요한 것은 100명의 것을 모두 외운 사람이라도 고추를 먹어보지 않았다면 진정한 고추 맛을 알 수 없다는 사실입니다. 그는 고추 맛을 남에게 잘 전할 수는 있어도 스스로는 고추 맛을 알 수 없습니다. 마찬가지로 교리에 의존해서 부처님의 가르침을 이해하려고 들면 그는 결코 부처의 지혜에 도달할 수 없습니다.

불교는 깨달음을 목적으로 실천하고 수행하는 가르침입니다. 결코 빌고 구걸하는 기복신앙이나 지식에 사로잡힌 철학자나 지식인들을 양성하려는 것을 목적으로 하지 않습니다.

불교는 시공을 초월한 인류의 등불이며 인간성 회복과 자기발견을 실현하는 가장 정확하고 바른 깨달음의 길입니다. 깨달음을 위한 위빠싸나는 오직 불교에서만이 볼 수 있는 것으로서 때와 장소를 막론하고 언제 어디서나 누구라도 쉽게 실천할 수 있습니다.

이것은 새로운 것이 아니라 우리나라의 지정학적인 탓으로 오랫동안 우리들로부터 멀리 떨어져 있었기 때문에 미처 접할 수 있는 기회가 없었던 것 입니다.

그동안 「인생을 어떻게 살아야 되는지?」 이 난제 앞에서 고민해본 사람이라면 「인생의 참 된 길은 자신과 괴로움을 이해해서 고통과 그 조건에서 벗어나는 것입니다.」라는 부처님의 가르침을 화두로 삼아야 할 것입니다.

부처님의 깨달음과 가르침은 경전, 논서, 율장 등 삼장으로 체계화되고 상좌부와 대중부로 나눠지면서 8만 4천이라는 해탈의 숨결로 면면히 전해지게 되었습니다.

그 장경의 핵심이 계·정·혜라는 팔정도인 동시에 중도입니다. 부처님께서는 팔정도와 중도만 가장 성스러운 길이며 가장 잘 사는 길이라고 펼쳐놓으셨습니다.

그러나 이 잘사는 길을 배우는데 많은 실패를 동반하는 훈련이 필요합니다. 이것이 곧 사마타 훈련과 함께 아우러진 위빠싸나 수행법입니다.

목수가 스스로 만족할 수 있도록 나무를 바르게 자르려면 먼저 먹줄을 이용해서 선을 그은 뒤, 그 먹선 따라 정성을 다하여 톱질을 해야 할 것입니다. 마찬가지로 잘 살려는 사람이라면 이 팔정도를 따라 마음을 챙기는 법을 배워야 합니다.

부처님께서 일러주신 팔정도의 실천을 통해 중도의 길에 이르려면 대념처경의 가르침을 따라 실천하는 수행이 필수적입니다.

그러면 위빠싸나를 실천하는데 「무엇을 대상으로 해서 어떻게 정진해야 하느냐? 그리고 어떤 것을 깨달을 수 있단 말인가?」하는 의문이 생깁니다.

나라고 알고 있는 이 한 물건은 형상(色), 느낌(受), 관념(想), 의도(行), 앎(識) 등 다섯 가지 쌓임(五蘊)으로 구성되어 있는데 여기서 형상은 물질이고 나머지 느낌, 관념, 의도, 앎 등은 비 물질로 이루어져 있습니다. 즉 물질과 비 물질인 몸과 마음으로 갖춰져 있는 이것을 우리들은 나라고 믿고 살아온 셈입니다.

위빠싸나는 흙, 물, 불, 바람 등의 4대 원소의 집합체인 물질적인 몸을 비롯해서 느낌, 관념, 의도, 앎 등 네 가지의 정신적인 현상에서 일어나고 사라지는 자연적인 성품과 그 역학관계를 정확하고 분명하게 규명해 주는 수행법입니다.

그래서 우리들이 수 억겁 동안 감각과 관념의 노예로서 윤회의 족쇄에 묶여 살아왔다는 사실을 깨닫게 해 줄 것입니다. 특히 정신적인 현상을 보다 바르게 이해하게 되어 자기라는 존재를 바르게 보게 됩니다.

이 수행법의 첫 번째 관문은 자신의 몸과 마음을 바르게 이해하는 것입니다. 자신의 몸과 마음이 존재하는 현재에 집중함으로써 시간과 힘의 낭비가 없이 깨달음에 이르게 됩니다. 또 정진하는 정도에 따라 단계적으로 진전되는 결과가 누구에게나 여실히 드러나므로 수행의 진전된 정도를 자타가 이해할 수 있습니다.

이 행법은 언제 어디서든지 시간과 장소에 구애받지 않고 행(行)·주(住)·좌(坐)·와(臥)·어(語)·묵(默)·동(動)·정(靜)의 어떤 상태에서라도 쉼 없이 계속 마음을 챙길 수 있는 가장 합리적인 것입니다.

이것은 그 어떤 다른 종교에서나 수행단체에서는 찾을 수 없는 것으로써 오직 부처님의 가르침에서만이 만날 수 있는 거룩한 행법입니다. 또한 이 법은 부처님 스스로의 실천과 노력으로 터득하여 발견하신 것입니다.

그리고 이것은 어떤 전설적인 스승이 고안한 것도, 전통적으로 전해져 내려온 방법이 아닙니다. 부처님께서 직접 이 행법으로 깨달음을 성취하셨던 경험을 펼쳐 보이신 직접적인 가르침입니다.

당시 제자들은 물론 지금까지도 끊이지 않고 헤아릴 수 없이 많은 제자들이 이 가르침으로 깨달음을 성취하여 고통이나 그 조건에서 벗어났습니다. 즉, 이 수행법은 불교의 근본이 되는 수행법이며 가장 거룩한 길이며 으뜸이 되는 유일한 길입니다.

마음을 가라앉혀서 몸, 느낌, 마음, 법 등 사념처를 대상으로 정진하여 지혜를 갖춰 깨달음을 성취할 수 있는 수행법이기 때문에 부처님께서는 「오직 한 길!」이라고 선언 하셨습니다.

본래 길이란 언제 어떤 사람이 따라가도 같은 곳을 거치며 같은 목적지에 도달하게 됩니다. 「오직 한 길!」이란 부처님만이 목적지에 도달할 수 있고 다른 사람이 가면 원하는 목적지에 도달할 수 없다는 뜻이 아닙니다.

「오직 한 길!」이라고 표현하신 데는 외줄과 같은 의미도 내포되어 있기 때문에 이 길은 옆으로 빠지는 샛길도 없거니와 지름길도 없으며 둘러가는 길도 없거니와 뛰어갈 수도 없습니다. 언제 어디서나 누구라도 이 길을 따라서 나아가면 생사윤회를 벗어날 수 있다는 의미입니다.

이 길을 따라서 나아가는 과정에서 처음으로 만나게 되는 단계가 명색지입니다. 명색지는 몸과 마음의 역학 관계를 이해하고, 성품을 바르고 정확하게 이해할 수 있는 지혜의 단계입니다. 누구나 이 수행을 하다보면 해탈의 제1관문인 명색지에 이르게 될 것입니다.

오직 유일한 길

오직 유일한 길

우리들은 이제 부처님께서 체험을 통해 발견하신 이 계청정, 심청정, 견청정, 혜혜탈 등의 도정을 이론적이나마 이해하고 수행의 길로 나섰습니다.

그런데 바른 깨달음에 이르려면 부처님의 이러한 가르침을 의지하고 실천하는 방법 외에 다른 방법이 있을 수 없습니다.

물론, 사마타법과 맥을 같이하는 많은 수행법들이 깨달음의 길이라고 행해지고 있거나 소개되고 있습니다. 그러나 이런 수행법은 수행의 과정에서 나타나는 지혜 정도를 일목요연하게 제시하지 못할 뿐더러 수행이 어느 단계에 이르렀는지를 파악할 수 없다는 한계를 지닙니다.

이 위빠싸나 수행법은 특별히 예외적인 경우를 제외한다면 명색지를 비롯해서 열다섯 내지 열여섯 가지의 지혜 단계가 수행의 정도에 따라 누구에게나 단계적으로 나타나게 됩니다.

이것은 누구든지 이 길을 따라 정진하는 수행자라면 꼭 같거나 비슷한 체험의 결과에 도달할 수 있다는 뜻입니다.

수행자들이여!
네 가지 대상을 의지해서
마음을 챙기는 수행을 실천하라.
그러면 모든 집착에서 벗어나고
욕망과 갈망에서 자유로워지느니라.
그래서 완전한 해탈을 성취하게 되며
진정한 행복과 위없는 지혜를 갖추게 되리라.
그리고 바른 깨달음인 열반을 성취하게 되리라.
저 갠지스 강
물이 흘러 오직 서쪽으로만 향하듯이
누구나 이 법으로 열심히 정진하면
결코 다른 샛길로 빠지지 않고
반드시 열반의 깨달음으로 흘러들리라.

한때 부처님께서 인도의 동북부에 있는 깜마-사담마라는 구루 부족의 마을에서 계셨습니다.

이 게송은 그 때 부처님께서 수행의 결과를 갠지스 강의 흐름에 비유하여 읊으신 가르침입니다. 긴 강물은 어떤 위치에서는 동, 서, 남, 북의 방향으로 흘러가지만 종국에는 바다라는 목적지에 도달하게 됩니다.

이처럼 어느 누구라도 이 수행을 실천하면 다른 샛길로 빠지지 않고 틀림없이 깨달음의 열반에 이르게 된다는 의미입니다.

자! 여러분들이 손을 들어 아주 천천히 주먹을 쥐어 보면 그 의미를 보다 더 정확하게 이해될 것입니다. 호흡뿐만 아니라 몸의 모든 움직임 역시 몸이 스스로 행하는 것이 아니고 정신적인 의지와 그 반사작용에 의해서 움직이게 됨을 이해하게 될 것입니다.

그래서 몸의 모든 움직임에는 마음이 선행한다는 사실과 더불어 그 마음이 몸의 모든 움직임을 다스리고 있다는 진리도 함께 깨닫게 해줄 것입니다. 그래서 우리들의 행동을 어떻게 간추려야 하는지 분명한 확신을 갖게 함과 동시에 몸과 마음의 역학관계도 깨닫게 해줄 것입니다.

우리들의 움직임 하나하나에 오래 머무는 바가 없음을 이해하면 제행무상의 진리를 이해하게 되고 또한 모든 움직임이 불편함이란 사실을 이해하게 됩니다. 그래서 일체개고의 진리를 깨닫게 해 주며 또 지금까지 나를 움직이는 특별한 대상이 존재한다는 아상의 벽이 무너지며 제법무아의 진리도 함께 깨닫게 해줄 것입니다.

이렇게 몸의 움직임에서 몸과 마음의 역학관계를 바르게 규명하며 지혜를 갖출 때 앞에서 언급한 몸과 마음을 바르게 깨닫게 되는 명색지의 지혜 단계를 성취하게 됩니다.

여러분들 중 누구나 한두 번쯤은 아기를 안아 본 경험이 있을 것입니다. 그때 그 애기가 깨어 있을 때가 잠들었을 때보다 훨씬 가벼웠을 것입니다. 또 음악에 따라 춤을 출 때와 음악이 없는 몸놀림을 비교해 보면 당연히 음악과 함께 음악의 리듬에 맞춰서 춤을 출 때의 몸놀림이 보다 가벼움을 느낄 것입니다. 흔히들 많은 성자들은 「깨어있으라」고 채근하지만 깨어 있는 방법을 몰랐던 사람들은 그동안 답답했을 것입니다.

지금 여러분들이 앉아서 「하-나, 두-울, 세-엣……」라고 수식관을 하며 배의 불러오고 꺼지는 현상에 마음을 챙기고 있는 동안이나 걸을 때 「오른발, 앞으로, 내려놓음, 왼발, 앞으로, 내려놓음,……」라고 왼발과 오른발이 교차되면서 일어나고 사라지는 여러 가지의 현상에 마음을 집중해서 알아차려나가는 이것이 바로 깨어있는 상태가 됩니다.

귀가(歸家) 길에 눈비가 온다고 집으로 돌아가는 것을 포기할 수 없듯이 괴로움이 싫어서 벗어나려고 작정하였다면 어렵고 힘들더라도 가야만 하는 길이며 해야만 하는 일임을 한 번 더 기억해야 할 것입니다.

수행자가 정진 중에 주의해야 할 것과 극복해야 하는 다섯 가지 덫이 있습니다.

수행을 처음 시작하는 사람은 평소처럼 보고 들으며 말하는 관성적인 행동을 자제하고 마치 벙어리나 장님 귀머거리처럼 행동해야 합니다. 마치 오랫동안 중병을 앓다가 이제 퇴원한 환자처럼 움직임을 아주 천천히 세심하게 주의를 기울여야 합니다.

왜냐하면 수행의 초보자는 집중력이나 바른 겨냥의 훈련이 성숙되지 않아서 몸에서 일어나고 사라지는 현상의 변화를 정확하게 알아차리지 못하기 때문입니다. 몸에서 일어나고 사라지는 미세한 변화를 놓치지 않으려면 최대한 몸의 움직임을 천천히 조심스럽게 챙겨 나가야 합니다.

몸의 모든 움직임을 알아차리는 것이 이 수행법의 요체입니다. 앉아서 호흡에 마음을 챙기는 좌선이나, 걸으면서 마음을 챙겨 나가는 경행을 비롯해서 말을 할 때나 일상생활 속에서 행동하는 움직임에 마음을 챙겨 알아차려야 합니다. 이것이 곧 몸의 움직임에 마음을 함께하는 명색일치법입니다.

이와 같은 수행법에 잘 길들여지면 갈등과 행동의 실수가 적어지며 일상사에 후회되는 일이 없어집니다. 산이건 들이건 집 안에서나 밖에서나 어디라도 몸 있는 곳이 선원인 동시에 수행 장소가 됩니다. 나아가 바르게 마음을 챙기면 몸의 움직임에 집중할 수 있게 되어 더 청정하게 깨어 있을 수 있습니다.

이제 수행을 시작할 때 경계해야 하는 다섯 가지 장애(五蓋)에 대해서 간략하게나마 제시하지 않을 수 없는 시점이 된 것 같습니다.

오개란 수행을 방해하는 감각적 욕망, 악의, 무기력

과 혼침, 불안과 후회, 회의적 의심을 말합니다.

첫 번째 덫이 되는 「감각적인 욕망」은 물질과 사람을 대상으로 자신의 감각기관을 만족하게 하려는 집착으로 이 대상들에 대한 집착은 여러분들의 정진을 포기하게 만듭니다.

「왜 지금 이 시간에 이렇게 다리를 꼬고 앉아 있어야 하나? 이렇게 괴로움을 참고 있으면 과연 깨달을 수 있을까? 차라리 이렇게 앉아있는 것보다 누군가를 만나 한 잔 하는 것이 훨씬 더 즐거울 텐데…, 좋은 집이나 절이 있었으면…, 저 사람이 나를 존경과 사랑으로 대했으면…」 이렇게 꼬리에 꼬리를 물고 번뇌가 일어나는 것을 제어하지 못하면 결국 굴복하게 되고 말 것입니다. 이때 그 장애에 굴복하지 말고 당당히 맞서 그 일어나는 마음을 알아차리면 그 망상이나 장애는 흔적 없이 사라질 것입니다.

두 번째 덫이 되는 「악의」역시 물질이나 사람을 대상으로 반감을 불러일으키는 정신작용입니다.

이와 같은 대상들이 여러분들의 정진력을 약화시키며 수행을 막아 설 것입니다. 「왜 스님은 나에게 좀 더 친절하게 대할 수 없을까? 저이는 온지 얼마 되지도 않으면서 굉장히 나서기를 좋아하네, 저이는 선방의 예의도 모르나, 오늘은 정말 기분 나쁘다, 이렇게 오랫동안 수행을 했으면 무엇이 보여야지.」 등등 마음의 불편함이 일어납니다. 그때 그 불편한 마음을 챙겨보면, 도둑고양이가 방으로 들어와 음식물을 물고 갈려고 살금살금 들어오다가 사람의 눈이 마주치면 도망가 버리듯이, 그런 불편한 마음도 금방 사라질 것입니다.

셋 번째 덫이 되는 「무기력과 혼침」은 수면 부족, 피곤, 특히 수행의 대상 즉 몸의 움직임이나 느낌이나 마음의 상태, 그리고 의식의 대상들이 잘 보이지 않을 때 자주 찾아오는 최고의 단골손님입니다.

「오늘은 수행 할 기분이 아니다, 지난밤에 잠을 설쳤기 때문에, 오늘 과로했기 때문에, 너무 배가 불러서, 너무 배가 고파서, 너무 추워서, 너무 더워서, 오늘은 지루하니까 시간만 넘기자, 숫자만이라도 확실하게 헤아려야지, 다음에 열심히 하지.」 등등의 합리화로 수행을 그만 두려합니다. 그러나 그 찰나에 마음을 챙겨 일어나는 감정에 명칭을 붙여 불러주면 그 마음은 즉시 사라지게 될 것입니다.

네 번째 덫이 되는 「불안, 후회」는 과거의 잘못된 일이나 생각 때문에 마음이 들뜨며 후회하는 마음으로 여러분들의 불퇴심을 시험합니다.

「지금 이 시간에 전화나 오지 않았을까? 왜 나는 마음이 안정되지 않을까? 여러 어지러운 일들을 정리하고 이 공부를 시작했어야 하는데, 괜히 저 보살 때문에 고생하는 것 아닌지 몰라, 다른 수행법으로 바꿔 볼까? 왜 그 스님은 이런 어려운 공부를 하지 말고 염불만 해도 해탈 할 수 있다고 했을까? 화두 참구법이 제일이라고 하던데…」 등등의 불안한 마음과 후회하는 마음이 일어납니다.

그때에도 번뇌의 불길에 휘둘리지 말고 마음을 챙겨 알아차리면 금방 그런 마음은 사라지게 됩니다. 또한 이런 과정을 통해 일어난 것은 사라진다는 제행무상의 의미도 이해할 수 있습니다.

마지막 다섯 번째 덫이 되는「회의적인 의심」은 삼보와 팔정도를 비롯해서 오온, 과거, 미래, 현재의 삶, 12연기 등에 대한 의심을 말합니다. 이들 역시 여러분들의 정진을 막아설 것입니다.

「이렇게 정진을 해서 깨달을 수 있다고 하는데 그러면 산속에서 몇 십 년 수행한 사람들은 벌써 부처가 되고도 남았지 않았을까? 왜 다른 스님들은 이렇게 좋다는 법으로 공부하지 않는 것일까? 한국의 큰 스님은 화두선이 최고 상근기 수행법이라고 하는데, 단전(기공)호흡을 할 때에는 잘 되던데, 여래선이라서 잘 안되는지, 괜히 죄 없는 다리만 꼬고 앉았다고 부처될까? 그러면 앉은뱅이는 벌써 부처 되었겠지, 괜히 사서 고생하는 것 같아.」등등 온갖 간사한 마음이 수행의 길에서 벗어나게 하려고 발버둥 칠 것입니다.

수행을 가로막는 오개에 대한 경전의 비유를 인용하면 이 다섯 가지 덮개를 명확하게 이해할 수 있습니다. 감각적인 쾌락에 빠진 마음은 먹물이 사물의 그림자를 그대로 비출 수 없듯이 자신과 사물에 대한 통찰을 불가능하게 합니다. 또한 성내는 마음은 끓는 물이 대상을 명확히 비출 수 없는 것과 같이 자신을 바르게 이해하지 못하게 합니다.

　무기력과 혼침에 빠진 마음은 이끼에 덮인 물속의 사물을 들여다보는 것과 같으며 들뜸과 불안정한 마음은 세찬 바람으로 출렁이는 물결과 같아서 대상을 비출 수가 없습니다.

　그리고 의심하는 마음은 구름 속에 갇힌 달과 같아서 자신에 대해서 바르게 알아차릴 수 없습니다.

　이와 같이 감각적인 욕망, 성냄, 무기력, 걱정, 의심 등의 다섯 가지 덮개는 우리들의 마음을 어둡게 해서 행복과 평화를 가로막고 자기 자신의 안과 밖에서 일어나는 현상들을 바르게 이해하지 못하게 합니다.

　탐착심을 일으키는 대상을 부정한 것으로 알아차리고, 반감을 불러일으키는 대상들을 자비심으로 대하고, 게으름과 혼침의 요소는 바른 노력으로 제어하고, 불안정한 요소는 마음집중으로 다스리고, 의심은 선악을 초월한 진리에 대한 믿음으로 마음을 제어해야 합니다.

　수행자를 유혹에 빠뜨리게 하는 다섯 친구(五蓋)가 나타날 때 자주 사용해야 하는 5정심관법 가운데 하나인 염불관(여래관)에 대해서 챙겨 보겠습니다. 수행자들이 오개를 극복하기 위해서 필수적으로 활용해야 하는 이 염불관은 지금도 근본불교 권역에서는 제일 많이 행해지고 있습니다.

　혼침이나 무기력 같은 게으름에서 벗어나기 위해서, 수행 중에 어김없이 찾아드는 회의감이나 신심의 부족으로 인한 불안의 늪을 극복하기 위해서 염불관법은 꼭 필요합니다. 염불관법은 부처님의 명호를 뜻으로 그리며 외워 나가는 방법입니다.

① 아라항(Arahṁ-應供):
진리를 깨달았기 때문에 존경받을만한 아라한.
② 삼마삼붓도(Sammā-sambuddho-正遍者):
스스로 완전한 깨달음을 성취하신 정각자.
③ 위짜짜라나 삼빤노(Vijjā-caraṇa-sampanno-明行足):
행과 혜가 완전한 성인.
④ 수가또(Sugato-善逝):
거룩한 진리만을 이르시며 앞서 윤회계를 벗어난 성인
⑤ 로카위뚜(Lokavidū-世間解):
세상사를 두루 이해하신 성인.
⑥ 아눗따로 뿌리사 담마 사라띠(Anuttaro-Purisa-dha
mma-sārathi-無上士 調語丈夫):
삼계의 위없는 성인이시며 중생들을 잘 가르치는 스승.
⑦ 사따 데와 마누싸낭(Satthā deva-manussānaṁ-天人師):
천상과 인간계를 포함한 3계의 스승.
⑧ 붓도(Buddho-佛):
모든 고통이나 그 조건에서 완전하게 벗어난 성인.
⑨ 바가와(bhagavā-世尊):
삼계(욕계, 색계, 무색계)에서 가장 거룩하게 존경받는 성인.
이와 같은 여래 9대 명호 염불관법은 다음과 같습니다.

먼저

① 부터 ⑨까지 그리고 역순으로 ②까지,

③ 부터 ⑨까지 그리고 역순으로 ④까지,

⑤ 부터 ⑨까지 그리고 역순으로 ⑥까지,

⑦ 부터 ⑨까지 그리고 역순으로 ⑧까지,

⑨ 부터 역순으로 ①까지가 한 사이클이 됩니다.

그리고 다시 ②부터 위에서처럼 시작합니다. 숫자는 편의상 붙였기 때문에 숫자는 붙이지 않습니다.

즉 ① 아라항,

② 삼마삼붓도,

③ 위짜짜라나 삼빤노,

④ 수가또,

⑤ 로카위뚜,

⑥ 아눗따로 뿌리사 담마 사라띠,

⑦ 사따 데와 마누싸낭,

⑧ 붓도,

⑨ 바가와,

⑧ 붓도,

⑦ 사따 데와 마누싸낭,

⑥ 아눗따로 뿌리사 담마 사라띠,

⑤ 로카위뚜,

④ 수가또,

③ 위짜짜라나 삼빤노,

② 삼마 삼붇도,

③ 위짜짜라나 삼빤노…

　이와 같은 방법으로 일주간 정도 틈틈이 정진하면 보다 집중력이 생기며 망상이 심하지 않게 될 것입니다. 이렇게 부처님 9대(원시경전상) 명호의 뜻을 숙지한 뒤 빠르고 정확한 발음으로 외워나가는 수행법이 염불관법입니다.

　만약 발음이 어려우면 한역으로 된 ① 여래, ② 응공, ③ 정변지, ④ 명행족, ⑤ 선서, ⑥ 세간해, ⑦ 무상사 조어장부, ⑧ 천인사, ⑨ 불, ⑩ 세존 등의 10대 명호를 외워서 부처님의 거룩함을 다시 되새기는 것도 무방합니다.

이 10대 명호 염불 방법도 이전과 같습니다.

①부터 ⑩까지 그리고 역순으로 ②까지,

③부터 ⑩까지 그리고 역순으로 ④까지,

⑤부터 ⑩까지 그리고 역순으로 ⑥까지,

⑦부터 ⑩까지 그리고 역순으로 ⑧까지,

⑨부터 ⑩까지 그리고 역순으로 ①까지 한 사이클이 됩니다.

① 여래, ② 응공, ③ 정변지, ④ 명행족, ⑤ 선서, ⑥ 세간해, ⑦ 무상사 조어장부, ⑧ 천인사, ⑨ 불, ⑩ 세존, ⑨ 불 ⑧ 천인사, ⑦ 무상사 조어장부, ⑥ 세간해, ⑤ 선서, ③ 정변지, ② 응공, ③ 정변지…

이렇게 염송하거나 소리 내어서 챙겨 나가는 동안 붓다의 거룩한 지혜와 자비심을 통찰하면 다섯 장애에 극복이 쉬워지면서 수행에 더 노력을 배가할 수 있게 될 것입니다.

수행자들은 마지막 목표인 아라한과를 얻을 때까지 아무런 장애가 없이 해탈의 문턱에 도달하리라는 기대는 하지 말아야 합니다.

중단 없는 세 번째 노력

중단 없는 세 번째 노력

만약 여러분들의 삶이 반나절밖에 남지 않았다면 어떤 일부터 해야 할까요?

잠이나 실컷 잘까요?

맛있는 것을 실컷 먹을까요?

유언장을 쓸까요?

부모나 친척들에게 인사나 하러 나설까요?

당연히 마음집중과 마음 챙김부터 먼저 시작해야 할 것입니다. 부처님께서 머리에 붙은 불을 끄듯이 정진하라고 채근하신 이유가 무엇일까요?

괴로움에서 벗어나려는 것이 태어남의 몸부림이며 불만족의 해소를 위해 몸부림치는 것이 곧 삶입니다. 즉 살려고 애쓰지 않아도 태어나 살게 되고, 죽으려고 애쓰지 않아도 죽게 되는 세상사에서 무엇보다 시급한 것이 진리를 이해해서 근본적인 불만족을 해결하는 것입니다.

진리를 이해함이 깨달음이며 깨달음은 고통을 보고, 고통의 원인을 보고, 고통의 원인을 제거하는 결과를 보고, 그 고통의 원인을 제거하는 방법을 보게 되어 다시는 고통의 조건을 만들지 않게 될 것입니다. 이 과정이 바른 정진이고 그 결과가 곧 해탈입니다.

망망대해에서 끊임없이 물에 잠겼다 솟구치고 또 솟구쳤다가 잠기는 부유물처럼 연속적인 나고 죽음의 윤회 속에서 죽고 사는 것이 그렇게 대단한 것도 아닌데 하물며 세상사야 오죽하겠습니까?

세상의 모든 존재들의 수많은 삶은 오직 괴로움(불만족)에서 벗어나려는 행위입니다. 단 한 순간도 이와 같은 불만족에서 벗어나려고 발버둥치지 않는 존재는 없습니다. 그러나 그들이 벗어나려고 애쓰는 세상사의 불만족은 너무나 부분적인 것입니다. 불만족의 뿌리를 보지 못하고 단지 가지나 잎사귀나 열매에 불과한 지엽적인 불만족을 해결하기 위해 애쓸 뿐입니다. 그러기에 고통에서 벗어나지 못하고 윤회를 거듭하게 됩니다.

괴로움을 보고 그 괴로움에서 벗어나려는 불제자라면 마음을 집중하고 챙겨서 세상사의 보편적인 진리에 눈을 뜨고 괴로움의 근원에서 벗어나야 할 것입니다.

이것이 부처님께서 누누이 채근하시는 부분이며 세상사의 무엇보다 시급하게 해야 할 일입니다. 이 깨달음의 경계가 되는 해탈은 고통의 원인이 되는 생사윤회의 조건과 갈애의 뿌리를 제거한 상태를 말하는 것입니다.

이 해탈을 성취하기 위해서 먼저 무탐(無貪/탐욕 없음), 무진(無瞋/성냄 없음), 무애(無碍/걸림 없음), 이욕(離慾/애착 없음)의 청정심이 전제됩니다. 즉 탐욕, 성냄, 어리석음 등의 삼독심이 제거되지 않으면 안 됩니다. 왜냐하면 이와 같은 정신적인 요소들은 생사윤회의 조건이 되고 매듭이 되고 그물이 되는 것들이기 때문입니다.

만약 부처님의 가르침대로 실천해서 이 정신적인 삼독심이 제거되었을 때 다시는 나고 죽음이 없는 상태의 해탈을 성취했다고 할 것입니다. 이때 고통의 원인이 되는 생사윤회의 족쇄에서 벗어남이 되는 동시에 고통과 그 조건으로부터 자유가 되는 것입니다.

결론적으로 수행을 통해 한 순간이라도 시급하게 불만족의 근원에서 벗어나야 하며, 고통에서 벗어나 자유로워져야 합니다. 이것이 수행의 진정한 목적입니다.

수행의 불가피한 동반자인 다섯 가지 장애가 우리들의 의지를 시험하려고 돌진해오는 동안 수행자가 스스로 삼매와 지혜를 얻었다고 생각하며 수행을 중단하려는 마음이 일어나기도 합니다. 이때야말로 중단 없는 노력과 열의로 수행에 매진해야 합니다. 이 단계를 중단 없는 세 번째 노력의 단계라 합니다. 여기서 중단하지 않고 살얼음 위를 걷듯 한 걸음 한 걸음 쉬지 않고 정진해 나아가 이 수행의 목적을 달성하는 사람을 진정한 수행자라고 합니다. 괴로움의 완전한 소멸을 이루기까지, 고통이나 그 조건에서 벗어난 최상의 행복인 열반을 성취 할 때까지 중단하지 않고, 그리고 해탈의 문턱에 들어서 진정한 깨달음이 도래할 때까지 쉼 없는 수행으로 정진해야 합니다.

만약 수행을 중단하려는 유혹을 이기지 못하면 지혜는 더 이상 향상 될 수 없기 때문에 그 상태 그대로 머무르고 말 것입니다.

깨달음이란 앞서 제시되었듯이 고통이나 그 조건에서 벗어나는 것입니다. 고통의 원인은 갈애에서 일어나지만 그 갈애는 다음의 열 가지 잘못된 견해를 바탕으로 일어나며 수행의 족쇄로 작용합니다. 그 열 가지 족쇄를 바르게 이해하면 수행을 하면서 자신을 스스로 점검할 수 있습니다.

첫 번째가 「유신견(有身見)」 즉, 이 몸이 나라는 관념을 전제해서 자신을 주체로 이해하고 있는 아상의 하나입니다. 시시때때로 불리는 이름이나 가족관계 혹은 사회적인 위치, 나와 남을 분별하거나 자신만이 제일 거룩한 줄 믿고, 자신의 보호본능과 보존본능 아래 모든 다른 생명들을 경시하는 환상이나 착각입니다. 그리고 나는 남보다 낮다, 나는 남보다 못하다, 나는 남과 같다 등등 이 유신견(有身見)은 오온을 바르게 이해하지 못하는 무지에서 비롯되는 것으로서 색이 짙은 안경과 같습니다. 색깔이 있는 안경을 쓰고 사물들을 볼 때에는 보이는 모든 사물들은 안경 색으로 겹쳐 보일 것입니다. 마찬가지로 유신견으로 세상을 대할 때에는 있는 그대로 보지 못하고 관념이란 덧칠을 해서 이해하게 되어 어리석음 즉 무지에 빠지게 됩니다. 그래서 대승경전의 금강경에서도 관념에서 벗어나라고 많은 비유법을 들어 채근하고 있습니다.

두 번째가 「불법의 의심」 즉, 사성제나 8정도 그리고 인과(연기)법을 믿지 않고 모든 우주는  어떤 절대자에 의해서 형성되었다고 믿는 것입니다. 그래서 형이상학적인 절대자를 설정해서 찬탄하고 빌며 신의 세계에 도달할 수 있다는 어리석음을 범하고 맙니다. 만일 부처님을 구세주처럼 믿고 따른다면 보호의 본능과 보존의 본능을 충족시켜주는 신앙행위로 전락하면서 궁극적으로는 부처님과는 점점 더 멀어질 것입니다.

세 번째는 「계율이나 의식의 집착」입니다. 즉 나쁜 짓은 하지 않고 절대자나 조상들 그리고 불보살들을 잘 섬기며 사는 것이 가장 현명한 일이 아니겠습니까? 또는 불자로서 계율만 철저히 지키면 되지 않겠습니까? 불보살들에게 기도나 의식만으로도 해탈 할 수 있다고 했는데… 등의 어리석음에서 벗어나야만 합니다.

이와 같은 세 가지의 족쇄에서 완전하게 벗어나 진리에 대한 확신을 갖고 실천할 때 수다원과 즉 부동지의 지혜에 가까워 졌다고 할 수 있을 것입니다.

　다음 네 번째가 「감각적인 욕망」입니다. 이것은 우리들이 지금까지 먹고 싶은 것을 찾아서 먹여주고, 보고 싶다는 것을 찾아서 보여주고, 듣고 싶다는 것을 찾아서 들려주고, 냄새 맡고 싶다는 것을 찾아 냄새 맡게 해주고, 불편하면 편안하게 해주며 이 몸을 위해서 노예노릇을 해가며 수 억 겁 동안 나고 죽어 왔습니다. 그리고 자신의 욕망에 대한 지나친 집착 때문에 몸을 아끼거나 몸을 위해서라면 수행마저 포기하는 어리석음을 범해왔습니다. 음식이 맞지 않아서, 기후가 적당하지 않아서, 환경이 불편해서, 이렇게 수행하다 몸에 병이나 생기지 않을까… 그러나 이제 진리를 바르게 이해한다면 즐거움을 찾아 끊임없이 헤매지 말고 환경에 구애되지 않는 평정심으로 감각적인 욕망에서 벗어나야 할 것입니다.

　다섯 번째가 「악의와 성냄」 즉, 증오심이나 혐오감 그리고 분개하는 마음입니다. 이런 마음은 무지한 욕심과 기대감에서 비롯되는 실망 때문에 일어납니다. 어리석은 기대감이 크면 클수록 증오심이나 혐오감은 커지고 분개심은 더욱더 커질 것입니다. 그러나 어리석음이 지혜로 바뀌어 기대감이 없을 때에는 어떻게 되겠습니까? 당연히 실망이나 성냄은 일어나지 않게 될 것입니다. 이 악의와 성냄에서 벗어나려면 수행을 통하여 삼법인 즉 무상(無常), 고(苦), 무아(無我)를 가슴으로 이해해야만 합니다.

여섯 번째가 「색계에 대한 집착」 즉, 이 정도 수행하여 내세에는 왕후장상으로, 미인으로, 영웅으로 태어나야지 등등 색계에 다시 태어나려는 집착입니다. 이와 같은 여섯 가지의 어리석음에서 완전하게 벗어나면 사다함과의 지혜를 갖춘 수행자라고 인정해도 무방할 것입니다.

일곱 번째가 「무색계에 대한 집착」 즉 이 정도 수행을 했으면 최소한도 천상에 태어나 많은 중생들을 위해서 내려왔다 또 올라갔다 하면서 살아봐야지, 괴로움이 없다는 천상에 태어나야지, 육체가 없는 정신세계에 태어나야지 등등 무색계에 태어나려는 집착입니다.

여덟 번째가 「불안정」 즉, 어느 정도 수행이 갖춰지면 진주가 진흙 속에 있어도 진주가 되랴, 이제는 그 어디에도 물들지 않을 수 있는 자신이 있다, 이제 시장바닥에서나 그 어떤 혼돈에도 물들지 않을 수 있다 등등 그동안 수행해 오면서 긴장하고 억제해 왔던 일들에 대해서 자신을 풀어놓고 싶은 충동을 느끼며 산란심으로 불안정해지는 것입니다.

장거리 여행 중 목적지가 가까워지면 그동안의 긴장감이 해소되면서 사고가 나는 경우가 있는데 불안정의 경계가 그런 경우에 해당이 됩니다. 축구시합도 경기 시작 5분 후, 끝나기 5분 전이 중요하듯이 이 수행도 시작하면서 포기하거나 성취점을 얼마 남기지 않고 중단하는 경우가 많기 때문에 부처님께서 특히 이 여덟 번째의 장애를 중시하셔서 「걸망을 싸는 시기(짐을 싸는 시기)」라고 일러 주셨습니다. 여기까지 여덟 가지의 족쇄에서 완전히 벗어나게 되었을 때가 아나함과의 지혜를 갖추었거나 갖추려는 수행자라고 하셨습니다.

아홉 번째가 「아만」으로써 지나친 자만 즉, 수행의 정도가 갖춰지면 질수록 자신이 하는 일들이 제일 바른 것이며 이제는 부처님도 진리도 모두 이해되었으니 더 이상 무엇이 필요한가? 이제는 무소의 뿔처럼 홀로 가겠노라. 모든 사람들에게 존경받는 성자로서 위의를 갖추었지만 법의 집착이 강해지는 단계에 머물게 되는 경우를 말합니다. 다른 수행자들의 모든 앎이나 지혜를 무시하고 자기만이 최고라는 즉, 자기이상 더 아는 사람이 없다는 듯이 말하고 행동하게 됩니다. 우리는 이 마지막 단계의 어리석음에서 벗어나야 합니다.

마지막 열 번째가 「어리석음」 즉, 아라한과를 성취하는 문턱에서 여전히 깨달음의 족쇄로 작용하는 미세한 무명(無明)을 말합니다. 거친 상태의 껍질은 어느 정도 벗겨졌으나 깊숙이 감춰져 자신도 모르는 미세한 이 어리석음은 집착과

실망을 만들며 존재하고 있습니다. 남들이 전혀 발견하기 어려운 이 미세한 어리석음마저 스스로 거두어 미세한 족쇄에서까지 벗어나야만 합니다.

이렇게 열 가지의 족쇄에서 완전하게 벗어났을 때 여러분

들은 깨달음을 성취한 부처이며 곧 아라한과에 도달하게 됩니다. 즉, 할 일을 모두 마친 성인으로서 평정 속에 살며 일체 살아있는 생명체들에게 법을 회향하게 됩니다.

지금까지 걸어온 옛길을 돌아보며 다시는 윤회의 족쇄에 걸려들지 않도록 마지막 남은 업연을 모두 마치는 니르바나에 이르면 다시는 태어남이 없는 성위사과를 모두 마치는 셈이 됩니다. 기름이 다하면 램프에 불이 꺼지듯이 그 불꽃이 우주법계의 본처로 귀향하듯이 말입니다. 육체를 갖추고 있는 사대는 각각의 원소 집합체로 흩어져 일체화되고 영혼은 소멸되어 버립니다. 영혼은 생명력을 의지하고 생명력은 에너지를 의지합니다. 그리고 생명력과 에너지로 형성된 육체의 오감에 의존하던 의식은 역시 에너지에 의존하게 되는 것입니다. 운동이나 그림, 음악이나 외국어, 건축이나 공부 외에도 모든 일에는 기초가 중요합니다. 이런 귀중한 기초를 바르게 잘 다져서 정진하는 동안 수행이 어느 정도 습관화되면 그때부터 점진적으로 마음 챙김이 가속화됩니다. 이렇게 수행습관이 가속화 되면서 모든 마음 챙김의 집중처가 자동적으로 겨냥되어 밀착되는 것을 느낄 수 있습니다.

처음에 열심히 노력하면 이후부터는 그렇게 힘이 들지 않습니다. 습관화된 힘에 의해서 일상생활이 항상 마음 챙김과 함께하게 됩니다.

시작이 곧 끝이며 끝이 곧 시작이 되는 이 부처님의 수행법으로 우리 다함께 바른 깨달음을 성취합시다.

네 가지의 바른 챙김

네 가지의 바른 챙김

부처님의 당시 깜마사담라는 도시에서 이 수행법에 대해서 자세하게 한번 일러준 일이 있었습니다. 이 수행법은 몸(身)과 느낌(受)과 마음(心) 그리고 여섯 감각기관의 대상(法)등 이 네 가지의 자연적인 성품을 바르게 깨닫기 위해서 정진하는 방법입니다. 그 이후 이곳 사람들의 대부분은 부처님의 가르침을 믿고 열심히 실천하였습니다. 그래서 그들은 시장에서나 가정 그리고 뱃머리나 일터에서나 대화의 내용 중 대부분이 수행에 관한 얘기들이었습니다.

그래서 어떤 사람들은 이 네 가지 모두를 대상으로 정진하는가 하면 어떤 사람들은 몸을 대상으로, 또 어떤 사람은 느낌을 대상으로, 또 다른 사람은 마음을 대상으로, 그리고 어떤 사람은 몸 안과 밖의 일체를 대상으로 그 일어나고 사라지는 현상관찰에 마음을 챙겨 정진했습니다.

그러므로 자연스럽게 각자의 수행대상에서 일어나고 사라지는 현상관찰로 서로 다르게 체험된 얘기로 화기애애하지 않을 수 없었습니다.

「나는 몸을 대상으로 정진하니까 정말 즐겁고 행복하다.」

「나는 느낌을 대상으로 정진하니까 육제적인 통증을 느낄
사이도 없이 사라지더라.」「나는 마음에서 일어나고 사라지
는 현상이 정말 다양하더라.」「나는 여섯 문의 대상을 챙겨
보니까 굉장히 다양한 체험을 하게 되더구나.」라는 등등의
얘기꽃을 피우다 어떤 사람들은 「이 수행법을 모르고 살아
가는 사람은 참 가엾다, 살아있어도 언제 죽을지 모르고 사
는 살아있는 시체와 같다, 이렇게 거룩한 수행법을 지금 실
천하지 않고 저렇게 살아갈 수 있을까? 왜 사는지 어떻게 살
아가야 하는지 삶의 목표를 분명하게 설정하여 살아야 하는
데 어찌 저 사람은 이 수행을 누구에게 맡기고 갈 것이지 정
말 어리석구나.」라고 수행하지 않는 사람들을 불쌍하게 생
각하며 연민의 정으로 「우리 마을에 저렇게 수행하지 않는
사람들 중 한 사람이라도 바르게 가르치고 인도하기 위하여
우리들 스스로 보다 더 말과 행동을 바르게 다스리며 그들
에게 보여줘서 함께 정진하는 도반으로 이끌어야 하지 않겠
는가?」라고 하기도 했습니다.

　그들은 그 만큼 환희에 차 숨김이나 과장됨이 없이 서로
의 체험에 관하여 진솔한 얘기나 수행에 대한 격려 속에서
정말 진지하고 낯을 붉히는 시시비비 없이 풍부한 진리의
법담을 서로 나눴습니다.

　그래서 수행의 정도가 깊은 사람은 뒤따라오는 수행자를
격려하고 뒤따라 정진하는 사람은 앞서가는 수행자를 존경
하는 마음으로 받들었습니다. 또 이제 시작하는 사람에게는

거룩하다고 기쁘게 맞이하며 이 마을의 사람들은 서로 갈등이나 투쟁 그리고 번민 없이 행복하게 정진했습니다.

이와 같이 이 수행법은 가정에서나 직장에서나 출퇴근하는 자동차 속에서나 어떤 환경과 장소에서라도 구애받지 않고 언제라도 정진할 수 있는 수행법입니다. 그러므로 모든 사람들에게 인생의 바른 방향과 뚜렷한 목적을 설정하게 해 줍니다.

우리들의 수행 중 몸, 느낌, 마음, 진리 등 네 가지의 일어나고 사라지는 대상에 마음을 챙길 때마다 그 대상에 마음 집중이 밀착되는 노력을 해야만 합니다. 즉 마음 챙김이 순간순간 변화되는 그 대상에 밀착되어 쉼 없는 집중으로 알아차려 나가는 동안만은 결코 탐심이나 성냄 그리고 어리석음의 번뇌가 끼어들 수가 없을 것입니다.

이런 상태의 마음은 중도(中道)를 바르게 나아가는 마음이며, 바른 노력, 바른 마음 챙김, 바른 앎 등 세 가지가 잘 갖춰진 마음은 바른 수행자의 삶입니다.

이 네 가지가 잘 갖춰진 마음은 마음 챙김의 대상을 보다 더 쉽게 알아차릴 수 있도록 합니다. 우리들이 만약 이렇게 1분 동안 마음을 챙겨 알아차려 나가는 동안은 우리들이 1분만큼 향상되고 정화된 청정한 마음을 지니는 것이 됩니다.

한 걸음 한 걸음씩 올라서 산의 정상에 닿게 되는 것이나 높은 계단을 오를 때 한 계단 한 계단씩 높이 올라가는 것과 같이 마음이 향상되고 중생심이 정화되는 것 역시 순간순간의 바르게 알아차리는 진행과정입니다.

이렇게 마음이 계속 정화되고 향상되어 간다면 더 이상 번뇌가 여러분들을 유혹할 수 없으며 또한 번뇌의 유혹은 마음의 향상과 반비례해서 차츰 줄어들 수밖에 없을 것입니다.

마음이 청정하게 되면 될 수록 마음을 덮는 다섯 가지 덮개의 힘은 점점 약화될 것입니다. 수행의 향상에 따라 이 다섯 가지의 장애에서 차츰 벗어남에 따라 완전히 자유로워질 것입니다. 즉 수행하는 동안 끈질기게 따라붙던 장애들은 점점 약화되다가 마침내 수행의 향상으로 깨끗하게 걷혀져 사라지게 됩니다.

이는 마치 공중으로 인공위성을 쏘아 올리는 것과 같습니다. 처음 발사된 로켓은 천천히 인공위성을 싣고 오르다 가속도가 붙으면 지구 중력에서 점점 멀어지면서 마침내 그 영향에서 완전히 벗어나 대기권 밖으로 진입하게 됩니다.

마찬가지로 향상되고 정화되는 마음에 더욱 더 노력을 배가하면 중력의 영향에서 점점 벗어나는 인공위성처럼 다섯 가지 덮개에서 서서히 벗어나게 될 것입니다. 이렇게 정진하는 동안 마음을 챙길 때 마다 노력을 배가하면 다섯 가지의 번뇌에서 점점 멀어지고 완전한 자유를 얻는데 성공하게 된다는 뜻입니다. 그리고 인공위성은 중력의 영향권에서 벗어나는 순간에는 나머지의 모든 에너지를 사용합니다. 마찬가지로 수행자들도 다섯 가지 덮개에서 완전히 벗어나기 위해서는 모든 노력을 총 동원해야 합니다.

보통의 노력으로는 이런 큰 성과를 얻을 수 없습니다. 중력권에서 완전하게 벗어난 인공위성은 다시 떨어지지 않고 자유롭게 우주공간을 떠다니게 되듯이 모든 노력을 기울여 마음을 완전히 향상시키면 마음은 높은 단계에 이르러 다시는 아래로 타락하지 않게 됩니다. 인공위성이 대기권에서 완전하게 벗어나듯이 여러분들도 열 가지의 족쇄에서 완전하게 해방될 것입니다. 위성이 중력권에서 벗어나는 데는 처음의 발사 단계, 공기의 저항을 뚫고 점진적으로 날아오르는 단계, 마지막 모든 에너지를 동원하여 중력의 저항권을 돌파하는 단계 등 세 단계의 과정이 있습니다.

이와 같이 어리석음에서 벗어나려는 마음이 다섯 가지 덮개[五蓋]에서 극복하는 데에도 세 과정이 앞서 말한 세 단계의 바른 노력입니다. 우리들이 어리석음에서 벗어나 완전한 깨달음을 성취하려면 이 다섯 가지 덮개에서 완전히 벗어날 때까지 쉬지 않고 노력해야 합니다.

마음을 챙겨야 하는 대상이 나타났으나 제대로 마음을 챙기지 못하고 바르게 알아차리지 못하면, 곧 마음은 다섯 가지 덮개에 금방 휘둘리게 됩니다. 그러나 대상이 나타나자마자 즉시 마음을 챙겨 알아차리게 되면 마음은 다섯 가지 장애를 극복하며 번뇌에서 벗어나게 됩니다.

모든 생활 속에서의 움직임은 물론 눈을 깜빡이는 미세한 동작까지 알아차릴 수 있는, 깨어있음은 다섯 가지의 덮개에서 완전히 벗어나 있는 바른 수행자의 삶입니다.

이 수행은 몸과 마음을 체계적이고 과학적으로 탐구해 나가는 방법으로써 우리들의 마음과 몸에서 일어나고 사라지는 느낌과 생각들의 현상을 바르게 이해하는 것이 수행의 목표이며 핵심인 것입니다.

이제 자신이 우선 무엇을 해야 하는지, 그리고 자신이 하고 있는 일이 자신에게 얼마나 유익한 일인지 아닌지를 확실한 신념을 갖고 정진해야겠습니다. 그렇지 않고 어렴풋이 아는 둥 마는 둥 약간의 의심이 있어도 그냥 「좋다고 하더라.」라는 관념에 휩싸인 채 시간만 낭비하며 오가는 수행자는 자신을 원수처럼 생각해서 결국 불행과 고통의 수렁으로 몰고 가는 결과를 초래하게 됩니다. 의심이 나면 분명한 이해가 될 때까지 백번이라도 경전을 챙겨보고 또 스님에게 물어야 합니다. 그냥 어물어물 지내는 것은 정말 위험천만한 일입니다.

왜 부처님께서 「몸 있는 곳에 마음을 함께하라!」고 일러주셨는지 그 의미나 유익함에 대해서 이제 어느 정도 바르게 이해되셨으리라 믿습니다. 그러나 이해만으로 끝날 것이 아니라 이제 주저하지 말고 실천하며 확인해야만 할 것입니다.

자신의 몸과 마음의 역학관계나 그 현상들을 이해하게 되면 자연히 자신의 근본을 스스로 보게 될 것입니다. 그리고 어리석은 기대감에서 비롯되는 집착이나 성냄의 족쇄에서 벗어나 더 이상 고통을 초래하는 윤회의 업을 장만하지 않게 되기를 바랍니다.

제 11 일

수행의 유익함

수행의 유익함

수행자들이여!
너희들은 결코 푸른 초원을 벗어나지 말라.
만약 너희들이 푸른 초원을 벗어나는 그 순간
이리와 승냥이들에게 큰 괴로움을 당하리라.
자비심으로 마음이 성숙되면 니르바나의 기초가 되고,
탈것이 되는 동시에 11 가지의 이익이 따르게 되느니라.
무엇이 11 가지인가?
① 잠을 편안하게 자고,
② 잠잘 때 악몽을 꾸지 않게 되고,
③ 깨어 있을 때는 편안하고,
④ 남들로부터 사랑을 받게 되고,
⑤ 다른 생명체들로부터 사랑을 받게 되고,
⑥ 신들이 보호하고,
⑦ 불, 독극물, 흉기로부터 보호받고,
⑧ 마음이 안정되고,
⑨ 항상 얼굴이 밝고,
⑩ 죽을 때 혼란에 빠지지 않고,

⑪ 완전한 깨달음을 성취하지 않으면
천상에 태어나게 되느니라.

-쌍윳다 니까야에서-

몸을 「푸른 초원」으로, 번뇌 망상을 「이리와 승냥이」로 비유하여 수행자에게 따르는 일상적인 이익을 깨우치신 부처님의 가르침입니다.

몸이 있는 곳에 마음이 함께하지 않을 때 즉, 마음이 밖으로 헤매게 되면 갈등이 일어나며 번뇌와 망상으로 괴로움의 늪에 빠지게 된다는 의미입니다.

마음이 몸 밖으로 향하면 바른 법에서 벗어나게 됩니다. 바른 노력을 하는 동안만은 몸과 마음이 나뉘어서는 안 됩니다. 몸과 마음이 함께 한다는 것은 일거수일투족의 움직임과 의식, 생각을 깨어있는 상태로 모두 알아차리는 것입니다. 이렇게 정진하는 것이 수행자의 의무이며 생활이 되어야 하며, 이에는 많은 유익함이 따릅니다.

만약 비바람이 휘몰아치는 장마철이나 눈보라가 휘몰아치는 겨울철에 창문을 열어 놓았다면 어떻게 되겠습니까? 열려진 창문들로부터 비바람이나 눈보라가 들어오는 것은 당연한 이치가 아니겠습니까?

이와 같이 몸 있는 곳에 마음이 함께 할 수 없을 때 즉, 여러분의 여섯 감각의 문이 열려있는 상태에서는 번뇌와 망상이 들어오게 됩니다. 여기서 몸 있는 곳에 마음이 함께 한다는 의미인 정념(正念)은 마음 챙김이 육문(六門)의 수문장 역할을 한다는 뜻입니다. 훌륭한 수문장은 들어갈 용무가 있는 사람만을 들여보낼 것입니다.

마찬가지로 바른 마음 챙김은 눈, 귀, 코, 혀, 몸으로 느끼게 되는 이롭지 못한 감각적인 욕망에 사로잡히지 않게 합니다. 즉 마음 챙김(Mindfulness)은 어리석은 기대감에서 말미암은 욕심과 성냄이라는 손님들을 막아 주는 마음의 경찰(mind police)입니다.

마음 챙김이 굳건해서 어리석은 기대감이 범할 수 없는 마음은 무탐(無貪·욕심이 없는 무심의 상태)과 무진(無瞋·성냄이 없는 평정의 상태)의 지혜가 잘 자라게 됩니다.

마음 챙김이 쉼 없이 지속적으로 집중되는 현상을 삼매(三昧)라고 하는데 이것이 바로 잘 제어된 마음입니다. 잘 간추려지고 잘 제어된 마음에는 근심, 걱정, 불안, 공포, 들뜸, 헤맴 등이 일어나지 않고 평온하고 안정된 평화를 누릴 수 있습니다. 다시 말해서 정진하는 동안에 번뇌가 생길 수 없도록 하는 작업이 마음 챙김입니다.

우리들이 게으름이나 혼침에 빠지거나 무기력해지면 곧 많은 번뇌가 생겨납니다. 쉼 없는 정진은 육문에 대한 바른 마음 챙김에 의해 번뇌의 침입을 막는 방어체계를 쌓는 것이 됩니다. 이렇게 방어체계가 물샐틈없이 튼튼해질 때 바로 그 순간 일시적인 마음의 평온을 체험하게 됩니다. 마음에 번뇌가 일어나지 않을 때 마음은 평온해 집니다.

한 나라의 방어체계가 잘 갖추어져 있으면 다른 나라들로부터 침략당할 여지가 없으므로 평화를 누릴 수 있게 되는 것과 같습니다.

지난번에 일러준 수행자의 세 가지 바른 노력에 대한 열의는 번뇌의 침입을 막을 수 있는 방어체계를 튼튼히 쌓는 것입니다.

여러분들이 1분 동안 아랫배의 일어나고 사라지는 움직임에 마음을 집중해서 챙기는 동안은 번뇌가 침입할 수 없습니다. 그러면 그동안 만큼은 여러분들이 평온을 누릴 수 있게 됩니다. 한 시간 동안 마음을 챙겨 나간다면 그동안 여러분들은 평온함 속에서 모자람이 없는 평화를 체험하게 됩니다.

이와 같이 정진 해 나가는 동안 번뇌가 일어나지 않고, 충만함과 평화 속에 머물 수 있는데 이것이 여러분들이 현실적으로 얻게 되는 유익함입니다. 이런 유익함이 쌓이게 되면 삶의 질이 향상되고 수행이 한 단계 진전됩니다.

사람들은 번뇌의 화염에 쌓여 어찌할 바를 몰라 괴로워하고 있지만 수행자는 마음 챙김의 방화복(防火服)으로 무장하여 번뇌의 화염을 막는 동시에 번뇌의 불길이 다시는 일어나지 않도록 방화벽을 튼튼하게 구축하기 때문에 번뇌의 불길에 의해서 해를 입을 염려가 없게 됩니다.

이제 이 수행법을 만났으니 더 이상 거룩한 삶을 헛되게 낭비하지 말아야 할 것입니다.

「먹기 위해서 사느냐? 살기위해서 먹느냐?」라는 분명하지 못한 삶의 목표보다 「태어났으면 죽고 죽으면 태어나는 것, 변화하지 않는 것은 이 세상에 아무것도 없구나. 아! 참으로 무상하구나. 다행스럽게도 인간으로 이 세상에 태어나 거룩한 이 부처님의 수행법을 만났으니 열심히 정진하여 위 없는 지혜를 갖추고 모든 고통과 불만족의 원인이 되는 생로병사(生老病死)를 뛰어넘는 깨달음을 갖추리라.」라는 확고한 삶의 목표를 세워야 할 것입니다.

오랫동안 변하지 않는다는 다이몬드도 미립자의 운동이 없다면 아름다운 빛을 발하거나 형태를 그대로 갖출 수 없듯이 형성된 것은 또한 변화되고 파괴되며 생성되기 마련입니다.

이 우주에 존재하는 생물이든 무생물이든, 동물이든 식물이든, 유기체이건 무기체이건 변화하지 않는 것은 전혀 존재하지 않습니다. 변화는 곧 탄생과 죽음 그리고 생성과 파괴입니다. 새 집을 지어 살다 낡아 무너지면 아쉬워하고, 다시 집을 짓지만 또 아쉬워하고, 다시 집을 짓는 수고로움에서 벗어나려면 새 집을 다시 짓지 않으면 됩니다. 즉 지어진 집은 당연히 허물어지기 마련인데 낡아져 허물어지는 것을 보지 않으려면 새 집을 짓지 않아야 할 것입니다.

지혜로운 이는 새 집을 다시 짓지 않아서 낡아지고 허물어지는 모습을 다시 보지 않게 되지만 어리석은 이는 새 집을 지어서 낡아져 허물어지면 다시 새 집을 지으며 끊임없이 아쉬워하며 새 집을 짓는 수고로움을 바칩니다.

우리들은 이와 같은 어리석음에서 벗어나기 위해서 또 진정한 열반의 성취를 위해 바른 수행자로서 의무를 아끼지 말고 열심히 정진하지 않으면 안 됩니다.

처음에는 누구라도 「꼭 열반을 성취하고 말리라.」라는 굳은 각오로 수행에 임해 보지만 금방 지치고 맙니다. 이런 때 수행방법을 바꿔 새로운 마음다짐으로 시작하지 않으면 안 됩니다.

같은 수행법으로 한동안 정진하다 보면 얼마 지나지 않아 무기력이나 혼침에 빠지며 몽롱한 상태에 번뇌가 들어오면 수행자는 번뇌와 함께 즐기게 됩니다. 가끔은 다시 집중대상을 추스르고 마음을 모아도 번뇌가 쉽사리 사라지지 않을

때 필수적으로 뒤따라야 하는 사마타법 중 하나를 선택해서
마음을 모아야 할 것 입니다.

그래서 오늘은 자비관법에 대해서 설명하려고 합니다.

먼저 거부감이나 증오심 혹은 감각적인 즐거움에서나 어
리석은 집착에서 벗어나 청정하고 건전한 목표가 성취되기
를 원할 때 이 수행법을 실천해야 합니다.

바른 깨달음을 성취하려면 우선 이 우주의 모든 생명체들
에게 거룩한 자비심을 쏟아야 할 것입니다.

자신을 포함한 일체 중생들에게 차별하는 마음이 없어야
하며 깨달음의 밑거름이 되는 공덕을 심기 위하여 실천하
는 수행으로 곧 수행자의 일상생활 속의 습관이 되어야 합
니다.

자비관 예문 ｜

* 심안 즉 안식으로 자신의 행복한 모습을 그리면서 염송
해야 됩니다.

내가 탐심에서 벗어나는 공덕으로

모든 존재들이 진정 행복하고 안락하게 되기를…

내가 성냄에서 벗어나는 공덕으로

모든 존재들이 진정 행복하고 안락하게 되기를…

내가 무지에서 벗어나는 공덕으로

모든 존재들이 진정 행복하고 안락하게 되기를…

나의 바른 노력의 공덕으로

모든 존재들이 진정 행복하고 안락하게 되기를…

나의 바른 수행의 공덕으로

모든 존재들이 진정 행복하고 안락하게 되기를…

나의 바른 앎의 공덕으로

모든 존재들이 진정 행복하고 안락하게 되기를…

나의 바른 마음 챙김으로

모든 존재들이 진정 행복하고 안락하게 되기를…

나의 바른 베풂 공덕으로

모든 존재들이 진정 행복하고 안락하게 되기를…

나의 바른 인욕 공덕으로,

모든 존재들이 진정 행복하고 안락하게 되기를…

나의 바른 선행 공덕으로

모든 존재들이 진정 행복하고 안락하게 되기를…

자비관법 예문 ॥

* 심안 즉 안식으로 그 사람들의 환한 얼굴(행복한 모습)을 한 사람 눈앞에 떠올리면서 염송해야 됩니다.

내가

일체의 고통에서 벗어나 진정 행복하고 안락하게 되기를…

스승께서

일체의 고통에서 벗어나 진정 행복하고 안락하게 되기를…

이 선생께서

일체의 고통에서 벗어나 진정 행복하고 안락하게 되기를…

아름이가
일체의 고통에서 벗어나 진정 행복하고 안락하게 되기를…
김 선생님이
일체의 고통에서 벗어나 진정 행복하고 안락하게 되기를…
박씨가
일체의 고통에서 벗어나 진정 행복하고 안락하게 되기를…

수행을 시작하는 사람은 반드시 자신을 먼저 챙겨야 하며 너무 많으면 산란해지거나 집착하게 되므로 처음 이 수행을 시작할 때는 가능하면 네 사람 내지 다섯 사람 정도가 가장 적합합니다.

자비관법 예문 Ⅲ

 * 심안으로 가리키는 방향마다 그 쪽의 뭇 삶들을 떠올리며 염송합니다.
내가
일체의 고통에서 벗어나 진정 행복하고 안락하게 되기를…
동쪽에 있는 모든 생명체들이
일체의 고통에서 벗어나 진정 행복하고 안락하게 되기를…
남쪽에 있는 모든 생명체들이
일체의 고통에서 벗어나 진정 행복하고 안락하게 되기를…
서쪽에 있는 모든 생명체들이
일체의 고통에서 벗어나 진정 행복하고 안락하게 되기를…

북쪽에 있는 모든 생명체들이
일체의 고통에서 벗어나 진정 행복하고 안락하게 되기를…
동남간에 있는 모든 생명체들이
일체의 고통에서 벗어나 진정 행복하고 안락하게 되기를…
남서간에 있는 모든 생명체들이
일체의 고통에서 벗어나 진정 행복하고 안락하게 되기를…
서북간에 있는 모든 생명체들이
일체의 고통에서 벗어나 진정 행복하고 안락하게 되기를…
북동간에 있는 모든 생명체들이
일체의 고통에서 벗어나 진정 행복하고 안락하게 되기를…
위쪽에 있는 모든 생명체들이
일체의 고통에서 벗어나 진정 행복하고 안락하게 되기를…
아래쪽에 있는 모든 생명체들이
일체의 고통에서 벗어나 진정 행복하고 안락하게 되기를…
시방세계에 있는 모든 생명체들이
일체의 고통에서 벗어나 진정 행복하고 안락하게 되기를…

산란심이 많이 일어날 경우나 일체 생명체들에게 자비심을 베풀어야 하겠다는 간절함이 일어날 때 모든 생명체들을 기리며 마음을 모아 여법하게 해야 합니다.

이와 같은 수행법을 실천할 때는 강력하게 마음을 모아 밀착 시켜야 합니다.

앉으나 서나 움직일 때나 잠잘 때나 쉼 없는 바른 노력으로 챙겨 나가는 동안 미워했거나 혐오했거나 걱정되고 불안했던 마음은 거짓말같이 평화스럽고 온화해지며 남들이 자신에게 편안한 마음으로 다가서게 됩니다.

특히 마음 챙김의 좌선정진을 시작하는 동시에 5~15분가량 자비관법을 한 뒤 관찰대상을 챙겨 나가면 대상도 분명해 지거나 선정도 더욱 빠르게 깊어지는 매우 바람직한 수행법입니다. 행주좌와 어묵동정 일체 속에서 몸 있는 곳에 마음 함께하는 항상 깨어있음으로 꼭 완전한 깨달음을 성취할 수 있을 것입니다.

정진이란?

정진이란?

정진이라면 일반적으로 「바른 노력」이라고 번역되지만 이 말에는 참는 힘을 비롯해서 보다 많은 의미가 함축되어 있습니다. 즉 지난번에 설명한 세 단계의 열의뿐만 아니라 실천, 용기, 인내심 등의 뜻도 내포되어 있습니다.

먼저 번뇌를 제거하기 위해 지금 당장 수행의 바다에 뛰어들어 실천할 수 있는 용기가 필요합니다. 대개 수행 중에 어려움이나 장애가 생기면 금방 자신이 해야 할 일을 포기하거나 제쳐두고 다른 길을 찾는 경향이 많습니다. 이것은 우리들이 갖고 있는 나약함과 게으름 때문입니다.

어떤 문제나 어려움에 부딪쳤을 때 극복하려는 시도도 하지 않고 포기해 버리는 것은 곧 용기가 없기 때문입니다. 또 결심을 해서 시작은 했지만 여러 가지 장애로 말미암아 수행을 그만 두는 것은 바른 정진의 자세가 아닙니다.

수행 중에 나타나는 여러 가지 장애들을 극복해 가면서 쉬지 않고 노력하는 것을 가리켜 바른 노력 즉, 정진이라고 합니다. 정진이 갖는 또 다른 특징이 있다면 넘어 지려는 나무나 무너지려는 헌 집을 지탱하는 버팀목처럼 수행을 떠받힌다는 의미도 포함되어 있습니다.

힘들고 어려울 때 포기하거나 뒤로 미루려는 나약함을 정진의 힘으로 극복하고 최선을 다해 수행한다면 반드시 우리들의 목적은 성취될 수 있을 것입니다.

여러분에게는 이곳에서 정진하기 전에 하던 일이나 수행을 마치고 돌아가면 해야 할 일들이 산더미처럼 기다리고 있을 것입니다.

그러나 여러분들이 지금 이곳에 있는 동안 해야 할 일은 수행하는 일 외에는 없습니다. 돌아가서 해야 할 일들이 아무리 많다고 하더라도 이곳에서는 수행외의 일들에 마음을 빼앗겨 지금이라는 수행의 기회를 놓쳐서는 안 됩니다.

수행 중에 해야 할 일이 생각나면 「나도 언젠가 늙어 병들어 죽는 존재이다. 현재 해야 할 일은 오직 바른 노력과 바른 마음 챙김과 바른 앎뿐이다. 다른 할 일들은 수행이 끝난 뒤에 그때 하겠다.」라는 생각으로 두려움과 어리석은 마음을 가다듬어 수행에만 전념해야 합니다.

이렇게 정진한다면 좀더 오랫동안 수행에만 전념할 수 있을 것입니다. 수행 중에 일어나는 다섯 가지 장애 가운데 그 어떤 것이 일어나더라도 용기를 갖고 참으면서 극복해 나간다면 이 정진은 틀림없이 여러분들에게 큰 이익을 가져다 줄 것입니다.

나에게 어려운 문제가 없을 것이라고 기대해서는 안 됩니다. 만약 문제가 생기더라도 더욱 정진한다면 그 어려움은 반드시 뛰어 넘을 수 있게 될 것입니다.

몸에 병이 나더라도 「이 병이 나으면 수행해야지.」라는 생각보다 「지금 수행하지 않는다면 언제 하겠는가?」라고 생각하며 수행을 멈추지 않는다면 의외로 병마의 고통에서 빨리 벗어날 수 있을 것입니다.

몸이 조금 피곤하다거나 아프다고 그 때마다 수행을 뒤로 미루면 언제 수행을 하겠습니까? 어려움이나 장애가 따르더라도 결코 수행을 쉬거나 포기해서는 안 됩니다.

몸의 통증이나 망상 그리고 혼침 같은 장애를 만났을 때 이것을 극복하기 위해서는 늙음과 병듦 그리고 죽음은 두려운 것이라고 이해해야 합니다. 살아있는 생명체라면 누구에게나 찾아드는 늙음, 병듦, 죽음 등에 대한 두려움을 되새기면 정신이 바짝 들어서 마음 챙김이 보다 명확해질 것입니다. 지혜로운 이들은 이 세 가지의 괴로움을 두려워합니다.

노인들을 보면서 「나도 언젠가 저렇게 늙겠구나!」라고 두려워하여 「내가 늙으면 정진하기가 어려우니 지금 바로 수행해야 되겠구나!」라는 생각을 가져야 됩니다.

병든 사람을 보면서 「나도 언젠가 저렇게 병이 들겠지.」라고 두려워하며 「내가 병들어 이 몸이 쓰러지기 전에 지금 바로 수행해야 되겠구나!」라고 생각해야 합니다. 죽는 사람을 보면서 「나도 언젠가 저렇게 죽게 되겠지.」라고 두려워하여 「내가 죽기 전에 지금 바로 수행해야 되겠구나!」라고 생각하며 수행의 의욕을 북돋우어야 합니다. 이렇게 여러 가지 장애가 생길 때마다 더 큰 용기를 갖도록 노력하는 것이 정진의 의미입니다.

여러분은 수행 중에 많은 육체적, 정신적 어려움에 직면하게 됩니다. 그 중 수행의 초기에는 육체적인 괴로움이 주로 나타납니다.

오랫동안 앉아 있으면 다리를 비롯해서 허리나 어깨 외에도 여러 곳에서 통증이 나타납니다. 그러면 이 통증을 조금이라도 줄이기 위해 몸을 움직이거나 앉은 자세를 바꾸려고 할 것입니다.

이것은 괴로움의 특성을 알기도 전에 자세를 바꾸게 되므로 결코 바른 정진의 자세가 아닙니다. 이런 통증이 쌓이면 「병이 되지 않을까? 이러다가 죽지는 않을까?」 등의 생각으로 수행에 대한 퇴굴심을 불러일으키게 됩니다.

그래서 결국은 정진할 용기를 잃고 수행을 중단하는 결과를 초래하게 되는 경우가 있습니다. 그러나 어떤 어려운 장애라도 포기하거나 단념하지 않아야 합니다. 지속적으로 정진하면서 장애를 극복해 나가는 것이야말로 수행자의 바른 자세입니다.

정진의 또 한 가지 특징은 인내심입니다. 수행 중에 만나게 되는 어려움을 견디는 힘 즉, 수행 중에 일어나는 통증이나 괴로움에 부딪치더라도 참고 견디는 인내심은 정진력을 떠받드는 기둥이 됩니다.

아주 오래된 낡은 집이 기둥도 썩고 서까래도 썩고 마루도 썩어 곧 쓰러질듯 합니다. 이런 집에 들어가 살려면 우선 집이 쓰러지지 않도록 기울어진 쪽에 새 기둥을 받쳐야 할 것입니다.

수행자는 가끔 좌선 중 곧 쓰러질 듯한 집처럼 혼침이나 게으름에 빠지는 때가 있습니다. 이때 기울어지는 집의 방향에 새 기둥으로 떠 받쳐 주듯이 수행자의 퇴굴심을 일으켜 세워야 합니다.

혼침이나 나태함에 빠지면 수행에는 진전이 없고 오히려 뒷걸음하게 됩니다. 혼침이나 게으름의 수렁에서 강인한 정신력으로 빠져나와야 수행의 향상이 있습니다.

온갖 열의를 바쳐 정진하는 것은 낡은 집을 떠 받쳐주는 것과 같습니다. 낡은 집을 떠 받쳐 주지 않고 제대로 수리조차 하지 않은 채 그 집에 사람이 들어가면 마루가 꺼지고 기둥이 쓰러져 금방 그 집은 무너질 것입니다. 마찬가지로 혼침이나 망상 등의 장애를 만났을 때 더욱 더 노력을 배가하지 않는다면 수리하지 않은 낡은 집처럼 청정하게 가꿔져가던 마음도 금방 작은 번뇌에 산산이 부숴질 것입니다.

장애를 만났을 때 극복하지 못하고 뒤로 물러선다면 고요하게 다스리던 마음은 산산이 흩어져서 금방 산란하고 불안한 마음이 번지게 될 것입니다. 만약 여러분들을 가로막는 어떤 어려움이라도 참고 견디는 노력으로 정진을 계속해 나간다면 마음은 어떤 번뇌에도 물들지 않고 고요해지며 안정되어 평온해 질 것입니다.

　결론적으로 정진은 현재 하고 있는 수행을 뒤로 미루지 않고 용기와 인내심을 갖춰 어려움을 극복해 나가며 수행을 지속하는 노력을 의미합니다.

　「부지런함은 삶이지만 게으름은 곧 죽음이다.」라는 부처님의 가르침처럼 바른 삶은 곧 정진입니다. 수행자가 해탈을 이루려면 두 개의 마른 나무토막을 열심히 문질러서 불을 일으키듯 쉼 없이 정진해야 합니다. 나무 조각이 젖어서도 안 되지만 문지르다가 쉬고 쉬다가 문질러도 불을 일으킬 수 없습니다. 마찬가지로 자신이 하고 싶은 일을 모두 하면서 수행을 할 수는 없습니다. 하고 싶은 일이 있더라도 참고 꾸준히 노력하는 것이 정진입니다.

　수행자는 평소에 좋아하던 일이나 사사로운 일들을 모두

쉬고 계율을 의지하며 감정을 제어하는 인내심을 길러야 마음이 가라앉아서 바르게 정진할 수 있습니다.

모든 생명체들이 그러하듯이 우리들도 보다 나은 삶에 대한 욕구가 있기 마련입니다. 현생뿐 아니라 내생에서도 마찬가지로 더 나은 삶을 추구하게 됩니다. 그래서 다음 생에는 더 나은 환경에 태어나기를 바라고 원하는 것입니다.

그러나 천상세계에도 늙음, 병듦과 죽음의 괴로움이 존재하는 것입니다. 극락세계에 태어난다 하더라도 늙음과 병듦 그리고 죽음에 대한 괴로움에서는 벗어날 수 없습니다.

이처럼 우리는 괴로움에 대해서 제대로 이해하지 못하고 있기 때문에 수행을 뒤로 미루고 천상세계를 갈구하는 어리석음을 일으키게 됩니다.

이러한 어리석음을 두 가지로 나눌 수 있습니다. 하나는 인간계와 천상계의 괴로움을 바르게 이해하지 못하여 인간세계나 천상세계가 좋다고 믿는 어리석음과 다른 하나는 괴로움을 즐거움으로 잘못 이해하고 있는 어리석음입니다. 그래서 더 좋은 환경에 태어나려는 무지가 생깁니다. 그런데 두 번째의 어리석음이 첫 번째의 어리석음 보다 더 위험하고 잘못된 생각입니다.

눈에 백내장이라는 병이 걸리면 사물을 있는 그대로 볼 수 없듯이 마음이 무지에 휩싸여 있다면 진리를 바르게 볼 수 없습니다.

「몸과 마음의 본질을 바르게 이해하지 못하는 사람은 지독한 백내장에 걸린 환자나 장님과 같아서 사물들을 있는 그대로 볼 수 없느니라.

비록 몸과 마음의 본질을 조금은 알고 있다고 하더라도 역시 있는 그대로의 참 모습을 바로 볼 수 없는 것은 마치 백내장에 걸려 사물을 흐릿하게 밖에 볼 수 없거나 사견에 빠져 아무것도 볼 수없는 상태이기 때문이니라.」

이와 같은 경전의 가르침에 덧붙여서 부처님은 특히 감각적인 쾌락은 아주 위험한 것이라고 하셨습니다. 세간의 범부들은 이 감각적인 쾌락이 진정한 즐거움이며 그 외에 다른 즐거움은 없다고 생각하고 있기 때문입니다.

그래서 쾌락의 대상이 보이거나 들리면 그 대상을 쫓아

그 대상과 함께 즐기려하고 더 큰 쾌락을 얻으려고 최선을 다합니다. 이렇게 감각적인 쾌락을 탐닉해서 점점 빠져드는 것은 아주 위험해서 개미가 꿀통에서 죽음을 맞이하는 것처럼 치명적이라고 했습니다.

우리들은 오감이 원하는 쾌락을 쫓는 어리석음을 범해서는 안 됩니다. 오히려 쾌락의 근원을 냉철히 이해하여 고통의 뿌리를 송두리째 뽑아내야 합니다.

백골판(묘지판)이란?

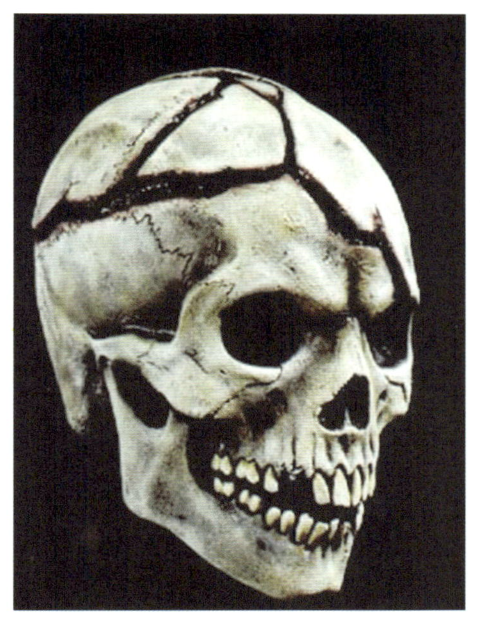

결코 그에서 벗어날 수 없음을 이해하며
마음을 모아 관찰한다.
그리고 묘지에 버려진 시체가 살도 없이
말라붙은 피와 힘줄에 연결된 해골을 보면서,
그리고 묘지에 버려진 시체가 살과 피도 없이
힘줄만 연결된 해골을 보면서,
그리고 묘지에 버려진 시체가 힘줄도 없이
뼈마저 분리되어 손의 뼈, 발의 뼈, 정강이 뼈,
허벅지 뼈, 엉덩이 뼈, 척추 뼈, 해골 등이
제멋대로 흩어져 있는 모습을 보면서,
그리고 묘지에 버려진 시체의 뼈가 마치 오래된
조개껍질처럼 희게 변하는 것을 보면서,
그리고 묘지에 버려진 시체의 뼈가 1년 이상이 지나
한 더미의 뼈 가루로 변해 가는 것을 보면서,
그리고 묘지에 버려진 시체의 썩어 사라져가는
현상들을 보면서 자신의 몸도 그와 같으며,
그렇게 될 것이며, 그에서 벗어날 수 없음을
바르게 알아차린다.
수행자는 이와 같이 머무느니라.

흙과 물과 불과 바람 등 네 가지의 원소가 각각 생명력을
다하면 육체에서 시체라는 명칭으로 바뀝니다. 또한 육체를
구성하던 각각의 원소들이 본래의 자연현상대로 환원됩니

백골관(묘지관)이란?

수행자들이여!
수행자는 몸이 죽어 하루, 이틀, 사흘이 지나면
파래지고, 붓고, 짓물러진 채
묘지에 버려지는 것을 보면서
자신의 몸도 바로 그대로 자연과 동일하며,
그렇게 될 것이며, 결코 그에서 벗어날 수 없음을
이해하며 마음을 모아 관찰한다.
그리고 묘지에 버려진 시체가 까마귀나 독수리,
들개나 재칼, 여러 벌레들에게 먹히는 것을 보면서
자신의 몸도 바로 그대로
자연과 동일하며, 그렇게 될 것이며,
결코 그에서 벗어날 수 없음을 이해하며
마음을 모아 관찰한다.
그리고 묘지에 버려진 시체가 약간의 살과 피만 남고
힘줄에 연결된 해골로 변하는 것을 보면서
자신의 몸도 바로 그대로
자연과 동일하며, 그렇게 될 것이며,

다. 이 육체가 죽음을 통해 어떻게 환원되는가를 이해하기 위해 시체에 대한 아홉 가지의 관찰이 필요합니다.

이와 같이 자연적인 진리를 일어나면 일어나는 그대로, 사라지면 사라지는 그대로, 「있음 그대로」 볼 수 있을 때 생멸의 무상함과 생사윤회의 실재를 보다 사실적으로 받아들일 수 있게 됩니다.

선업이든 악업이든 몸을 생기게 하는 조건은 같습니다. 선업을 조건으로 하는 몸은 아름답고 훌륭한 환경에 태어나게 되지만 악업을 인연으로 하는 몸은 추하고 좋지 못한 환경에서 태어나게 됩니다.

본래 어리석음 때문에 탐욕이 일어나고 그 탐욕은 어리석은 기대감과 집착을 생기게 하여 선업이든 악업이든 몸을 생기게 합니다. 어떤 업으로 어떻게 생겨났든지 결코 무상과 괴로움의 족쇄에서는 결코 벗어날 수 없습니다.

태어남의 조건이 되는 업의 형성력이 사라질 때만이 생사윤회의 굴레에서 벗어날 수 있습니다. 업의 형성력은 어리석음에서 비롯되기 때문에 어리석음에서 벗어난다는 것은 곧 무상과 고의 족

쇄서도 함께 벗어날 수 있다는 말입니다.

조건에 의하여 몸이 태어나고 소멸하는 인과를 바르게 이해하면 생사에 대한 의심도 사라집니다. 그러면 어리석은 기대감에서 비롯되는 즐거움과 불쾌감, 갈망과 실망에서 완전히 벗어날 수 있습니다.

이와 같이 몸에 대한 바른 관찰은 우주만물의 자연적인 진리를 바르게 이해하는 지혜를 갖추게 합니다. 다시 말해서 무상한 것을 영원한 것으로, 괴로움을 즐거움으로, 무아를 자아로 이해하는 잘못된 관념에서 벗어나면 욕심과 성냄과 어리석음의 족쇄에서 자유로워질 것입니다.

그리고 죽음 그 자체를 바르게 이해하게 되면 삶 역시 얼마나 위대하고 거룩한가를 깨닫게 됩니다. 곧 삶과 죽음이 얼마나 고귀한가를 깨닫게 되는 것입니다. 「죽으면 썩어질 몸 무엇이 아까우랴.」라고 하는 말은 삶에 대한 이해의 부족에서 나온 말이며 이는 삶의 고귀함과 성스러움을 이해하지 못한 무지이며 자학적인 표현입니다. 반대로 「굶어도 저승보다 이승이 낫다.」라고 하는 말 역시 무아의 진리와 삶의 무상함을 이해하지 못한 무지와 집착에서 비롯된 말입니다.

모든 생명체는 태어남과 동시에 죽음으로 내 달립니다. 즉 태어남이 그 자체는 죽음을 잉태하고 있는 암과 같습니다. 우리들의 삶은 불확실하지만 죽음은 확실한 것입니다. 다시 말해서 태어나는 존재는 그 어떤 것을 막론하고 늙고 병들고 죽음에 이르는 과정을 벗어날 수 없습니다.

우리들은 피할 수 없는 죽음을 앞에 두고 어떤 살림살이로 생의 마지막을 맞이하려는지 한번쯤 챙겨보지 않을 수 없을 것입니다. 아무런 자각 없이 살아온 지난날을 되새기며 이제라도 확실한 삶을 위해 무엇인가를 하지 않으면 안 됩니다.

재물, 명예, 건강, 가족 등에 대한 집착이나 죽음에 대한 공포감에서 벗어나기 위하여 공동묘지에 버려진 시체가 사라져가는 아홉 단계의 과정을 챙기며 「왜 수행하지 않으면 안 되는가? 삶은 무엇이며 태어남은 무엇인가?」 또 「인과는 무엇이며 자연은 어떤 것인가?」를 반조해 봐야 됩니다.

그때 무상, 고, 무아의 보편적인 성품을 보다 쉽게 이해할 수 있을 것입니다. 죽으면 모든 것이 끝이라고 생각하는 사람들도 있겠지만 사실은 그렇지 않습니다. 이미 생명력을 다한 사대원소가 각각 인연에 따라 흩어졌다가 또 조건이 되면 다시 흙, 물, 열기, 바람 등으로 갖추어져 바위나 먼지나 산이나 유기체든 무기체든 다시 모이고 또 다시 흩어지게 되는 것이 자연적인 이치입니다.

거듭되는 성주괴공(成住壞空)의 흐름에서 우리들은 윤회한다고 부처님이 스스로 확인하시고 우리들에게 상세히 일러 주셨습니다.

나고 죽는 것을 비롯해서 모이고 흩어지는 연속적인 윤회는 언제쯤 끝날 수 있느냐고 어떤 바라문이 부처님께 물었을 때였습니다.

수행자들이여!
중생들의 태어나는 횟수는 얼마이겠는가?
이 세상에 있는 모든 숲의
그 줄기와 잎들을 낱낱이 뜯어서
그 숫자를 헤아린다면 얼마나 되겠는가?
비록 그 숫자는 모두 헤아릴 수 있을지언정
중생들의 태어남은
그 횟수를 헤아릴 수 없으리라.
저 부드러운 갠지스 강의 모래를 한 줌이라도
그 숫자는 말할 수 없이 많은데
하물며 저 갠지스 강의 전체 모래는 오죽하랴,
그 모래의 숫자는 모두 헤아릴 수 있을지언정
중생들의 태어남은
그 횟수를 헤아릴 수 없으리라

모든 생명체들이 태어나고 죽는 윤회의 횟수를 나무의 줄기와 잎, 식물들이나 갠지스 강의 모래에 비유하여 부처님께서 일러 주셨습니다. 이 가르침은 우리들에게 공포감을 주기 위해서가 아니라 생명체들의 숙업세계를 관조하신 뒤에 분명한 결론으로 일러주신 것입니다.

「살다 죽으면 그만이지! 과거가 어디 있으며 미래가 어디 있겠습니까?」라는 막연한 단견(短見)을 갖고 살아가는 것은 참으로 안타까운 일입니다. 어떤 종교나 신앙을 가진 사람들이라도 태어났으면 죽게 되어 있으며 죽으면 태어나게 되어 있습니다.

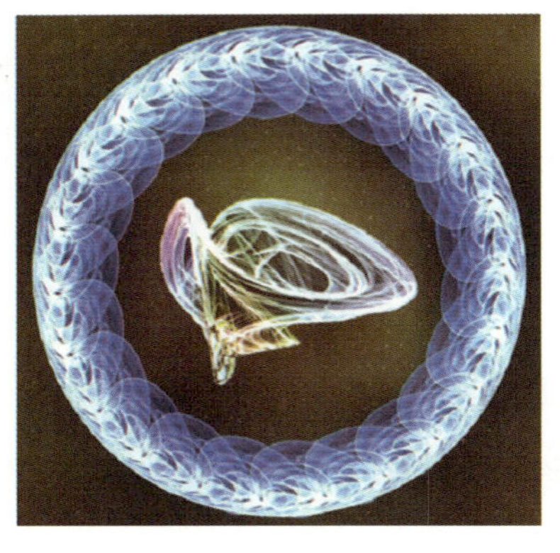

생명체라면 어떤 환경에서 어떻게 태어났더라도 고통과 슬픔과 비탄에서 벗어날 수는 없습니다. 이 사실을 깨달으신 부처님께서 「한시라도 빨리 내가 일러주는 대로 정진해서 생사고뇌의 윤회에서 벗어나라!」고 간곡하게 일러주시는 것이 부처님의 사랑이요, 이 윤회의 흐름에서 벗어나는 가장 빠른 지름길이 바로 부처님의 거룩한 가르침입니다.

부처님의 가르침과 이 수행법을 모르는 사람은 인생의 목표와 방향을 상실한 것과 같습니다. 그러므로 우리들은 생사윤회의 고통에서 벗어날 수 있도록 삶의 목표와 방향을 확고하게 설정해야 할 것입니다.

우리들은 순간순간을 살아가는 생명체로서 언제까지 산다는 희망이나 보장도 없지만 「죽으면 그만이다.」라는 생각에서 살아도 순간순간의 삶이 곧 재생의 요소가 되는 업이 됩니다. 「내가 어떻게 살아가느냐?」에 따라 낱낱이 바왕가(윤회하는 생명의 줄기)의 기록부에 입력될 것이라는 엄연한 사실을 한 순간도 잊어서는 안 될 것입니다.

괴로움을 보라

괴로움을 보라

만약 꿀이 가득 담긴 꿀단지에 뚜껑이 조금 열려 약간의 꿀이 흘러내렸을 때 그 꿀맛을 본 개미의 운명은 어떻게 되겠습니까? 꿀맛에 취한 개미는 위로 점점 올라가 결국 꿀단지 속으로 들어가게 될 것입니다.

정신없이 꿀에 취해서 어느새 개미의 몸은 꿀 속에 잠겨 스스로 빠져 나갈 수 없을 만큼 깊이 빠져 버리게 될 것입니다. 달콤한 꿀맛만을 즐기다가 자신이 죽는 줄도 모르고 꿀 속에 잠겨버린 것입니다. 꿀맛에 대한 지나친 탐닉에 빠졌기 때문에 개미 스스로 죽음과 파멸을 자초한 셈입니다.

어리석은 사람들이 좋아하며 얻으려고 애쓰는 감각적인 쾌락의 대상들은 바로 이 꿀과 같이 위험하고 치명적입니다. 청정한 마음이 어리석음에 덮여 감각적인 쾌락을 진정한 즐거움으로 잘못 알고 그 속에 빠져들게 되는 격입니다.

감각적인 쾌락을 쫓다 보면 점점 더 큰 만족을 얻기 위해서 더 강한 쾌락을 찾게 됩니다. 만족을 모르는 쾌락의 탐닉이 어떤 결과를 초래하는지 잘 알고 있을 것입니다.

생사윤회의 고통을 바르게 이해하는 사람이라면 반드시 이 윤회의 굴레에서 벗어나려 할 것이고 이 윤회의 족쇄에서 벗어나려면 스스로 번뇌와의 전쟁을 선포하고 번뇌를 없애야 할 것입니다. 즉 자신에게 일어나고 사라지는 모든 현상을 바른 마음 챙김으로 알아차려야 된다는 말입니다.

바른 마음 챙김(正念)과 바른 앎(正知)은 서로 연결된 고리와 같아서 바른 마음 챙김이 없으면 바른 앎이 없고 바른 앎이 없으면 바른 마음 챙김이 지속될 수 없습니다.

바른 마음 챙김과 바른 앎을 갖추는데 먼저 자신의 몸과 마음에서 일어나고 사라지는 번뇌를 바르게 볼 수 있어야 합니다. 그러나 집중력이 약하고 번뇌가 심할 때는 자비관(慈悲觀), 부정관(不淨觀), 백골관(墓地觀), 수식관(數息觀), 염불관(念佛觀) 등과 같은 5정심관법 가운데 하나를 선택해서 보다 강하게 마음을 집중해야 합니다.

산란한 마음이나 흥분된 마음을 5~10분정도 차분하게 가라앉힌 뒤 이 수행법으로 현상을 관찰해야 합니다.

만약 수행대상에 마음을 모아도 아랫배의 움직임을 감지할 수 없을 때는 일어나고 사라지는 현상을 느끼기 위해 아랫배에다 두 손바닥을 겹쳐 얹어서 심안(眼識)을 손바닥과 배의 움직임 사이에 밀착해서 주시해야 합니다. 이때 손바닥으로 뚜렷하게 감지되며 느껴지는 배의 움직임에 마음을 밀착시켜서 챙겨야 합니다. 숨을 들이쉴 때 바람이 들어가면서 배가 불러오는 상태를 "일어남"이라고 명칭을 붙이고 숨을 내어 쉴 때 바람이 나가면서 배가 가라앉는 상태를 "사라짐"이라고 명칭을 붙이며 계속 염송해야만 합니다.

이렇게 움직임에 대한 명칭을 붙이는 것은 마치 처음 글을 배우는 유치원생이나 초등학교의 초년생들이 글을 읽을 때 크게 소리를 내어서 읽는 법과 같은 이치입니다. 훗날 상급생이 되면 눈으로도 읽을 수 있습니다. 그러나 수행의 초기에는 필수적이라 할 만큼 중요한 과정입니다. 오직 배의 움직이는 현상에 마음을 챙겨 배가 일어나면 "일어남"이라고 명확한 발음으로 명칭을 붙이며 알아차리고 배가 꺼질 때는 "사라짐"이라고 명칭을 붙이며 알아차려야 합니다. 그러나 배의 모양이나 형태에는 신경을 쓰지 않아도 됩니다.

처음 수행을 하는 사람들에게는 이와 같이 수행하는 동안 집중력과 선정이 점점 강하고 깊게 되어 지혜가 하나 둘 쌓이게 됩니다. 물론 처음에는 집중력이 계발되지 않아 배의 움직임이나 다른 곳에서 일어나고 사라지는 현상들은 전혀 느껴지지 않을 것입니다.

그러나 많은 놓침 속에서 다시 시도하고 다시 놓치고 다시 시도하며 갓난 애기들이 걸음마를 익혀 나가듯 집중력과 선정력을 키워 나가다 보면 점점 집중력은 예리해지고 선정은 보다 깊어지며 지혜는 성숙되기 시작할 것입니다.

수행자 자신이 알아차리든 못 알아차리든 일어나고 사라지는 움직임은 계속됩니다. 만약 아랫배의 움직임이 느껴지지 않을 때는 자신의 마음을 좀더 바르게 챙기는 노력을 기울여야 됩니다. 일부러 호흡에 힘들여 하거나 의념(意念)으로 하는 호흡은 가능한대로 피해야만 합니다.

염송하는 명칭을 따라 호흡하거나 느낌을 보다 뚜렷하게 감지하기 위해서 심하게 배를 불리고 꺼지게 하는 불완전한 호흡은 얼마 지나지 않아서 부작용을 초래합니다. 호흡은 평상시와 같이 자연스럽게 하되 마음 챙김만은 바른 겨냥으로 바른 노력과 함께 보다 면밀히 일어나고 사라지는 현상의 움직임에 밀착시켜 관찰해야 됩니다.

자연스럽지 못한 의념호흡은 수행자를 오히려 힘들게 하거나 쉽게 지치게 합니다. 건강이나 장수비법으로 행해지는 다른 수행법에는 한동안 호흡을 참는 지식법이나 장식법이 있기도 합니다. 그러나 삼법인의 지혜를 쌓아가는 이 수행법에서는 그와 같은 호흡은 장애가 됩니다. 아랫배는 수행자의 삶이 다하는 순간까지 제일 중요한 수행의 기본대상이 되는 곳입니다. 아랫배는 마음 챙김의 여러 대상 가운데 기본이란 점을 명심해야 하며 또 이 기본 당처의 바른 마음 챙김에 해탈의 열쇠가 있습니다. 아랫배의 움직임을 마음 챙김의 대상으로 할 때 어떻게 염송해야 되는지 몇 가지 예를 드니 이해에 보탬이 되길 바랍니다.

예 1)「일어남-사라짐」「일어남-사라짐」「일어남-사라짐…」

예 2)「일어남-사라짐-앉았음」「일어남-사라짐-앉았음」
　　　「일어남-사라짐-앉았음…」

예 3) 「일어남-사라짐-앉았음-닿았음(손과 손)」「일어남-사라
짐-앉았음-닿았음」「일어남-사라짐-앉았음-닿았음…」
예 4) 「일어남-사라짐-닿았음(좌측 귀)-닿았음(좌측 어깨)-
닿았음(손과 손)-닿았음(우측 어깨)-닿았음(우측
귀)」「일어남-사라짐-닿았음…」
예 5) 「일어남-사라짐-닿았음(좌측 귀)-닿았음(좌측 어깨)-
닿았음(좌측 팔꿈치)-닿았음(손과 손)-닿았음(좌측
무릎)-닿았음(대퇴부)-닿았음(우측 무릎)-닿았음(우
측 손과 손)-닿았음(우측 팔꿈치)-닿았음(우측 어
깨)-닿았음(우측 귀)」「일어남-사라짐-닿았음…」

이와 같이 산란심이 강하면 강할수록 명칭의 수를 높여서
아랫배의 미세한 움직임까지 마음을 챙겨 알아차려 나가야
합니다. 만약 산란심이나 불안정함의 마음상태가 가장 심할
때는 예문 다섯 번째의 방법으로 마음 챙김을 합니다. 이 방
법이 산란심과 불안정함을 가장 빨리 진정시킵니다.
위의 예문 다섯 가지 외에도 몇 가지가 더 있으나 여기서
는 생략합니다. 대개의 경우 첫 번째 「일어남-사라짐」을 수
행의 방편으로 삼는다는 점을 이해하시면 됩니다.
이와 같이 명칭을 염송하면서 앉거나 서거나 누워서 마음
을 챙길 때의 어떤 자세라도 일어나고 사라지는 이 배의 움
직임에 마음을 챙깁니다. 이것은 이 수행을 생활화하는 수
행자라면 필수적이라 할 것입니다.

148

호흡을 챙기며 배의 움직임을 보는 것은 처음에 수식관을
했던 것과 같은 맥락이지만 실제는 마음 챙김의 대상이 수
식관의 대상과는 다릅니다. 수식관은 배의 움직임에만 집중
하여 마음이 몸 밖으로 뛰쳐나가지 않도록 훈련하는 심청정
을 위한 수행법입니다. 그러나 이 수행법은 좌선이나 와선
그리고 입선에서뿐만 아니라 일상생활 속에서도 배의 움직
임만을 기본 당처로 챙겨야 합니다. 그래서 감정과 느낌의
노예 상태에서 벗어나 싫고 좋은 느낌이나 생각 그리고 오
감의 대상들에 얽매이지 않고 나고 죽는 문제까지 객관적으
로 바라만 볼 수 있는 경계에 이르게 되는 수행법입니다.

오감을 쉴 틈 없이 자극하는 현대사회에서 우리는 맹목적
으로 감각적인 쾌락을 탐닉하게 되었습니다. 갈증을 해소하
려고 소금물을 마구 마셔대는 것처럼 우리들의 감각기관에
점점 더 자극적인 충격을 가해야 될 형편이 되었습니다.

현대 문명사회에서 만연한 스트레스는 정신적인 반응, 육
체적인 반응, 생리적인 반응, 인지적인 반응 등 네 가지의
단계적인 반응으로 분류할 수 있습니다. 정신적인 반응은
감정의 현상으로 나타나는 성냄, 슬픔, 의기소침, 짜증, 좌
절감, 정신 착란증세와 같은 것들이며, 육체적 반응은 생리
적인 긴장현상으로 일어나는 위궤양이나 고혈압, 두통이나
소화불량과 같은 것들입니다.

또 행동적인 반응으로는 집중력 저하, 왜곡된 인간관계,
생산성의 저하 현상이 있으며 스트레스에 대한 인지적인 반

응으로는 자학적 상태에서 생명의 소중함이나 신뢰감을 상실하게 되는 경우가 이에 해당됩니다. 그 결과 살인을 하거나 심지어 자살에까지 이르게 합니다.

문명의 이기들을 마음껏 구할 수 있고 사용할 수 있는 이런 상황에서 오히려 교육과 취업을 위한 경쟁은 너무 심각해져 살인이나 자살의 비중은 자꾸만 증가되고 있습니다.

지금과 같은 인구폭발과 극심한 식량난 그리고 핵무기를 머리맡에 두고 살아야하는 이

시대는 생명체들의 존속마저 위협을 받고 있습니다. 또한 생활의 진행속도는 엄청스럽게 빨라져 사람들은 뒤돌아 볼 겨를도 없이 또 다른 일에 매달려야 하는 형편입니다.

휴거설이나 말세 설을 비롯하여 「불의 심판이다, 물의 심판이다.」라고 외치며 삶의 질서를 더욱 더 혼란에 빠트리려는 현실입니다.

더구나 진리를 표방하는 사이비 수행법이 난무하여 길을 잃은 현대인을 더욱 혼란에 빠트리고 있는 실정입니다. 이런 때일수록 부처님께서 몸소 실천하여 증명하신 위빠싸나의 진가는 더욱 부각될 것이며 그 영향력과 가치는 무엇과도 견줄 수 없을 것입니다.

어떻게 진화할 것인가?

어떻게 진화할 것인가?

살아있는 모든 존재들을 포함해서 우리들은 진화하거나 퇴화하며 윤회하는 존재입니다. 윤회 전생하는 우리들은 자신의 의식 수준에 따라 진화하거나 무의식 상태에서 퇴화하게 됩니다.

부처님께서는 생사를 벗어나는 것을 진화의 정점으로 보시고 이러한 진화의 목표에 도달 하려면 우선 몸에 대한 집착부터 내려놓아야 한다고 일러주셨습니다.

이 몸에서 자유로울 수 있다면 그 어디에 집착할 수 있겠습니까? 오로지 물질과 감각의 노예가 되어 선업과 악업을 분간하지 못하고 감정이 얽매이는 대로 아무렇게나 살아가는 어리석은 사람이 어떻게 진화하겠습니까?

그 반면에 선업과 악업의 과보를 잘 이해하여 자기에게 주어진 시간을 슬기롭게 살아가는 사람의 미래는 어떻겠습니까?

이에 대한 대답은 여러분 스스로 잘 알고 계실 것입니다. 몸 있는 곳에 마음을 함께하는 습관을 길러온 사람은 이 세상에서 가장 으뜸가는 삶 즉, 흔적 없고 자취 없는 삶을 사는 성스러운 사람이 됩니다.

자, 그럼 우리가 하는 수행이 진화의 과정에서 어떤 역할을 하는지 그 과정과 진행 양상을 면밀하게 관찰하여 살펴봅시다.

좌선 중에 아랫배의 일어나고 사라지는 현상을 관찰하라고 했을 때 어떤 사람은 「이 배의 움직임을 알아차려서 무엇을 깨달을 수 있을까?」라고 의문을 가질 수도 있습니다.

그러나 이것은 단순한 현상이지만 진리를 깨닫게 하는 매우 중요한 단서가 됩니다.

왜냐하면 아랫배가 일어났다 사라지고 또 일어나는 이 움직임은 이 우주법계 삼라만상의 존재 양상을 보여주는 진리의 축소판이기 때문입니다. 머리카락 끝의 극미한 유전자 하나로 그 사람의 신체를 알아내듯이 아랫배가 일어나고 사라지는 현상을 통찰함으로써 헤아릴 수 없이 많은 이 우주의 일체법을 깨닫게 됩니다. 아랫배의 움직임에 마음을 챙기며 알아차려 나가는 이 훈련은 가장 위대한 수행법입니다.

일생은 물론 수 억겁을 나고 죽는 동안 반복해 온 이 호흡도 한 순간 한 찰나도 같을 수가 없습니다. 그 호흡 따라 몸의 안과 밖에서 일어나고 사라지는 현상도 역시 같지 않습니다. 이런 진리가 바르게 이해될 때 더 이상 몸 밖에서 일어나고 사라지는 현상의 노예가 되지 않습니다.

이렇게 스스로 자유를 얻게 되면 그 자유 속에서 기쁨과 평화를 누리며 진정한 행복감을 얻게 됩니다. 진정한 행복은 어떤 신이나 절대자가 주는 것이 아니라 우리 스스로 만드는 것입니다.

이 수행은 결코 남이 해줄 수도 없습니다. 어떤 종교나 신앙이든, 흑인이든 백인이든, 동양이든 서양이든 남녀노소를 막론하고 숨을 쉬고 있는 동안은 살아있는 것입니다. 그리고 사람이라면 누구나 기본적인 기능과 구조가 같으며 업의 인연으로 갖춰진 것은 어느 누구라도 일어나고 사라지는 인과법을 벗어날 수 없습니다.

불제자가 아니라서 구조와 구성이 다르고 인과와 생멸이 없는 것이 아닙니다. 일어나고 사라지는 이 생멸법은 업의 현상이며 일어나고 사라지는 과정일 뿐이지 결코 절대자나 우리들이 마음대로 할 수 있는 것이 아닙니다.

진정 괴로움을 싫어하는 존재로서 괴로움의 실체를 보았다면, 종교나 사상을 초월해서 이 수행법으로 자신의 성품을 바르게 이해하며 자신의 존재를 바르게 확인하는 것이 무엇보다 우선이 아니겠습니까? 자신을 바르게 알아서 다시는 윤회의 고통 속에 태어나는 업을 만들지 않는 지혜를 갖춰야 할 것입니다. 이 지혜를 갖추는 방법을 부처님께서는 성스러운 팔정도의 실천이라고 하셨습니다.

일어나고 사라지는 자연 현상의 특성과 성품을 이해하려면 곧 몸과 마음 그리고 느낌과 몸 밖의 자연적인 현상 등 네 가지를 대상으로 마음을 챙기는 수행을 해야 합니다.

「수행자들이여! 어느 수행법과도 비교할 수 없는 위없이

거룩한 이 성스러운 팔정도를 완전하게 실천하므로 어느 누구든지 수다원과의 도와 과를 성취하게 되고, 사다함과의 도와 과를 성취하게 되고, 아나함과의 도와 과를 성취하게 되고, 아라한과의 도와 과를 성취하게 되리라. 위없이 거룩한 이 수행법이란 몸을 통해서 일어나고 사라지는 현상에 마음을 챙겨 알아차리게 됨으로써 그 자연적인 성품을 깨닫게 되는 위빠싸나이니라.」라고 일러 주셨습니다.

원시불교나 근본불교에 문외한인 우리나라의 일부 불제자들은 이것을 소승 선, 관법수행이라고 폄하해서 말합니다. 그러나 그것은 부처님의 가르침에 대한 무지와 몰이해에서 비롯된 것입니다.

여러분들도 잘 이해하시겠지만 부처님도 당시 아라한과를 득하셨다고 경전에 분명히 기록되어 있습니다. 이 수행법은 수행의 결과가 정도에 따라 단계적으로 분명하게 나타납니다. 하지만 다른 수행법은 「언젠가는 그렇게 될 것이다.」라는 관념적인 믿음과 체험이 결여된 메마른 이론만을 근거로 하고 있습니다.

목마른 사람이 물을 직접 마시지 않고 물 마시는 생각만 한다면 갈증은 실제로 해소되지 않습니다. 갈증은 생각만으로는 해결이 되지 않기 때문입니다. 관념과 이론에 그친 수행과 실제 몸으로 체험하는 수행은 이와 같이 다릅니다.

그리고 생각만으로 물을 마신 사람에 느낌을 묻는다면 그 대답은 중구난방이 되겠지만 실제로 물을 함께 마신 사람들의 느낌을 물었을 때 그 대답은 한결같을 것입니다. 실제 여행을 가본 사람이 느끼는 체험과 여행 안내서만을 보고 온 사람의 체험은 이와 같이 다를 수밖에 없습니다.

부처님의 가르침은 관념적인 것이 아니라 실제적인 것으로서 여러분들이 지금까지 다 함께 바른 정심관법으로 바르게 정진해 오는 동안 한사람도 빠짐없이 똑같은 경계를 체험하게 될 것입니다. 만일 여러분들도 부처님이 일러주시는 이 수행법으로 정진했을 경우 역시 같은 경계를 체험하게 될 것입니다.

수행자들 나름대로 며칠이나 몇 개월의 시차는 있겠지만 체험의 결과는 다를 수가 없습니다. 그래서 이 수행법은 밑이 보이지 않는 흙탕물의 강을 거슬러 올라가는 것과 같으므로 이 강을 건너보지 못한 사람은 결코 이 수행법을 안내할 수 없는 것입니다.

그러나 이 수행법은 실제로 같은 길이기에 뒤에 따르는

사람의 경험은 앞서 가는 사람의 경험과 같지 않을 수 없습니다.

「브라만이여! 그대는 사왓티의 사람은 아닌 것 같은데 어디서 오셨소?」

「예! 세존이시여, 저는 라자가하에 살며 이곳 사왓티를 수십 년 동안 오가며 무역업을 하고 있습니다.」

「그러면 라자가하에서 이곳 사왓티로 오는 길을 잘 아시겠구려!」

「예! 세존이시여, 저는 라자가하에서 사왓티로 오고 가는 길을 아주 잘 알고 있습니다.」

「만약 어떤 사람이 그 곳으로 가는 길을 묻는다면 어떻게 설명을 하시겠습니까?」

「예! 세존이시여, 저는 그 사람에게 아주 분명하고 상세하게 일러줄 수 있습니다. 만약 그가 원하는 목적지를 제가 일러주는 대로 바르게만 간다면 틀림없이 그 목적지에 도착할 수 있을 것입니다.」

「수십 년 동안 그 길을 오가며 정확하게 알고 있는 그 길을 상세하고 분명하게 일러 줄 수 있듯이 나 역시 어느 사람이 깨달음의 길을 묻는다면 내가 직접 실천한 길이기 때문에 그와 같이 정확하게 일러줄 것이오.」

이와 같이 부처님의 가르침은 결코 허황되고 공상적인 수행법이 아니라 여행을 많이 한 사람이 상세하게 지도를 만들어 어떤 사람이라도 그 지도에 의해 가려는 목적지를 정확하게 찾아갈 수 있도록 안내하는 것과 같은 실제적인 것입니다.

우리들이 숨을 들이 쉬어서 내어 쉬는 동안은 살아있지만 내어 쉰 숨을 다시 들이쉬지 못하면 「숨이 끊어졌다, 죽었다.」라고 합니다.

우리들의 삶은 한 호흡의 순간으로써 시간적으로 3초 정도가 소요됩니다. 그러나 사람들은 삶을 한 순간의 호흡으로 이해하지 못하고 연속적으로 계속되는 것이라 인식하여 60~70년 인생이라고 말하기도 합니다. 그렇지만 호흡도 마음도 육체도 끊임없이 죽고 사는 연속적인 생멸운동인 인과의 연속입니다. 이와 같은 현실을 이해하면 우리들이 먼저 해야 할 일과 뒤로 미뤄도 되는 일이 무엇인가를 확실하게 깨닫게 됩니다.

몸 있는 곳에 마음 함께

몸 있는 곳에 마음 함께

우리들은 아직 수행이 성숙되지 않았기 때문에 좌선 중 얼마 지나지 않아 혼침과 무기력, 망상에 빠지게 됩니다.

이렇게 되면 호흡에 집중된 마음이 흐트러지며 마음이 즉시 그 곳으로 달아나 호흡을 놓치거나 망상에 빠지게 됩니다. 정진 중에는 이와 같은 장애를 가장 경계해야합니다.

이럴 때 수행자는 다시 마음을 챙기는 노력을 하지 않으면 안 됩니다. 수행자는 심청정을 위한 사마타법으로 마음을 한 곳에 우선 묶어야 다음의 정진을 원만하게 계속할 수 있습니다.

어린 아기를 키우다 보면 부모가 모르는 사이에 가끔 아기가 집을 나가게 됩니다. 그럴 때 아기의 어머니는 어떻게 해야 되겠습니까? 물론 아기를 찾아 데리고 들어와야 합니다. 그런데 아기가 집을 나갔을 때 금방 찾아 데려오지 않고 그냥 내버려 두거나 마냥 잊어버리고 있으면 그 아기는 미아가 되거나 외국으로 입양되는 경우까지 생길 것입니다.

어머니라면 아기가 집을 나서려면 데려다 앉히고 또 나가려면 또 데리고 돌아와야만 합니다. 그리고 또 나설 눈치가 보이면 집안에서 더 재미있게 놀 수 있도록 그 아기의 관심에 주의를 기울이며 집을 나가지 않도록 배려해 줘야 합니다.

그러면 아기는 얼마 지나지 않아 집밖으로 나가는 버릇을 고칠 수 있게 될 것입니다. 그 아기도 이제 나가면 붙들려 오고 나가려 하면 말리고, 나설 눈치만 보여도 다른 곳에 관심을 쏟도록 어머니가 주의와 배려를 기울이므로 더 이상 밖으로 나가지 않게 됩니다.

이와 같이 우리들의 마음도 지금까지 몸 밖으로만 관심을 쏟으며 뛰쳐나가는 습관에 젖어 왔습니다. 이제 이 마음을 몸 안에 붙들어 놓는 훈련을 해야 합니다. 물론 처음에는 이 마음이 철부지 아기같이 요동치며 쉽게 안주하려 하지 않습니다.

몸 있는 곳에 마음이 함께 하려는 노력으로 지속적인 수행을 하게 되면 과거나 미래에 대한 망상은 물론 오감의 대상에 끌려 다니던 종의 버릇이 멈추게 됩니다. 그동안 잘 몰랐던, 자신의 내면에서 일어나고 사라지는 현상을 알아차리는 지혜를 쌓는데 몰입해야 하겠습니다.

일류 운동선수가 되려면 남다른 노력이 있어야 합니다. 수천 번의 드리블과 슈팅 연습만이 최고의 기량을 갖춘 축구선수를 만들 수 있습니다. 하물며 생사의 윤회에서 벗어나는 위없는 진리를 깨닫고자 하는 우리들은 얼마나 많은 수행을 해야 해탈지에 이를 수 있겠습니까?

그러나 다행스럽게도 이 수행법은 그렇게 많은 시간을 필요로 하지 않습니다. 단지 며칠 동안이라도 전심전력을 투구하여 정진한다면 깨달음의 초석을 마련할 수 있습니다.

지난날에는 관심을 갖지 않았던 호흡과 마음, 느낌에서 일어나고 사라지는 현상을 관찰하게 되면 우리는 자신도 모르는 신비한 지혜에 눈을 뜰 수 있습니다.

「단지 몇 시간 내지 칠일만이라도 아니면 최소한 7개월 이내에는 사람들의 습관을 바르게 고칠 수 있고 그에 따르는 과를 얻을 수 있다.」라고 하신 부처님의 가르침이 있습니다.

부처님의 당시 어떤 이는 「에이 비쿠!(이리 와라, 수행자여)」라는 한마디에 「옴은 곧 감이구나.」라는 무상의 진리를 금방 체득하는 지혜를 갖추게 되었다고 합니다.

부처님에 대한 믿음과 최소한의 상식을 갖춘 수행자는 계속 부처님의 법문을 듣고 실천하는 동안 쉽게 아라한과를 성취할 수 있었다고 합니다.

우리들도 일체의 일어나고 사라지는 현상에 마음을 챙겨 나가는 수행법으로 최선의 노력을 다하는 동안 자기도 모르는 사이에 지혜는 쌓여 거룩한 자유인이 되는 것입니다.

일어나고 사라지는 현상을 바르게 챙기며 노력하면 우리들의 수행력은 무한히 강해져 지금까지 수억 겁 동안 생사윤회에 휩쓸려 오던 숙업의 급류를 능히 거슬러 열반을 성취하게 합니다.

우리들의 능력은 무한한데도 그 사실을 모르니까 노력도

한번 기울여 보지 않고 생사윤회의 흐름에 그냥 맡겨 버리기 쉽습니다. 아무리 큰 홍수의 강물이 흘러도 우리들의 지혜와 힘을 모으면 충분히 그 강물을 건널 수 있는 무한한 잠재력을 갖고 있습니다.

어떤 사람들은 용기가 없어 이 생사윤회의 흐름을 건너려는 마음조차 갖지 못합니다. 즉 부처님의 수행법에 믿음을 갖지 못한다는 말입니다. 확신을 갖고 용기를 내어 실천해 보면 무한한 능력을 확인할 수 있는데도 불구하고, 그렇게 갖춰진 슬기로운 지혜가 생활 속에 얼마나 유용한가를 한번쯤 알려고도 하지 않습니다.

「나는 딸린 식구들도 있고 할 일도 많아, 부처님이나 산속의 스님들이나 도인들이 하는 일을 내가 어떻게 할 수 있겠습니까?」라고 용기 없는 자신을 쉽게 합리화하고 과소평가해 버립니다.

우리들은 이 수행을 남에게 맡기지 말고 우선 스스로 직접 뛰어들어 현상관찰을 실천해야 합니다.

바르게 마음을 챙겨 자신의 안과 밖에서 일어나고 사라지는 현상을 관찰하게 되면 마음 집중이라는 신비한 힘이 번뇌를 다스려 생사윤회에서 우리를 벗어나게 해 줍니다.

이렇게 훌륭한 정법의 인연을 소중하게 간직하지 못한다면 언제 전생숙업이 닥쳐와 부처님의 법을 보기 어려운 세계로 우리를 휩쓸어갈지 아무도 알 수 없습니다.

항상 우리들은 전생숙업에 의해 수행의 기회를 놓칠 수 있다고 염려하여 시간을 낭비하지 말고 수행하여 그 숙업의 힘에 맞설 수 있는 힘을 길러야 합니다. 그 힘은 이론적이고 관념적인 지식이 아니라 수행을 통하여 체험된 확고한 지혜에서 나옵니다. 이론적이고 관념적인 지식을 추종하다 보면 그보다 나은 이론이나 관념이 등장할 경우 우리는 금방 그쪽으로 기울어집니다. 이것이 우리들의 약점입니다. 그러나 바른 수행법으로 체험된 지혜는 사실을 체험하고 확인한 것이기 때문에 그 어떤 이론이나 다른 가르침에도 흔들리지 않습니다.

정법과 인연을 맺는 일도 쉽지는 않습니다. 다음은 자신만의 종교적 도그마에 갇혀 모처럼의 정법 인연을 놓쳐버린 수행자의 이야기입니다.

부처님이 깨달음을 성취하신 뒤 얼마 지나지 않아 녹야원에 계실 때 앗사지가 탁발을 마치고 돌아가는 뒷모습을 멀리서 지켜보던 사리뿟다(사리불)존자가 그에게 다가섰습니다.

「수행자여! 그대는 누구를 스승으로 의지하여 어떻게 정
진하십니까?」

「예! 저는 녹야원에서 고타마라는 부처님을 의지해서 정
진하고 있습니다.」

「무엇을 가르치시는지 한마디만 일러 주십시오.」

「예! 저는 아직 잘 모릅니다. 그러나 모든 것은 조건에 의
해서 생겨나고 조건이 다하면 사라진다고 일러주신 가르침
은 기억 합니다.」

사리뿟다는 그 한마디의 가르침을 전해 듣는 순간 지금까
지 우주의 창조론에 대한 의문이 풀리며 뛸 듯이 기뻐했습
니다.

산자야를 스승으로 의지해서 정진하던 사리뿟다 존자는
앗사지의 이 한마디를 듣고 이미 수다원과에 이르렀습니다.

그는 산자야의 아쉬람으로 돌아가던 중 자신의 둘도 없는
수행 도반인 마하목갈라나(목련)와 마주치게 되었습니다.

출가 시부터 사리뿟다 존자와 마하목갈라나 존자는 절친
한 죽마고우로서 누구든지 먼저 깨달음을 얻으면 그 법을
서로에게 일러줘서 이 생애에 함께 깨달음을 갖추자고 약속
한 사이였습니다.

「사리뿟다여! 그대의 환희에 찬 모습은 심상치 않은 일이
생긴 것 같소, 어찌된 일이오?」

「마하목갈라나여! 오늘 석가모니 부처님의 가르침으로 정
진하는 앗사지 라는 수행자를 만났소. 그의 말에 의하면 '부

처님은 우주의 모든 것은 조건에 의해서 생하고 조건이 다하면 멸한다.' 라고 일러주셨다는 얘기를 듣는 순간 무엇인가 잡힐 듯한 예감과 더불어 당신과 함께 내일 그 곳으로 찾아가 부처님을 뵈려 하오.」

이렇게 부처님의 가르침을 간접적으로나마 듣고 인연을 맺으면서 사리뿟다는 스승 산자야를 비롯해서 그 문하의 모든 수행자들을 부처님께 귀의시키려 했습니다. 그러나 산자야를 비롯해서 몇몇 수행자들은 결코 부처님께 귀의하는 것을 거절했습니다.

그러나 산자야의 많은 제자들은 사리뿟다와 마하목갈라나를 따라 그의 아쉬람을 나서자 산자야는 제자들의 심한 배신감으로 피를 토하며 생을 마쳤습니다.

이와 같이 어리석은 사람은 한번 잘못된 체험을 확신하게 되면 그 잘못된 틀에서 벗어나지 못하고 아무리 훌륭한 가르침이 있더라도 고개마저 돌리지 않습니다. 반면 슬기로운 사람은 무엇이 바르고 유익한가를 깊이 사유한 뒤 앞뒤가 맞지 않는 이론과 전통보다 체계적이며 밝고 투명한 법을 따르게 됩니다. 우리들도 잘못된 경험이나 알음알이가 있더라도 「입차문내막존지해(入此門內莫存知解)」 즉, 이 문안으로 들어오는 이는 알음알이를 울 밖에 내려놓고 들어오라는 사찰 입구의 경구를 잘 새기며 여기서 일깨워 주는 부처님의 가르침을 깊이 챙겨봐야 할 것입니다.

죽음을 벗어나는 수행법

죽음을 벗어나는 수행법

「이 팔정도의 실천이 왜 위없이 거룩하고 성스러운가? 왜 정법이라고 하는가?」라는 의문이 일어났다면 실제로 실천해서 체험해 봐야 그 의미를 이해할 수 있을 것입니다.

충분히 검토하고 조사해서 이 수행법이 이상적이고 현실적이며 정말 유익하다고 인정될 때에는 뒤로 미룰 것이 아니라 즉시 실천해야 합니다.

만약 삶의 방향과 목적을 확고하게 설정해서 수행을 처음 시작할 때는 지금까지 수억 겁 동안 길들여진 습관을 벗어나기 위해 마치 진흙에 빠진 자동차가 그 진흙 구덩이를 박차고 나오듯이 최선을 다하지 않으면 안 됩니다.

물에 빠진 사람이 숨을 쉬기 위해 수면 위로 오르려는 간절함으로 처음에 일러주는 기본 가르침을 숙지하여 연습해야 합니다.

「수행자들이여! 몸의 움직임에 마음을 챙기는 수행을 실천하지 않으면 죽음을 벗어나는 진리를 맛보지 못하느니라. 그러나 어느 누구라도 몸의 움직임에 마음을 챙기는 수행을 실천하면 죽음을 벗어나는 진리를 맛보게 되리라.」

이와 같이 부처님께서 직접 일러주셨습니다. 그런데 어떻게 몸을 움직이는 현상을 알아차림으로서 죽음을 초월하는 진리의 맛을 볼 수 있다고 하셨을까?

이 가르침은 우리들이 몸의 움직임에 마음을 챙겨 알아차리면 몸의 움직임이 어떻게 어떤 원소에 의해서 움직이게 되고 또한 마음의 자연적인 성품도 어떤 것인지를 이해하게 된다는 뜻입니다.

자! 다시 한 번 더 오른 손을 들어서 천천히 주먹을 쥐어 보십시오. 여러분들도 주먹을 쥘 때 그 과정을 자세히 관찰해 보면 감지할 수 있을 것입니다.

내가 주먹을 쥐는 것이 아니라 주먹을 쥐려는 독립된 의지에 의해서 주먹이 쥐어진다는 사실을 말입니다. 그러나 그 과정이 바르게 관찰되지 않으면 우리들의 습관적인 관념에 의해서 「내가 주먹을 쥔다, 내가 주먹을 편다, 내가 손을 올린다, 내가 손을 내린다.」고 생각하게 될 것입니다.

항상 나를 전제해서 내가 움직인다고 착각하게 됩니다. 천천히 주먹을 쥐는 움직임을 관찰해 보면 「주먹을 쥐겠다.」는 정신적 의지의 조건반사 작용으로 진행되고 있는 현상입니다.

이 움직임은 바람의 운동 작용이며 그 과정을 통해서 본질적 속성을 드러냅니다. 네 가지의 원소와 네 가지의 정신작용을 합쳐서 나라고 지칭해온 이런 자연적인 사실들을 바르게 이해되면 지금까지 「내가 움직인다.」라고 믿어왔던 관념에 더 이상 묶이지 않습니다. 나아가 모든 몸의 움직임은 자연적인 과정의 일부라는 사실을 알게 됩니다.

이러한 몸과 마음의 자연적인 특성을 바르게 이해하면 나(我)에 대한 애착과 집착에서 완전히 벗어나게 됩니다. 그러면 우리들은 몸을 만들려는 재생의 원인을 만들지 않아 죽음을 맞이하지 않고 생사를 초월하게 됩니다. 이것은 관념적인 것이 아니라 사실적이고 논리적인 체험으로 우리가 직접 수행을 통해 체험할 수 있는 것입니다.

몸의 움직임에 마음을 챙겨 관찰하면 어떤 이해와 깨달음에 도달할까요?

몸의 모든 움직임은 마음작용의 조건반사적인 나타남이란 사실을 이해하게 되며 동시에 마음이란 비물질도 결코 영원하지 않음을 깨닫게 될 것입니다. 이 몸과 마음의 역학관계를 바르게 이해하게 되면 몸과 마음의 특성을 이해하는 견성 즉, 성품을 깨닫는 경지에 이르게 됩니다. 이러한 깨달음을 얻기 위해서는 일어나고 사라지는 현상들을 면밀하게 관찰하는 것이 필요합니다.

일어나고 사라지는 현상관찰이란 어떤 것인가?

우리들이 숨을 들이쉴 때 배가 일어나고 내어 쉴 때 배가 가라앉듯이 자연적인 현상도 마찬가지로 일어났다 사라지게 됩니다. 흔히 우리들은 달이나 태양이 떠올랐다고 하는데 그 말속에는 태양이나 달이 진다는 숨은 조건이 내포되어 있습니다. 태양이나 달이 영원하다면 어떻게 떠올랐다고 할 수 있겠습니까? 태양이나 달도 떠오르면 지듯이 태어남이 있으면 죽음이 있게 마련입니다. 이 우주법계에는 일어나고 사라지는 생멸과 성주괴공의 운동만이 진행될 뿐입니다.

이런 진행이 멈추면 「죽었다, 소멸되었다.」라고 하지요. 무기체나 유기체나 무정물이든 유정물이든 이 일어나고 사라지는 진행이 계속 되는 동안은 존재라고 하지만 이 진행이 멈추면 파멸, 죽음이라고 합니다.

사라지면 일어나고 일어났다 하면 사라진다는 진리를 알게 될 때 '내 몸만은 그래도 어느 정도는 견고하게 존재하겠지' 라는 믿음은 금방 무너져 버립니다.

우리들의 몸을 자세히 관찰하다 보면 얼굴의 모습이나 색깔이 하루에도 몇백 번 몇천 번씩 변하는 사실을 이해하게 될 것입니다.

우리들이 알든 모르든 몸은 이렇게 변화하고 있습니다. 그러나 우리들은 무관심하게 「그 변화하는 것이 뭐가 대단한 것인가?」라고 가볍게 생각하고 무관심하게 지냅니다. 이처럼 자신이 변화한다는 사실이나 자연적인 현상을 잘 모르기 때문에 어리석고 무지하다고 합니다.

남의 경험과 지혜를 많이 읽고 들어서 알고 있지만 정작 자신에게서 일어나고 사라지는 현상을 바르게 이해하지 못하기 때문에 무지하고 어리석다고 합니다. 이와 같은 무지로부터 벗어나게 하는 가르침이 바로 불교수행입니다. 자신의 몸과 마음이 찰나찰나 변화하고 있다는 사실을 알게 되면 보다 깊은 경각심으로 자신을 다시 한 번 살펴보게 될 것입니다.

이렇게 급속도로 일어나고 사라지는 존재의 변화 양상을 가슴 깊이 이해하고 받아들여야 합니다. 「내 몸은 영원할 것이다, 영혼은 영원할 것이다.」라고 믿어왔던 환상이 허무하게 무너질 때의 실망과 무상함은 정말 상상하기 싫은 엄청난 충격이 아닐 수 없습니다.

불자든 아니든 깨달은 사람이든 아니든 이러한 존재 법칙에 예외인 경우는 없습니다. 어찌 불자들만 예외일 수 있겠습니까?

그렇지만 사람들의 대부분은 몸에 대한 환상과 착각에서 감각의 노예로 살다 언제, 어떻게, 어느 순간에 괴멸되어 버릴지 모르고, 허무하게 하루하루 사라져가고 있습니다.

지혜로운 사람은 항상 깨어있으며 게으르지 않아 지혜의 정상에 올라 근심이나 걱정에서 벗어나 머뭅니다. 그리고 괴로움과 슬픔에 빠져 있는 어리석은 사람들을 내려다보면서 자비스러운 마음으로 연민을 느낄 뿐입니다.

　게으른 사람들 속에서도 항상 깨어 있고 잠자는 사람들 속에서도 항상 깨어 있는 슬기로운 이는 불사의 지혜를 얻게 됩니다.

　태만에 빠지거나 욕락에 얽매이지 말고 정진에 힘을 쏟아야 합니다. 게으름은 부끄러운 일이며 뒤로 미루는 일도 게으름입니다. 게으름을 떨쳐 버리고 부처님의 가르침으로 공부하고 수행해서 진실한 이치를 깨달아야 할 것입니다. 그래서 몸과 마음에서 비롯되는 환상과 관념의 노예상태에서 벗어나 그것들을 다스리며 살아가는 불제자가 되어야 할 것입니다.

　일어나고 사라지는 몸의 현상들을 낱낱이 알아차려 나가는 위빠싸나는 우리들의 일상생활 속에서 불안 공포와 억압이나 불만족에서 벗어나게 해 주는 길입니다.

　여기서의 벗어남이란 괴로움을 극복하는 것을 말합니다. 우리들이 청정하게 덕행을 쌓아 이 길로 정진한다면 괴로움을 벗어나 해탈에 이를 수 있습니다.

청정한 길이란 살아있는 생명체에게 불편함을 주지 않고, 생명을 빼앗지 않고, 도둑질하지 않고, 욕정에 빠지지 않으며, 삿된 말을 피하고, 취기에 빠지지 않는 것을 말합니다.

또 덕행의 길이란 지계(持戒), 보시(布施), 사심(捨心), 이욕(離慾), 정진(精進), 인내(忍耐), 진실(眞實), 결의(決意), 자비(慈悲), 자애(慈愛)의 덕목을 실천하는 것입니다.

지계(持戒)란 부정한 일을 피하고 선행을 행하는 도덕적인 마음이며, 보시(布施)는 기대감 없이 남을 위해 자기가 가진 물건이나 목숨까지도 베푸는 것이며, 사심(捨心)은 편견이나 집착이 없는 평등한 마음이며, 이욕(離慾)은 세속적인 쾌락을 포기하는 마음이며, 정진(精進)이란 바르게 수행하려는 실천 노력이며, 인내(忍耐)는 어려움을 참고 견디며 극복하는 마음이며, 진실(眞實)이란 항상 진솔한 말만을 하는 마음이며, 결의(決意)란 불자의 목표가 되는 열반을 성취할 때까지 퇴굴하지 않는 마음이며, 자비(慈悲)란 모든 생명체에 대한 무한의 선의이며, 자애(慈愛)란 적을 포함한 모든 생명체들을 사랑하는 마음 등을 의미합니다.

바른 길, 청정한 길, 덕행의 길 등의 세 가지는 곧 열반을 성취하는데 필수적입니다. 즉, 세 가지의 길은 곧 일체지멸로 나아가는 대도(大道)입니다.

부정관이란?

부정관이란?

왜 여러분들은 세 단계의 노력과 삼위일체적인 세 가지의 의미를 내포한 이 수행을 해야만 합니까?

오직 이 정진만이 마음을 청정하고 지혜로운 해탈의 길로 나아가게 하는 유일한 길(Ekayana-Magga)이기 때문입니다. 범부들의 마음을 정화하여 청정하게 하기 위해 정진은 필수적입니다. 정화되어 청정하게 된 마음은 해탈로 나아가는 바탕이 되며 한쪽에 치우치지 않고 중도로 나아가게 됩니다.

마음이 정화되지 못하고 청정하지 못한 원인은 부끄러운 줄도 모르고 두려운 줄도 모르는 마음으로 들뜬 번뇌 때문에 생기는 어리석은 마음 때문입니다.

이 어리석음은 탐욕을 낳고 이어서 실망과 혐오감 그리고 성냄을 만듭니다. 이 무지에서 벗어나는 방법은 팔정도를 나아가는 정진 즉, 바른 수행법으로 마음을 청정하게 가꾸는 일 외에는 없습니다.

오늘은 부정관에 대해서 부처님의 가르침인 대념처경을 통해서 알아보겠습니다.

  우선 이 수행법으로 정진하게 되면 좋아하는 것에 대한 집착과 싫어하는 것에 대한 혐오감에서 초연해질 수 있습니다.

수행자들이여!
이 몸의 머리끝에서 발끝까지
온갖 깨끗하지 못한 것으로 가득한
이 몸을 관찰하며 알아차린다.
이 몸에는 머리카락, 몸의 털, 손발톱,
이빨, 피부, 살갗, 힘줄, 뼈, 골수, 콩팥, 심장,
간, 횡경막, 지라, 허파, 창자, 장간막, 위장,
위 내용물, 쓸개즙, 쓸개, 고름, 피, 땀, 침,
콧물, 눈물, 지방, 기름, 관절액, 오줌,
똥 등이 있다고 바르게 알아차린다.
이것은 마치 양쪽으로 구멍 난 곡물 자루에
여러 가지 곡식이 채워져 있는 것을
눈 밝은 사람이 이 자루를 열어보고
「이것은 콩, 이것은 참깨, 이것은 쌀, 이것은 보리,
이것은 완두콩이구나.」라고 알아차리는 것과 같이,
수행자는 머리끝부터 발끝까지 피부로 덮여 있는
온갖 깨끗하지 못한 것들로 가득한
이 몸에 대해서 생각합니다.
이 몸에는 머리카락, 몸의 털, 손발톱, 이빨….

등이 있다고
바르게 마음을 챙겨 알아차린다.
수행자는 이와 같이 머무느니라.

우리들의 몸을 이루고 있는 4대 원소들은 따로따로 존재
할 수 없습니다. 흙의 요소는 물의 요소와 결합해서 견고한
형태의 몸을 이루어 유지합니다. 몸의 부패를 막는 열기인
불의 요소, 몸을 부드럽게 활동할 수 있도록 하는 바람의 요
소 등 몸을 이루고 있는 32개 부분을 낱낱이 관찰하는 것이
부정관입니다.

이 부정관법을 통해 나라고 하는 이 구성요소는 결코 깨
끗하다고 할 수 없으며 시간과 공간 속에서 상대적인 가치
의 세계에서만 존재하는 것임을 알게 됩니다.

여기서 말하는 "깨끗하지 못함"이라는 말은 더러움을 뜻
하는 것이 아니라, 절대 가치가 아닌 상대 가치라는 의미입
니다. 다시 말해서 머리끝에서 발끝까지 모든 구성물들은
잠깐 일어났다 사라지는 덧없고 무상한 것이라는 뜻입니다.

우리의 몸은 머리카락, 몸의 털, 손발톱, 이빨, 피부, 지방,
살갗, 힘줄, 뼈, 골수, 콩팥, 심장, 간, 횡경막, 지라, 허파, 쓸
개, 창자, 장간 막, 위장, 위 내용물, 똥 등 22가지 흙의 요소
와 쓸개즙, 고름, 피, 땀, 눈물, 기름, 침, 콧물, 관절액, 오줌
등 10가지 물의 요소가 합해서 32개 요소로 이루어져 있습
니다.

불의 요소는 몸을 따뜻하게 해서 유연하게 해주며 음식물이 들어오면 열을 가하여 소화를 돕습니다. 그리고 바람의 요소는 몸속 내장의 운동과 관련되며 몸을 움직일 수 있도록 하고 호흡으로 생명을 유지케 합니다.

몸의 안과 밖을 관찰하는 동안 영원하지 못한 것을 영원하다 생각했거나 깨끗하지 못한 것을 깨끗하다고 믿었던 어리석음을 이해할 수 있을 것입니다.

이 몸의 구성요소들이 인연에 의해서 모였다가 인연이 다하면 사라지는 이치를 알고 마음과 몸을 다스려야 할 것입니다.

몸의 구성요소들은 깨끗하지 못하지만 몸의 생성에 대

한 진리는 진정 깨끗하고 거룩합니다. 이 몸은 청정함 속에 부정함이 있고 부정함 속에 청정함이 내포되어 있는 것입니다.

이 네 가지 원소가 몸의 상태와 움직임을 어떻게 유지케 하는지 바르게 알게 될 때 어떤 주재자나 영혼이나 개체가 영원하다고 믿어왔던 유신견(有信見)에서 쉽게 벗어나게 됩니다.

감각적인 쾌락의 갈망이나 육체에 대한 애착으로 수행이 어려울 때 역시 사마타법 중의 부정관법으로 노력을 배가할 수 있습니다.

이것은 몸의 성품을 바르게 이해하지 못해 영원성이나 자아성의 관념에서 벗어나지 못하는 수행자들의 기초수행으로는 더없이 유익한 수행법이 됩니다.

어떤 사람을 보고 그 아름다움에 매료되어 마음을 빼앗기고 괴로움에 빠져 몸부림치는 사람은 몸의 구성물 32가지를 하나하나 챙겨 보십시오.

단 며칠만 씻지 않아도 곳곳에서 쏟아져 나오는 부정물과 냄새를 생각하면 대상에 대한 탐착의 마음을 끊을 수 있을 것입니다.

인간의 몸은 성장을 하여 늙어 가지만 마음은 수행으로 가꾸지 않으면 아무리 나이가 많아지고 세월이 흘렀어도 향상되거나 성숙되지 않습니다. 나이가 비록 육십이라도 마음 다스리는 법을 기르지 않았다면 그의 마음은 아기들의 마음처럼 그대로 입니다.

아직 뿌리를 내리지 못한 연약한 묘목은 바람이 조금만 불어도 흔들리거나 금방 쓰러지게 될 것입니다. 마찬가지로 제어되지 않은 마음은 탐욕과 혐오감에 쉽게 사로잡히게 됩니다.

이와 같이 제어되지 않는 마음은 좋아하거나 싫어하는 대상에 따라 즉각 민감하게 반응하게 됩니다. 이렇게 제어되지 않은 마음은 다른 사람에게 도움을 주기보다는 오히려 남에게 피해를 줄 때가 더 많습니다.

관리자의 관심 아래 묘목이 잘 보호된 채 하루하루 성장하게 되면 마침내 홀로 독야청청 할 수 있는 낙낙장송이 될 수 있습니다.

마찬가지로 팔정도를 따라 정진을 계속하면서 마음을 제어해 간다면 멀지 않아 여러분들은 거룩한 지혜를 얻을 것입니다. 또 나아가 마음에는 그 어떤 번뇌도 들어올 수 없게 됩니다.

건강한 사람은 어려운 환경을 견뎌 나갈 수 있듯이 정신적인 힘을 갖춘 사람은 정신적인 어려움이나 번뇌에도 맞설 수 있습니다.

여러분들은 처음 수행을 시작 할 때부터 배의 일어나고 사라지는 현상에 마음을 챙겨 주시해 왔을 것입니다. 그러나 얼마 지나지 않아 피곤하거나 졸리고 어렵다는 사실을 느꼈을 것입니다.

이러한 노력의 목적은 무엇이며 어떠한 유익함을 우리에게 줄 수 있을까요?

이것의 궁극적인 의미는 관념으로 뭉쳐진 중생심의 무지를 벗고 바른 지혜를 갖춰 해탈지로 나아가는데 있습니다. 그리고 이 정진의 목적은 어리석음에서 벗어나 번뇌를 없애고 지혜를 얻기 위한 것입니다.

깨어 있음이란?

깨어있음이란?

중생심에서 생긴 번뇌와 어리석음에서 벗어나는 과정을 오폐수를 정화시키는 과정에 비유해 봅시다.

혼탁한 오폐수를 정화하여 청정수로 바꾸려면 먼저 오물들을 가라 앉혀야 되겠지요. 이것이 1차적인 선결 조건이 되며 필수적일 것입니다. 그래서 완전하게 찌꺼기가 가라앉았을 때 물과 분리하는 2차적인 작업이 이어집니다. 그 뒤 찌꺼기로부터 분리된 물을 정화하여야 청정수가 됩니다. 이것이 3차 정화작업입니다.

마찬가지로 번뇌로 날뛰는 마음을 한 곳에 묶어두려고 하는 과정은 오폐수의 찌꺼기를 가라앉히는 작업과 같습니다.

먼저 계율을 지켜 평소의 관성적인 행동을 자제하는 것이 계청정의 작업이며 이는 오폐수를 가라앉히는 과정에 해당됩니다. 그리고 다리나 허리의 아픔과 육신의 피곤함을 항복받는 것도 날뛰는 마음을 가라앉히는 수행의 1차적인 선결조건에 포함됩니다. 이 조건이 어느 정도 충족된 뒤에 육체적인 현상과 정신적인 현상을 구분하며 공부하는 심청정의 단계에 이르게 됩니다. 이것이 오폐수를 찌꺼기와 물로 분리하는 2단계의 정화 과정에 해당됩니다. 이때 수행자들도 ‘이제 이 정도면 되지 않았을까? 하는 생각으로 수행을 중지하는 사람도 있으며 해탈을 이룰 때까지 수행을 멈추지 않는 수행자도 있습니다. 찌꺼기로부터 갓 분리한 깨끗한 상태의 물에도 눈에는 보이지 않지만 미세한 찌꺼기와 불순물이 함유되어 있을 것입니다. 그 물이 마지막 3차 정화작업을 거치지 않으면 청정수라고 할 수 없을 것입니다. 이와 같이 수행자가 명색을 분리해서 이해하는 정도만 공부하고는 나머지 견청정의 수행을 다음 생으로 혹은 다음 기회로 미루며 수행을 중단한 사람은 그 이상 지혜의 진전이 따르지 않습니다. 그러나 여기서 쉼 없는 정진을 지속하며 멈추지 않을 때 그는 진정한 수행자로서 능력이 있는 사람이며 바른 수행의 길에 들어선 수행자입니다.

이렇게 삼위일체의 세 가지의 바른 노력으로 정진하는 수행 뒤에 따르는 혜해탈의 지혜가 현실적인 유익함이며 우리들의 삶이 보람되게 하는 바탕이 됩니다.

수행을 일상 생활화할 수 있는 위빠싸나의 실천은 생사윤회의 족쇄로부터 벗어날 수 있는 거룩한 공덕이 되는 동시에 완전한 지혜의 성취로 향하는 것입니다.

우리들이 행주좌와(行住坐臥)속에서 항상 깨어 있으라는 말을 자주 들어 왔을 것입니다. 그래서 오늘은 경행으로 얻는 다섯 가지 유익함과 더불어 머물 때 깨어있는 주선(住禪) 즉, 입선의 방법을 직접 소개하려 합니다.

일반 사람들도 일상생활 속에서 하루 두세 시간 이상 걷는 생활이 필요하듯이 수행자들도 경행 수행법으로 최소한 하루 한 시간 이상 정진해야 한다고 지난번에 말했습니다. 그러면 이 경행을 실천하면 어떤 이익됨이 있는지 이제 하나하나 챙겨 봅시다.

우선 경행으로 얻는 이익의 다섯 가지를 간단하게 언급하겠습니다.

첫 번째는 수행자가 건강해지고 지구력이 증장되는 유익함이 따릅니다.

두 번째는 집중력이 강화되어 수행의 정진력을 키울 수 있습니다. 좌선 때는 순간순간 변화되는 대상이 많아 마음 챙김의 방법이 어렵고 복잡합니다. 그러나 경행으로 집중력이 갖춰지면 모든 움직임 속에서도 마음 챙김이 순일해집니다.

세 번째 경행은 좌선 때 경색된 근육을 이완시키는 작용과 가라앉은 마음을 활발하게 해서 수행의 균형을 갖추게 하는 유익함을 줍니다. 몸과 마음을 상호보완하게 하는 경행은 좌선 수행의 진전을 위해서도 꼭 필요합니다.

네 번째 좌선 중 무기력이나 혼침에서 벗어나게 합니다. 특히 잠을 깬 뒤의 경행은 집중력을 계발시키고 식사 후의 경행은 열기를 갖추게 하여 소화력을 증대시키는 유익함이 따릅니다.

다섯 번째 유익함은 경행 중의 선정이 좌선 중의 선정으로 이어지고 좌선 중의 선정이 경행 중의 선정으로 이어져

쉼 없는 알아차림으로 보다 깊고 밝은 지혜를 키웁니다. 이러한 경행에는 꼭 입선(立禪)이 뒤따르게 됩니다. 이 수행법은 걷기 전이나 서서 머무를 때도 쉬지 않고 마음을 챙기는 것입니다. 좌선 중에 심한 혼침이나 무기력한 현상이 일어날 때도 이 자세로 마음을 챙기는 것이 바람직합니다.

또 경행 중 장애물 때문에 돌아서려거나 경행을 시작하기 직전에 걸으려는 의도와 마음을 알아차리기 위해서 꼭 필요합니다. 그리고 좌선을 하기 위해서 경행을 마치고 앉으려는 자리에 잠깐 머무를 때 역시 잠깐이라도 산란한 마음을 막기 위해서 잠시 챙기는 수행법입니다.

특히 입선은 현대사회를 살아가는 사람들에게는 출퇴근 중의 전철이나 버스 속에서나 서서 무엇인가를 기다릴 때 자연스럽게 실천할 수 있는 수행법입니다. 이때의 서 있음에 마음을 챙겨 바르게 알아차림으로서 우선 서 있는 상태를 인식하게 됩니다. 그리고 기본 당처인 아랫배의 일어나고 사라지는 현상 관찰에서 시작하여 몸의 현상관찰로 이어지는 수행법입니다.

「일어남, 사라짐, 서 있음…」

이렇게 염송하며 마음을 챙겨 나아가는 중 외부의 어떤

자극적인 소리나 사물을 접하게 되면 즉시 「소리, 소리, 소리…」 「사람, 사람, 사람…」 「나무, 나무, 나무…」라고 하며 그 사물을 알아차리면 그 대상은 마음에서 사라집니다. 그 때 수행대상의 기본 당처인 아랫배의 움직임으로 마음 챙김을 다시 옮겨 「일어남, 사라짐, 서 있음…」하고 끊어짐이 없는 수행을 계속 유지하는 것입니다. 서서 정진하는 중에 메스꺼운 현상이나 현기증 같은 정상이 생길 때는 반드시 「메스꺼움, 메스꺼움, 메스꺼움…」 「어지러움, 어지러움, 어지러움…」이라고 염송하며 알아차리면 금방 그 현상은 사라져 버립니다.

그렇게 마음을 챙겨도 그 현상이 사라지지 않으면 천천히 「섰음-섰음-섰음, 왼발- 앞으로-내려놓음, 오른발…」이라고 마음을 챙기면서 몇 발자국이라도 경행을 하십시오. 그 뒤 다시 입선을 시작하면 그런 현상은 가라앉게 되는데 만약 그 현상이 계속 사라지지 않으면 「오른발-앞으로, 왼발……」하며 보통 걸음걸이로 한동안 경행을 하거나 좌선의 방법으로 바꿔서 정진하는 것이 좋습니다.

흔히 참선이라면 앉아서 마음을 집중하는 것으로 이해하는 경우가 많습니다. 그러나 사실 참선이란 생활 속에서 항상 깨어있을 수 있으며 마음 챙기는 법을 키워 나가는 훈련법이며 동시에 어리석음에서 벗어나는 작업입니다. 여기서의 깨어있음이란 마음 챙김인데 이 말은 자신에게 여섯 가닥으로 묶여있는 생사윤회의 족쇄를 알아 차려서 생사윤회의 족쇄를 벗어나는 과정이 됩니다.

그 여섯 가닥이란 눈, 귀, 코, 혀, 몸, 의식 등 여섯 감관을 일컬음인데 이 가운데 마지막의 정신적인 감관인 의식은 다른 오감을 지배하며 군림하는 주인인 셈입니다. 의식은 우리들의 왕이나 주인처럼 행세하며 우리는 그의 노예나 하인처럼 복종하며 끌려 다닙니다.

눈은 즐거운 것을 쫓고, 귀는 즐거운 소리를 쫓고, 코는 즐거운 냄새를 쫓고, 혀는 즐거운 맛을 쫓고, 몸은 즐거운 감촉을 쫓습니다. 이런 다섯 가지의 감각기능을 보다 조화롭게 조절해야 하는 것이 의식입니다. 그러나 서로 다른 감각자극들 때문에 그 어지러운 와중에서도 지난 과거의 기억을 붙들고 비교하며 애착과 걱정을 만드는데 그것이 곧 욕망이라는 족쇄가 됩니다.

경전에는 이 의식을 뿌리 뽑힌 말뚝으로, 다섯 감관을 서로 제각기 생활습관과 생활환경이 다른 다섯 마리 동물들의 다툼으로 멋지게 비유한 구절이 있습니다.

물이 있는 곳으로 도망치려는 악어, 공동묘지가 있는 곳으로 도망치려는 여우, 숲 속으로 도망치려는 원숭이, 개미 둑으로 도망치려는 뱀, 하늘로 날아오르려는 새 등 그들은 뿌리 뽑힌 말뚝에 튼튼한 밧줄로 다섯 마리의 동물을 옭아 놓았다.

이와 같이 오감이 의식을 각자의 영역으로 끌고 가서 만족을 얻으려고 발버둥을 칩니다. 그러므로 우리들의 감관을 바르게 컨트롤하지 못하고 제어하지 못한다면 깊은 혼란에 빠지는 것은 당연할 것입니다.

우리는 여섯 감각기능과 외부세계를 단단한 밧줄로 꽁꽁 묶어 생사윤회의 굴레를 벗어나지 못하게 하는 것입니다. 흰 소와 검은 소가 하나의 고삐에 묶여있는 형상입니다. 이것은 흰 소가 검은 소에 묶여 있는 것도 아니고 검은 소가 흰 소에 묶여있는 것도 아닙니다. 여기서 두 마리의 소를 묶어놓고 있는 것은 흰 소나 검은 소가 아니라 바로「고삐」그 자체입니다.

마찬가지로 외부세계가 인간을 묶어놓는 것도 아니고 인간이 외부세계를 묶는 것도 아닙니다. 단지 외부세계와 우리를 묶고 있는 것은 쾌락을 추구하는 욕망의 고삐입니다. 욕망이라는 고삐가 외부세계와 인간을 단단히 묶어놓아 생사윤회의 족쇄에서 벗어나지 못하게 할 뿐입니다.

결국 이 수행의 궁극적인 목표는 일상생활 속에서 항상 마음을 챙길 수 있어야 욕망의 고삐도 제어할 수 있기 때문에 가고 머물고 앉고 눕는 그 어떤 자세에서도 깨어 있을 수 있어야 자신이 끌려가는지 제어하는지를 알아차릴 수 있습니다.

190

윤회의 고삐란 무엇인가?

윤회의 고삐란 무엇인가?

우리들이 나고 죽는 윤회의 고삐가 바로 욕망이라고 했습니다. 그 욕망의 근원이 되는 오감에 대해서 보다 상세하게 설명하겠습니다.

우리들은 즐거운 자극을 쫓다보니 그 자극에 얽매이게 됩니다. 눈은 즐거운 대상을 쫓습니다. 눈을 즐겁게 하는 대상을 조달하려고 많은 돈과 시간 그리고 정력을 쏟습니다. 그리고 또 즐거운 말을 들으려 합니다. 만약 누군가가 우리들에게 칭찬을 한다면 그 말을 기억하고 회상하며 그 좋은 말에 집착하게 됩니다. 또 색욕을 쫓아 즐거운 감촉으로 만족하려는 욕망은 너무 강합니다. 에이즈 같은 끔찍한 성병으로 많은 사람들이 생명을 잃어가고 있는데도 아랑곳하지 않고 색욕을 쫓습니다. 에이즈로 수많은 사람들이 목숨을 잃거나 고통을 받는 것은 감각적인 쾌락과 욕망을 제어하지 못해서 치르게 되는 엄연한 과보입니다. 그리고 코와 혀의 감각적 탐닉을 위해서 많은 향수와 음식도 개발하고 그것들을 즐깁니다. 특히 물질적으로 풍요로운 요즈음에는 잘 먹는 것이 오히려 건강을 해칠 우려가 있는데도 우리들은 혀를 즐겁게 하려는 욕망을 제어하지 못합니다. 자신의 귀중한 생명에 닥치는 위험을 무릅쓰고 맛있는 음식에 탐닉하게 되는 것입니다. 가끔 혀의 감각적 만족을 추구하다가 자신의 목숨까지 잃게 되는 경우도 있습니다. 맛있는 음식을 먹고 싶어 하는 것은 일반 사람들의 공통적인 약점입니다. 자신의 혀 때문에 숨을 스스로 끊는 비유로서 여우와 살구씨앗 기름에 대한 우화를 예로 들겠습니다.

어느 깊은 밤 살구씨앗의 기름을 먹으면 죽는다고 늙은 여우로부터 수차 들어서 잘 알고 있는 어린 여우가 마침 집 앞을 지나면서 그 기름 냄새를 맡게 되었습니다.

「저 기름은 우리 여우들이 먹으면 죽는다.」라고 생각하며 한참 지나치다 다시 생각을 일으켰습니다. 「저 살구씨앗 기름의 향기가 저렇게도 감미로울까? 그래 먹지는 않고 단지 냄새만 맡는데 설마 죽으랴!」 이렇게 망상을 일으키기 시작한 여우는 가던 길을 돌아왔습니다. 이제 살구씨앗 기름이 있는 곳으로 가까이 가서는 코를 벌름거리며 한껏 향기를 맡았습니다. 「저것은 먹으면 죽는 거야!」라고 몇 번이고 혼잣말로 되뇌며 다시 가던 길을 재촉하였습니다.

몇 발자국을 걷던 여우는 다시 뒤를 돌아보며 「혀끝으로 맛만 보면 안 될까? 아니야 먹으면 죽는 거야!」라고 몇 번이고 반복해서 생각하다 마지막 결단을 내리고 기름집을 향해서 발길을 돌렸습니다. 한동안 감미로운 향기를 즐기던 여우는 침으로 꼬리 끝을 날카롭게 잘 고른 뒤 그 끝을 기름통에 넣어 한 두 방울의 기름을 묻혔습니다. 그리고 그 향기를 맡으며 감미로움에 취하여 다시 생각했습니다.

「이 감미로운 기름을 먹으면 왜 죽을까? 혀끝으로 맛만 봐도 죽을까?아니야 설마 죽기야 하려고!」

그렇게 망상을 피우던 여우는 꼬리 끝에 묻어있는 기름에 혀끝으로 맛을 보면서 두 눈을 지그시 감았다 뜨고는 「정말 기가 막히는 맛이구나, 아니야 이것은 우리들이 먹으면 죽는 거야!」라고 하면서 뒷산을 향해 줄달음을 칩니다. 저 능선까지 달려가던 여우는 다시 걸음을 멈추고 깊은 생각에 잠겼습니다.

「야! 기가 막히는 맛이구나! 평생을 살아도 이런 맛을 다시 볼 수 있을까? 이번 기회에 한번만 더 확실하게 맛을 보고 돌아가야지!」라며 다시 기름집을 향해서 달렸습니다. 기름집에 닿은 여우는 다시 꼬리 끝을 기름통에 살짝 담갔다가 꺼내어 혀로 살며시 맛을 보기 시작하면서 「한 번만 더, 다시 한 번만 더」 이렇게 망상을 발전하다 마침내 이렇게 되뇌였습니다.

「혹시 이 기막힌 살구씨앗 기름을 먹으면 죽는다고? 옛날의 늙은 여우들이 자기들만이 먹으려고 만들어 낸 말은 아닐까? 설마 그럴까? 아니야 그럴 거야, 설마, 아니야.」 이렇게 생각을 거듭하다가 마침내 「그럴 것 같아!」로 결론을 내리니까 한결 마음이 후련해 졌습니다. 한 번씩 핥아먹던 기름을 이제 기름통을 안고 먹기 시작합니다.

결과는 어떻게 되었는지 불을 보듯 뻔합니다. 이 세상의 모든 존재들을 비롯해서 특히 의식진화를 해오는 사람들도 고통을 싫어하기는 마찬가지입니다. 그러나 고통의 근원에서 벗어나려고 시도도 해보지 못한 사람들이 더 많습니다. 또 고통의 근원에서 벗어나려는 사람들이 있다고 하더라도 자신의 탐욕이 족쇄가 되어 옴짝달싹하지 못하고 생과 사를 거듭하며 윤회의 쳇바퀴에서 벗어나지 못하고 있습니다.

우리는 탐욕의 족쇄에 매여 삼독심의 구덩이에 깊이 매몰되어 있습니다. 싫다 좋다는 분별은 감각적인 자극 때문에 일어납니다. 그래서 미운 감정이 강하면 강할수록 우리들은 그 불쾌한 대상에 더욱더 강하게 얽매이게 됩니다.

어느 날 음식점에서 음식을 맛있게 먹던 중 그 속에서 한 마리의 바퀴벌레를 발견했다면 그때의 혐오감 때문에 그 음식을 먹지 못하게 될 수도 있습니다. 그리고 다음부터 그 음식점의 음식을 볼 때마다 그 때의 혐오감은 다시 되살아 날 것입니다. 뿐만 아니라 어떤 사람이 많은 군중들 앞에서 우리들에게 모욕적인 욕설과 험담을 했을 때 심하게 격분하게 될 것입니다. 그리고 훗날에도 두고두고 그 때의 일이 마음 속에 떠오를 것이고 그 때마다 마음이 불쾌해 질 것입니다.

이렇게 각인된 탐욕이나 미움이나 혐오감은 자신의 자아

관념이 됩니다. 마치 사슬로 기둥에 묶인 동물이 그 사슬의 길이 이상 벗어날 수 없듯이 모든 생각이나 행동이 그 기억에 구속받을 수밖에 없습니다.

마음은 자아관념의 기둥에 욕망이라는 사슬로 단단히 묶인 채 옴짝달싹 하지 못하는 형편입니다. 그래서 이기적인 욕망이 강하면 강할수록 「좋다, 싫다.」라는 분별의식이나 번뇌가 더욱더 강해지는 악순환으로 빠져들게 됩니다.

욕망이 강하면 강해질수록 행동반경의 길이는 짧아지고 그와 비례해서 마음도 더 제한을 받게 됩니다. 아주 강한 욕망을 가진 사람의 마음은 매우 짧은 사슬에 묶여서 제대로 숨도 쉬지 못하는 것과 같습니다.

그러나 「싫다, 좋다.」라는 관념의 기준치가 되는 분별의식이 약화되면 될수록 욕망의 사슬도 점점 느슨해지고 행동반경도 그만큼 자유스러워질 것입니다. 즉 느슨하게 묶여있는 동물은 그 길이만큼 자유스럽습니다.

이와 같이 부정적인 감정이 약화되면 될수록 긍정적인 감정과 진정한 연민의 자비심이 자라나 마음의 자유영역은 더 넓어 질 것입니다. 이 수행법은 우리들이 묶여있는 욕망의 사슬과 자아라는 기둥마저 송두리째 뽑아 없애 버리는 방법입니다.

즉 어리석은 기대감의 사슬로

부터 벗어나 무한한 자유를 누리게 만들어 주는 작업이며 실천입니다. 행복하고 평화로운 삶은 행복하고 평화롭게 죽을 수 있는 삶이며 또 언제나 행복하고 평화롭게 태어날 수 있다는 말과 같은 의미입니다.

평소 행복하고 평화로운 바른 삶을 위해서는 다음의 여섯 가지 생활 습관을 실천해야만 합니다.

첫째, 잡사로 생활이 번거롭지 않아야 합니다.

둘째, 지껄이는 것을 좋아해서는 안 됩니다.

셋째, 잠을 지나치게 자서는 안 됩니다.

넷째, 많은 친구 사귀기를 좋아해서는 안 됩니다.

다섯째, 많은 사회적인 교제를 좋아해서는 안 됩니다.

여섯째, 공상하기를 좋아해서는 안 됩니다.

이와 같이 아함경 증지부에서 바른 삶은 바른 죽음과 바른 탄생을 잇는다고 일러주고 있습니다. 즉 바른 행을 쫓는 사람은 결코 내생에 대해서 두려워하거나 불안해 할 필요가 없다고 강조하고 있습니다.

또 죽음이 갑자기 우리들의 허를 찌를지 모르는 순간을 대비하기 위해 와선 수행이 필수적입니다. 와선은 누워서 마음을 챙기는 수행입니다. 낮 동안의 수행이나 일상생활을 마치고 누워 쉴 때나 밤에 잠들기 전에 누워서 정진하는 것입니다. 오른쪽이나 왼쪽이 바닥에 닿도록 옆으로 누워서 하는 자세와 등 부분의 전체를 바닥에 닿게 반듯이 누운 채 두 손바닥을 겹쳐 배꼽 부분에 얹어 놓고 마음을 모으는 수행법입니다.

　누워서 기본 당처인 아랫배의 움직임에 마음을 모아「일어남, 사라짐, 닿았음(누웠음)……」이라고 염송하며 느낌의 현상들을 바르게 알아차려 나갑니다. 그렇게 계속 정진하는 동안 집중력이 깊어지면 잠이 드는 순간과 깨는 순간에도 그때그때의 현상을 또렷이 알아차리게 됩니다.

　또 선정이 더욱더 진전되면 차면서도 깨어 있는 듯 깨어 있으면서도 자는 듯 꿈도 꾸지 않고 잠깐 잠을 자도 숙면을 취하며 항상 평온하고 행복감을 항상 느낍니다.

　이와 같은 마음 챙김은 누워 있을 때나, 서 있을 때나, 앉아 있을 때나, 걸음을 걸을 때나, 언제라도 어떤 자세에서든 쉬지 않고 지속되어야 번뇌에서 벗어날 수 있습니다. 항상 번뇌에서 벗어나 마음이 확립되어 있을 때 평소의 어리석은 기대감이나 사견에 얽매이지 않는다는 사실은 미혹한 죽음을 맞이하지 않아도 된다는 의미가 됩니다.

　마하나마 존자가「만약 길에서 사고로 죽게 되면 다음 생은 어디에 태어나게 되는지 매우 걱정이 됩니다.」라고 부처님께 물은 적이 있습니다. 그때 부처님은 마하나마에게「삼보에 귀의해서 계율을 수지하고 보시행을 실천하며 수행을 실천하고 지혜를 키워온 사람은 결코 죽음을 두려워 할 필요가 없느니라.」라고 일러주었습니다. 부지런히 번뇌를 죽여 없애는 노력으로 참 평화를 스스로 확인해 보시기 바랍니다.

번뇌란 무엇인가?

번뇌란 무엇인가?

지난번 수행의 이익에 관하여 오늘은 보다 상세하고 이해하기 쉽게 부처님의 직접적인 가르침을 챙겨볼 차례입니다. 삼독심의 근원이 되고 윤회의 뿌리가 되는 번뇌를 없애야 수행의 이익이 있게 됩니다.

번뇌를 제거함으로써 얻을 수 있는 첫 번째 이익은 「심청정」의 경지에 도달하게 된다는 것입니다. 즉 수행자 자신의 마음이 청정해집니다. 두 번째 이익은 「견청정」으로 자신과 사물의 보편적인 성품을 이해하게 된다는 것입니다. 여러분들이 바른 수행법으로 번뇌를 없애면 그 마음의 상태는 점점 나아져 향상되면서 지혜의 자질 역시 향상될 것입니다.

우리가 지금처럼 바르게 정진하는 동안은 자신의 마음에 번뇌가 일어날 수가 없습니다.

우리는 투사입니다.

탐심과 싸웁니다.

진심과 싸웁니다.

무지와 싸웁니다.

마음을 어둡게 하는 번뇌가 바로 우리의 적입니다.

우리가 붓다의 가르침을 실천하는 것은 인내심과 법을 무기 삼아 이런 적들과 싸우는 과정입니다. 우리가 마음을 잘 챙겨서 번뇌가 마음에 침입해 올 기회를 주지 않아야 합니다.

여러분들이 좌선을 할 때에 배의 일어나고 사라지는 움직임을 한 순간이라도 놓치지 않고 계속해서 알아차려 나가는 동안은 번뇌가 일어날 틈이 있을 수 없습니다. 번뇌가 일어나지 않으므로 마음이 청정해지면 마음이 편안하고 깨끗하게 안정되는 상태가 유지되는 것이 첫 번째 단계의 이익입니다.

여러분들이 처음 정진을 시작할 때 그냥 바른 노력만으로는 수행이 불가능합니다. 이 수행에는 바른 노력과 바른 마음 챙김 그리고 바른 앎 등 세 가지가 삼위일체로 동반되어야 합니다. 바른 노력, 바른 마음 챙김, 바른 알아차림 등 이 세 가지가 잘 갖춰 질 때에 세상과 나의 성품을 바르게 알게 되는데 이것이 견청정으로 나아가는 두 번째 단계의 이익입니다.

여기 빈 호리병이 하나 있습니다. 이 호리병 속에는 그 부피만큼 공기가 가득 할 것입니다. 만약 한 방울의 물이 빈 호리병 속으로 들어가는 찰나 그 물방울의 부피만큼 공기는 그 호리병 밖으로 빠져 나가게 되겠지요? 만약 열 방울의 물이 빈 호리병으로 들어간다면 어떻게 되겠습니까? 물론 그 부피만큼의 공기가 빠져 나가게 됨은 당연한 이치입니다.

마음집중과 마음 챙김의 노력을 실천하지 않는 마음은 공기로 가득한 빈 호리병같이 어리석음과 번뇌로 가득 차 있을 것입니다. 빈 호리병에 한 방울씩 물을 채우는 작업은 곧 바른 노력으로 마음 챙김과 바른 앎의 수행을 실천하는 것과 같습니다.

마음 챙김과 바른 앎을 위해서 바른 노력이 전제되므로 노력하는 마음이 더 중요합니다. 그리고 빈 병에 물을 채우려면 정확한 겨냥이 있어야만 합니다. 마찬가지로 바른 겨냥 즉 바른 노력은 이해되었지만 바른 노력이 없으면 바른 마음 챙김도 없을 것이고 또한 바른 앎도 없을 것입니다.

바른 노력이 따르면 바른 마음 챙김이 되고 바른 마음 챙김이 있으므로 바른 앎을 얻게 됩니다. 이렇게 바른 노력과 바른 마음 챙김 그리고 바른 앎이 갖춰진 수행을 실천하지 않으면 마음이 명료하게 깨어있지 못하여 혼란의 상태에 빠지게 됩니다. 이 혼란의 상태가 곧 번뇌로 찌든 어리석음입니다. 1분 동안 이 세 가지의 마음을 챙기고 있으면 그 1분 동안 마음이 청정해 질 것입니다. 한 시간 동안 그 수행자로서 정진하여 마음을 챙기면 그 한 시간 동안 마음이 청정해 질것입니다. 사물을 바르게 이해하지 못하는 흐릿한 상태에서는 마음은 번뇌로 가득 차고 부끄러움도 모르게 됩니다. 따라서 양심적인 가책도 없는 마음이 됩니다.

번뇌로 어지러워진 마음은 부정한 것을 부정한 것으로 이로운 것을 이로운 것으로 보지 못합니다. 이런 전도된 마음 상태에서 어리석음이 생겨나서 두려움이나 부끄러움도 느낄 수 없게 됩니다. 이런 어리석은 마음으로 사는 것은 마치 안개나 구름이 잔뜩 끼어 시야도 없고 활주로도 보이지 않는 상태에서 비행기를 이륙이나 착륙시키려는 것과 같습니다. 시야가 구름이나 안개로 가려진 상태에서 이착륙하려면 그 어떤 이변이 일어날지 아무도 모릅니다. 또 술을 잔뜩 마시고 곤드레가 된 상태에서 자동차를 운전하는 것과 같습니다. 술에 취하게 되면 주의력도 떨어지지만 조심성이나 두려움도 없어져 언제 어디서 자신과 남에게 피해를 줄지 아무도 모릅니다. 마음과 알아 차려야하는 대상 사이에 틈이 생기고 그 틈사이로 이런저런 생각들이 일어나게 되지요. 즉 번뇌가 일어나는 상태에서 마음을 제대로 제어하지 못하고 그때그때 일어나는 느낌과 감정대로 말하고 행동하는 마음이 들뜬 마음상태 즉 도거상태가 됩니다.

연못의 수면이 조용한 상태에서는 그 속의 작은 물고기나 물에 잠긴 연꽃도 볼 수 있지만 그 조용한 수면에 돌을 던지거나 바람이 불어 물결이 일어나면 어떻게 되겠습니까? 연못의 거친 물결이 일어나는 상태가 곧 도거와 같은 번뇌 상태입니다.

만약 여러분들이 수행 중에 챙겨야 할 대상을 바르게 알아차리지 못하면 방금 일러드린 무괴, 무참, 도거 등 세 가지의 번뇌가 끊임없이 피어날 것입니다. 여러분들이 마음을 바르게 챙기지 못하면 여섯 감각기관의 대상들 즉 보고, 듣고, 냄새 맡고, 맛보고, 닿는 감촉을 느낄 때마다 각각 다른 번뇌들이 일어날 것입니다. 그러나 마음 챙김의 노력과 집중이 갖춰진 상태에서는 결코 번뇌가 일어나지 않는다는 사실들을 여러분들도 지금쯤은 체험해 보셨을 것입니다.

수행이란 외줄을 타는 것과 같아 충분한 주의력을 기울이며 조심해서 매우 천천히 나아가야만 합니다. 외줄 위에서는 빠르게 뛰어갈 수도 없듯이 수행 역시 마찬가지로 매우 조심스럽게 충분한 주의력을 기울여 처음에는 모든 움직임을 천천히 하며 찰라간 일어나는 현상들을 놓치지 않고 알아 차려 나아가야 합니다.

헤아릴 수 없이 많은
태어남의 윤회 속에서
집을 짓는 자가 누구인지 알려고
무수히 찾아 헤매고
헤매다 찾지 못하였네.
거듭되는 태어남은
괴로움이어라!
아, 집을 짓는 자여!
마침내 그대를 찾았노라.
너 이제 다시는 집을 짓지 못하리라
모든 서까래(煩惱)는 부서졌고
대들보(執着)는 산산조각이 났도다.
내 이제 깨달음에 이르렀고
모든 갈애는 사라졌노라.

부처님의 오도송같이 우리들은 탐진치에 의해서 남겨진 쓸만한 자재들을 모아 다시 집을 짓고 또 허물면서 또 다시 새 집을 짓는 욕망으로 이끌려 생사를 거듭해 왔습니다.

무시이래 지금까지 헤아릴 수 없이 많은 집을 지어왔던 습관을 멈추고 다시 새 집을 짓지 않는 지혜를 갖추는 것이 곧 지금까지의 습관에서 벗어나는 것입니다. 새 집을 짓고 다시 낡아 허물어지면 또 새로운 습관으로 새 집을 지어왔던 것을 멈추는 작업이 곧 정진이며 그렇게 갖춰진 깨달음과 지혜는 다시 태어나는 어리석음의 원인을 만들지 않게 됩니다. 다시는 새 집을 지어 낡아지고 부서지고 허물어지는 것을 보지 않듯이 우리들도 다시는 몸을 만들어 늙고 병들고 죽는 괴로움에서 벗어날 수 있습니다. 이러한 경계를 부처님께서는 니르바나(nibbana/열반)라고 명명했습니다.

니르바나란 늙음과 병듦과 죽음과 태어남이 없는 세계, 생사윤회의 족쇄 근본이 되는 고통의 그 조건이나 원인에서 벗어난 세계, 감각적인 희로애락이 없는 지고의 세계, 생사의 탁류 속에서 높이 솟아 가장 의지할 수 있는 진리의 섬을 의미합니다. 우리들의 수행 목적도 이 열반에 이르기 위한 것입니다. 부처님 스스로 이 열반을 추구하시며 실천하셔서 성취하신 것입니다. 이와 같은 보상이 확인 되지 않았다면 부처님께서 우리들에게 「생로병사가 없는 진리의 섬을 향하여 촌음을 아껴 정진하라!」라고 그렇게 간곡하게 말씀하시지 않았을 것입니다.

> 한 낮의 뜨거운 태양 아래
> 수많은 생명체들이 괴로움으로
> 시달리고 있는 곳이 있다면
> 저 뜨거운 태양을 저버리고
> 저녁의 밝고 서늘한 달빛 아래서
> 편안하게 쉴 수 있는 곳이 있으리라.
> 마찬가지로 생로병사가 있는 윤회의 세계가 있다면
> 또 다른 생로병사가 없는
> 열반의 세계가 있을 것이다.
> 나는 그 세계를 찾아
> 오늘 이 환락의 왕궁을 떠나리라.

이와 같이 출가의 동기를 밝힌 게송을 봐도 이해할 수 있듯이 본래 부처님의 출가는 중생들을 불쌍히 여겨 중생을 구원하려고 출가한 것이 아닙니다. 윤회의 세계를 벗어나 열반의 세계를 향해 출가하셨던 것입니다.

부처님께서 열반을 성취하셔서 모든 생명체들이 수없는 태어남과 죽음을 반복한다는 사실도 깨닫게 되셨습니다.

무엇이 재생하는가?

무엇이 재생하는가?

물질적인 형태를 갖지 않은 의식은 어떻게 육체를 갖출 수 있으며 어머니의 태내에서 의식은 어떻게 존재할까요?

모든 유기체, 즉 생명체의 발생은 그 원인이나 조건이 갖춰져야 합니다. 즉 한 생명체가 생겨나 성장하는데 원인이라는 씨앗과 외부적인 조건이 갖추어져야 됩니다. 생명체는 오로지 자신의 생존 의지와 그에 적합한 인연을 갖춰야 발현이 됩니다. 마치 보리가 땅에서 자라려면 씨앗이 근원이 되어 싹트고 자랄 수 있는 흙, 물, 온도, 공기 등의 조건을 갖추어야 하는 것과 같습니다.

생명체들은 서로 다른 운명을 지니고 상이한 환경에서 태어나며 지니고 있는 성격도 다릅니다. 이러한 차이가 어디서 비롯되는가를 찾으려면 전생에 형성된 업(業)으로 거슬러 올라가야만 합니다.

새로운 생명체는 부모의 정자와 난자 그리고 식(識)이라는 업력에 의해서 생성됩니다. 두 생명체의 결합 때 업력과 더불어 하나의 원생세포인 핵이 형성됩니다.

이 업력은 임종에 임한 사람의 숨이 끊어질 때 방출되는 에너지(熱)입니다.

부모는 단지 태아의 몸을 구성하는데 필요한 육체적 요소만을 제공해 줄 뿐입니다. 죽어가는 사람은 온갖 힘을 다해서 삶에 매달리다가 죽는 순간에 업력을 방출합니다. 업력은 며칠이나 몇 년, 또 어디든지 시공에 관계없이 떠돌다가 인연이 되면 수태 준비가 된 자궁으로 전광석화처럼 진입하게 됩니다.

이 과정은 공기의 진동 작용을 통해 만들어지는 소리와 같습니다. 공기 진동은 다른 사람의 청각 기관에 부딪혀 주관적 느낌인 소리를 생겨나게 합니다. 이때 소리 감각이 옮겨간 것이 아니라 단지 공기진동이라는 에너지 이동만 일어났을 뿐입니다.

이와 같이 죽어가는 사람이 방출한 업의 에너지가 부모가 마련해준 질료에 작용하여 태아를 생성하게 됩니다. 즉 업의 에너지가 난자와 정자에 충격을 주면서 하나의 응결체인 원생세포가 생겨나는 것입니다. 이 원생세포가 어머니의 자양분으로 자라면서 살갗이 이루어지며 이윽고 단단한 뼈와 근육으로 자라게 됩니다.

단단한 뼈와 근육에서 머리카락과 손톱과 발톱이 돋아나고 어머니가 섭취하는 음식물로 성장합니다.

따라서 현재의 삶은 과거의 업력에 의해서 나타나는 것이며 미래의 삶은 현재의 업력에 의해서 나타나는 것이라고 할 수 있습니다.

이처럼 이생에서 다음 생으로 옮겨가는 것은 아무것도 없습니다. 우리들이 알고 있는 영혼이나 자아란 세세생생 한 찰나도 끊이지 않고 지속적으로 일어나고 사라지는 무수한 변화 과정일 뿐입니다.

마치 파도가 바다위에서 밀려왔다가 밀려가는 듯이 보이지만 사실 찰라의 에너지 작용으로 물은 제자리에서 오르락 내리락 할 뿐입니다. 이와 같이 윤회의 바다를 옮겨 다니는 영구적인 영혼이나 자아라는 실체는 없습니다.

단지 순간순간 삶을 향한 충동과 의도에 휘말린 물질과 비물질의 일어나고 사라지는 과정 외에는 아무것도 없습니다. 업의 에너지가 입태 되는 순간에 부모의 심리적인 상태가 태아의 품성에 영향을 주고 부모의 천성이 태아의 인격에 깊은 영향을 줍니다. 그러나 태아만이 지닌 특별한 성향은 결코 부모나 외부로부터 오는 것이 아닙니다.

존재를 생겨나게 하는 업의 에너지와 외부로부터 비롯되는 영향이나 조건들의 작용을 혼돈해서는 결코 안 됩니다. 부모에 의해서 새롭게 태어나는 존재가 부모와 상반되는 성향을 보이지는 않습니다. 이것이 바로 외부로부터 받게 되는 영향입니다.

육체를 구성하고 있는 흙의 요소, 물의 요소, 불의 요소, 바람의 요소 등이 생명력을 잃을 때는 어떻게 되겠습니까?

사체와 함께 소멸한다고 언뜻 생각할 수도 있겠지만 사실은 우주공간을 떠돌아 다니는 동일요소의 집합체와 합치되

어 버립니다. 즉 합치되는 찰라 새로운 재생이 이루어집니다. 즉 영혼이나 자아라고 믿어왔던 운동이 멈추고 다르게 보이는 운동이 새롭게 시작되는 것이 곧 재생이라고 합니다. 이들 요소는 꼭 죽은 사람의 사체일 필요도 없지만 다른 사체의 것들과 합치된다고 할 수도 없습니다. 신체는 소멸되지만 구성요소인 업의 에너지는 항상 살아있다는 것이 중요한 것입니다.

사리뿟다 존자가 코티타 비구의 물음에 일러주는 가르침을 한 번 더 챙겨봅시다.

코티타; 불교 수행으로 얻게 되는 멸정진의 선정상태에 이르게 되면 무엇이 사라지고 무엇이 남습니까?

사리뿟다; 즐거움에 대한 욕구, 악의, 혼침이나 무기력, 불
　　　안과 공포, 회의와 의심 등이 사라지고 마음 챙
　　　김, 열반으로 향하는 열의, 반조, 충만과 만족,
　　　선정만이 남게 되느니라.

코티타; 다섯 감각기관에서 일어나는 느낌을 식별하는 근
　　　원은 무엇인가?

사리뿟다; 마음(意識)이니라.

코티타; 다섯 감각은 무엇에 의해서 작용합니까?

사리뿟다; 생명력이니라.

코티타; 생명력은 무엇에 의존합니까?

사리뿟다; 에너지(熱)이니라.

코티타; 에너지(熱)는 무엇에 의존합니까?

사리뿟다; 생명력이니라. 즉 등불처럼 밝음은 불꽃에 의존
　　　하고 불꽃은 밝음에 의존하는 것같이 생명력과
　　　에너지(熱)도 상호의존 작용하는 것이니라.

코티타; 사람이 죽을 때 무엇이 육체를 떠납니까?

사리뿟다; 생명력과 에너지(熱)와 의식이니라.

코티타; 육체가 죽으면 에너지는 어떻게 됩니까?

사리뿟다; 우주의 에너지와 일체화 되느니라.

코티타; 생명력을 잃은 사체와 지각과 감정이 정지된 수행
　　　자와의 차이는 무엇이 다릅니까?

사리뿟다; 사체는 몸과 말과 마음의 형성력이 정지되면서
　　　생명력도 소멸되고 열도 식어져 감각작용도 사

라지지만 멸정진의 선정에 든 수행자는 호흡과
마음 챙김과 앎은 정지되지만 생명력과 에너지
(熱)와 감각기능은 살아있느니라.

이와 같은 가르침에서도 이해할 수 있듯이 불교에서 영
혼불멸의 이론은 부정하고 에너지 불멸의 이론은 인정했
습니다.

즉 죽은 뒤에 일체가 소멸된다는 소멸론은 과학과도 모순
되지만 에너지 불멸론은 과학적인 이론과도 일치하는 진리
입니다.

죽음이 몸의 요소, 느낌의 요소, 지각의 요소, 의도의 요
소, 의식의 요소 등 오온의 소멸임을 바르게 이해하지 못하
는 사람은 자아가 새로운 몸으로 이전하는 것이라고 믿습
니다. 새로운 오온의 생겨남이라는 재생을 바르게 이해하
지 못하는 사람은 어떤 자아가 새로운 몸을 재현한다고
믿습니다.

거듭되는 윤회가 재생이라는 사실을 바르게 이해하지 못
하는 사람은 어떤 자아가 이 세상에서 저 세상으로 옮겨 다
니며 지금의 자아는 저 세상에서 온 것이라고 믿습니다.

존재에 대해서 바르게 이해하지 못하는 사람은 자아가 영
원하고 즐거운 것이라고 생각합니다.

그리고 다시 다른 생으로 태어날 것이라고도 믿습니다.
또 자아는 원자들의 모임이거나 절대자에 의해서 태아 형성

과정을 거쳐 신체를 갖추게 하고 그 신체에 갖가지의 기능을 불어 넣는다고 생각하고 자신의 삶은 운명이나 우연의 일치라고 믿습니다.

그러나 어떤 생명체도 전생에서 이전되어 온 것이 아닙니다. 태아는 전생의 인연이나 조건이나 원인 없이 생겨날 수 없습니다.

「다음 생에 태어나는 것은 단지 인연으로 형성된 결과 내지 과실일 뿐 전생으로부터 이전된 것은 아니다. 전생의 원인 없이 태어날 수 없다.」라는 부처님의 가르침처럼 실제로 거울에 자신의 얼굴을 비춰보는 것과 성대로 메아리를 일으키는 것과 비교할 수 있을 것입니다.

거울속의 얼굴 모습이나 메아리가 얼굴과 성대로부터 비롯된 것은 사실이지만 얼굴과 성대가 옮겨간 것은 아닙니다. 재생도 마찬가지로 전생과 내생이 같은 자아라면 우유가 버터로 될 수 없는 것과 같을 것입니다.

또 전생과 내생이 완전하게 다르다면 버터는 우유에서 결코 생겨날 수 없는 것과 같은 이치일 것입니다.

즉 같은 것도 아니고 다른 것도 또한 아닙니다. 실재하는 진정한 자아는 없으며 또한 창조주나 절대자도 없습니다. 단지 일어나고 사라지는 몸과 마음에 능동적인 생멸작용과 수동적인 생멸작용이 있습니다.

삶의 원인이 되는 선악의 행위로서 업과 과보를 짓는 것이 수동적인 생멸작용인가 하면 태어나서 성장하고 늙고 썩어서 사라지는 것이 능동적인 생멸작용입니다.

「사람은 의도적으로 행동한 업의 주인이고 상속자이며 업은 그가 태어날 모태이자 친구이며 피난처이기도 하다. 따라서 업이 사람들을 높거나 낮게 그리고 거룩하거나 천박하게도 한다.

잔인하게 살생하는 자는 지옥에 떨어지거나 인간으로 다시 태어난다 해도 단명할 것이고 잔혹하게 생명체를 괴롭히는 자는 병에 시달리게 되거나 기형아 혹은 불구자로 태어나게 될 것이다.

또 남을 미워하는 자는 추악한 몰골로 태어나게 될 것이고, 질투 시기하는 자는 신망이 없는 사람으로 태어나게 될 것이고, 고집이 센 이는 비천한 사람으로 태어나게 될 것이고, 게으른 이는 무식한 사람으로 태어나게 될 것이다.」라고 경전에 설하고 있습니다.

자비심이 모자라서 살아있는 생명체를 죽이는 사람은 마음의 저변에 생명을 단축시키는 성향을 갖습니다. 심지어 다른 생명의 단명에 만족감이나 쾌락까지 느끼므로 수명이 짧은 생명력의 씨앗이 그에게 친화력을 갖게 되고 죽은 뒤에는 남의 생명을 죽이며 행복을 느끼는 이에게 친화력을 갖게 됩니다.

기형이나 불구자로 자라나는 생명의 씨앗은 남을 학대하는 일에 쾌감을 느끼는 이에게 친화력을 갖게 되고 화를 잘 내는 사람은 그 내면에 얼굴이 흉한 신체와 친화력을 가지며 그에 상응하는 씨앗이 됩니다.

그리고 질투하는 자, 인색한 자, 교만한 자 등은 남에게 베푸는 것을 아까워하고 남을 경멸하는 성향과 가난한 환경으로 이끄는 생명의 씨앗이 그에게 친화력을 갖습니다.

궁극적으로 자아란 실재하지 않지만 물질과 비물질의 지속적으로 일어나고 사라지는 운동의 저변에 잠재된 업력의 흐름 때문에 생사윤회는 끝이 없습니다.

자취 없는 삶이란?

자취 없는 삶이란?

자취를 남기고 흔적이 있는 삶의 습관은 윤회의 족쇄가 되며 재생의 조건을 만들어 냅니다. 이런 것은 모두 우리의 생활 습관에서 비롯됩니다.

그러면 어떤 것이 흔적 없는 삶의 생활습관이냐? 우리 몸의 안과 밖 그리고 마음에서 일어나고 사라지는 현상을 면밀하게 챙겨나가는 것이 자취 없는 삶의 생활습관입니다. 탐심이나 성냄 그리고 어리석음에 의해 업을 지어가는 삶은 흔적과 자취가 남는 삶이 됩니다. 이 수행법으로 열심히 정진하여 우주의 성품을 이해해서 무위법으로 자취 없고 흔적 없는 삶의 습관을 길러야 할 것입니다. 그렇지 않으면 업을 계속하여 짓게 되어 윤회의 수레바퀴에서 벗어날 수가 없습니다. 즉 업에 의한 윤회가 계속 됩니다.

우리들이 이 몸을 지니고 살아가는 동안 의식주가 필요합니다. 그렇지만 음식과 의복, 좋은 집에 대한 욕심은 최소화하는 것이 필요합니다. 의식주에 대한 필요 이상의 집착보다는 많은 시간을 몸과 마음에서 일어나고 사라지는 현상에 마음을 챙겨 나가는 것이 가장 보람 있는 삶이 될 것입니다.

어떻게 하는 것이 몸과 마음에서 일어나고 사라지는 현상에 마음을 챙기는 것일까요?

우리들의 느낌에는 즐거움을 느끼는 것과 괴로움을 느끼는 것 그리고 즐겁지도 않고 괴롭지도 않음을 느끼는 것, 뜨거움을 느끼는 것과 차가움을 느끼는 것 그리고 뜨겁지도 차갑지도 않음을 느끼는 것, 가려움을 느끼는 것 아픔을 느끼는 것, 저림을 느끼는 것 등 여러 가지 느낌들이 있지만 이런 느낌들은 절대 영원하지 않습니다.

예를 들어 아픔이나 가려움 같은 느낌도 자세히 면밀하게 마음을 챙겨 관찰해 보면 일어나고 사라지는 과정에 나타나는 한낱 현상일 뿐이지 결코 오래 지속되지 않는다는 사실을 이해하게 될 것입니다.

만약 우리들이 가려움을 느껴서 손으로 긁기 전에 「가려움, 가려움, 가려움」하고 그 느낌을 챙겨보면 그 가려운 느낌이 금세 사라진다는 사실을 알게 될 것입니다. 왜냐하면 그 가려움은 알아차리는 마음으로 바뀌게 되므로 그 가려운 느낌이 금방 사라지는 것입니다.

사실 가려운 느낌이 사라진 것이 아니라 인식하던 마음이 사라졌기 때문에 느끼지 못할 뿐입니다. 가려움은 우리들의 인식이 가려워하는 것이지 몸 자체가 가려운 것이 아니기 때문입니다. 다시 말해서 그 가려움이 사라지게 된 것은 인식의 마음이 바뀌었을 뿐이지 본래 가려움이 존재한 바가 없었습니다. 이렇게 모든 느낌이 오래 존재하는 것이 아니라 그냥 일어나고 사라지는 진행과정에 놓여있는 사실을 깨닫게 됩니다.

「느낌이 결코 나를 지배하거나 구속할 수는 없구나!」라는 사실도 깨닫게 해 줍니다. 이런 사실을 말이나 글로서 알아서는 안 되며 실제로 그 사실을 체험해 봐야 합니다.

그때 우리는 느낌이나 감정의 성품을 이해하면서 확신을 갖게 될 것입니다. 그래서 부처님의 가르침 중 한 구절이라도 우리가 사실적인 체험으로 이해된다면 다른 가르침들도 우리들이 능히 확인할 수 있다는 믿음이 생기게 됩니다.

그리고 깨달을 수 있다는 확신도 생기지요. 더 큰 기쁨과 행복 속에서 많은 부처님의 가르침들이 결코 공상이거나 관념적인 이론이 아니란 사실도 이해하게 될 것입니다.

부처님께서 먼저 실천하셔서 그 체험으로 얻은 그 유익함을 우리들에게 체계적으로 상세하게 일러주신 거룩한 자비심에 진정 고개 숙이지 않을 수 없을 것입니다.

우리들도 부처님의 가르침대로 열심히 정진한다면 생사윤회를 벗어나 열반의 경계를 성취할 수 있다는 확신을 가질 수 있습니다. 수행을 통해 믿음이 확신으로 바뀌는 것입니다.

지금까지 우리들은 물질과 느낌과 감정의 노예로 살아 왔습니다. 우리들은 지금까지 즐거운 느낌을 쫓는데 많은 힘과 시간을 소비하였습니다. 또한 괴로움을 최소화하려고 많은 힘과 정력을 낭비하였습니다. 그렇게 오랫동안 즐거움을

쫓고, 괴로움을 피하려고 노력하여 왔지만 그것은 지금까지 성취되지 않았습니다. 그리하여 그것은 결코 성취될 수 있는 존재가 아니란 점을 어렴풋이 이해되었을 것입니다.

왜냐하면 그 어떤 것도 오래 지속됨이 없으며 비록 성취되었다 하더라도 금방 다른 즐거움을 쫓아 나서게 됩니다. 만족을 불만족으로 만들어 버리는 우리들의 욕망은 잠시도 우리를 그냥 내버려두지 않기 때문입니다.

어떤 사람이 1000만 원짜리 승용차를 사려고 노력하여 마침내 자기 자가용을 마련하게 되었습니다. 그러나 얼마 지나지 않아 5000만 원짜리 다른 차를 보니 자신이 타고 다니는 차는 차도 아니라고 생각되었습니다. 그래서 다시 계획을 세워서 절약하고 노력해서 5000만 원짜리 자동차를 구입했습니다. 얼마 뒤 1억짜리 차를 구경하고 나니까 자기 차는 너무나 초라해 보였습니다. 그래서 또 다시 고생하고 노력해서 그렇게 소원하던 1억짜리의 차를 구입했습니다. 그런데 얼마 뒤 10억 짜리 자동차를 보고 또 다시 욕심이 일어나서 다시 10억짜리 차를 사려고 도전했습니다. 부지런히 노력하고 고생해서 드디어 10억짜리 차를 마련해서 타고 다니다보니 또 100억짜리 비행기를 타고 싶었습니다. 「세상에 태어나 이런 비행기라도 한번 타다 죽었으면 소원이 없겠다.」고 생각하고 다시 그 비행기를 마련하려고 수단과 방법을 가리지 않고 온갖 노력을 다했습니다.

이렇게 인간의 욕망은 무한합니다. 무한한 욕망을 쫓아 살다보면 결국 아무것도 이루지 못하고 욕망의 노예가 된 채 어느날 갑자기 죽어가게 됩니다. 만약 그 비행기를 구입한다면 얼마나 타겠습니까? 그 비행기가 낡아 허물어질 때까지 타는 것도 아닙니다. 그렇게 고생하고 노력해서 구입한 비행기를 50년을 타겠습니까? 100년을 타겠습니까? 몇해 살지 못하고 죽어 버릴 때는 무엇을 가져갈 수 있겠습니까? 지혜로운 사람이라면 욕망은 무한한 것이며 아무리 성취하고 쫓아도 끊임없이 일어나는 이 욕망을 충족할 수는 없습니다. 「차라리 무상한 것을 쫓아 추구하는 것 보다 내가 해야 할 일이 무엇인가?」라고 생각하게 될 것입니다.

우리들의 욕망을 조용히 관찰해 봅시다. 아무리 거룩한 욕망이 일어났더라도 또 다른 것에 욕망이 일어나면 금방 잊어버립니다.

돈을 벌어서 잘 살아 보려고 외국까지 가서 열심히 일하며 끊임없이 노력하던 중에 갑자기 「아버지! 어머니가 교통 사고로 돌아 가셨습니다.」라는 전화 한마디에 그 욕망은 멀리 사라지게 됩니다.

「아차! 인생은 참 허무하구나. 언제 어느 순간에 어떻게 호흡이 멈춰 죽음에 이르게 되는지 모를 일이니 더 이상 물질이나 느낌의 노예가 되어서는 안 되겠구나. 어떻게 갑작스런 죽음을 당하지 않고 적어도 내가 언제 어떻게 가야하는지를 알 수 있는 지혜를 갖출 수 있는 방법이 있다면 그 일부터 먼저 해 놓고 다음 일을 하리라.」

지혜로운 사람이라면 이와 같이 생각해서 즉시 실천하는 것이 순서일 것입니다. 그러나 세간 사람들은 어떻습니까?

「먼저 일부터 해놓고 수행은 다음에 하지!」라고 앞뒤가 뒤바뀐 전도몽상을 하지만 세간 일을 모두 마치고 죽는 사람은 인류 역사상 단 한 사람도 없습니다. 먼저 수행하며 몸의 상태와 마음의 상태와 느낌의 상태와 모든 자연현상을 이해한 뒤 그 다음에 원하는 일을 하는 것이 순리일 것입니다.

보통 사람들은 전도몽상에 빠져 먼저 할 일을 뒤로 미루고 뒤에 해도 될 일을 먼저 서두르다 아무것도 이루지 못하고 중간에서 미완성으로 끝나게 됩니다.

만약 우리들이 먼저 해야 할 일을 시작했다면 얼마나 많은 것들을 성취할 수 있었겠습니까? 정말 많은 진리를 체득하여 자신의 몸과 마음의 특성을 이해하고 또한 다른 많은 일도 성취할 수 있었을 것입니다.

어리석은 사람들은 자기 생명이나 자신에 대해서는 전혀

생각지 않고 몸 밖의 원하는 일이나 쫓으며 남의 일에만 관심을 갖고 살아갑니다.

무상한 욕망의 노예가 되어 많은 계획을 세워 놓은 채 어느 날 갑자기 죽음을 맞이하게 되니까 어디로 가는지 몰라 「아이고 아이고」하고 떠나갑니다.

그래서 또 어디로 오는지도 모르고 업연에 의해 태어나게 됩니다. 제행무상의 진리를 조금이나마 이해할 수 있는 사람이라면 몸과 마음에 집착하여 감각의 노예가 된 채 죽어가지 않을 것입니다.

감정과 느낌의 노예

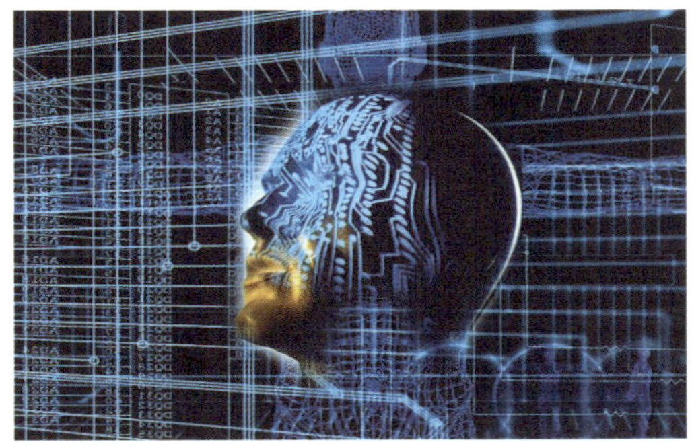

감정과 느낌의 노예

우리들은 지금까지 감정과 느낌의 노예처럼 즐거움에만 집착하여 살아왔습니다. 그러나 이 집착은 즐거움에만 국한되는 것이 아닙니다. 우리가 피하려고 하는 괴로움도 사실은 집착 때문에 생겨나는 것입니다. 즐거움에 집착하는 것은 독사의 꼬리를 잡은 것과 같아서 몸을 잡았을 때 보다는 늦겠지만 독사에게 물려 독이 몸에 퍼지는 고통을 당할 것입니다. 마찬가지로 괴로움에 집착하는 것은 독사의 몸을 잡은 것과 같아서 금방 독사가 물어 몸에 독이 퍼지는 고통을 겪게 됩니다.

이와 같은 어리석음을 일깨우기 위해서 부처님은 괴로움과 그 뿌리와 그 괴로움의 소멸과 그 소멸법을 일러주셨습니다. 우리들이 감정과 느낌의 노예상태에서 벗어나려면 부처님의 가르침에 따라 정신적인 기능을 계발하고 지혜를 쌓아 어리석음에서 벗어나는 것에 최대 역점을 두어야 할 것입니다.

명필도 처음 글씨를 배울 때는 훌륭한 글씨를 흉내 내며 시작하듯이 부처님의 거룩함을 본받아 흉내라도 내면서 해탈을 향해 한 걸음 한 걸음 정진해야 합니다.

만약 미치지 않은 사람이 미친 사람 흉내를 내며 남루한 옷차림으로 대로변에서 이리 뛰고 저리 뛰면서 히죽히죽 웃으며 이 사람에게도 덤비고 또 저 사람에게도 치근덕거리면 다른 사람들이 미친 사람으로 볼 것입니다.

이와 같이 비록 아직은 시작 단계이지만 우선 수행자들이 부처님의 거룩함을 빠뜨리지 않고 흉내를 낼 수 있다면 그가 곧 부처자리에 앉은 거나 다름없지 않겠습니까?

깨달음의 가르침이라는 불교는 부처님의 실제 가르침에서 시작되어 그 교의를 바탕으로 긴 세월 동안 교학체계가 확립되었고 수행 방법도 체계적이고 상세하게 갖춰져 왔습니다.

그러나 현재를 망각하고 미래나 과거를 더듬으며 감정과 느낌의 노예로 살아가는 우리들에게 부처님의 가르침이 지나치게 복잡한 것으로 잘못 인식되고 있습니다.

그것은 우리들의 어리석음 탓으로 여러 단계를 제쳐두고 지름길을 찾아 빨리 달려가고 싶어 하는 욕심 때문입니다.

부처님이 수행에 필수적이라고 일러준 계율을 소홀히 할 뿐만 아니라 관용이나 참을성 그리고 남을 돕는 마음 등 사회생활에 필요한 덕목마저 키우려 하지 않습니다.

최고의 정신적인 향상을 위해 필수적인 이 계율 수지와 덕목 실천은 우리들이 갖고 있는 이기적인 성향의 삼독심을 벗기는 작업이 되는 동시에 수행의 예비 조건이 됩니다.

선행의 실천을 불가에서는 공덕이라고 지칭하며 남용하여 왔습니다. 가령 선행은 저축되었다가 이자까지 덧붙여져 훗날 더 큰 보상을 받는다고 믿거나 천상의 저축쯤으로 이해하는 사람들도 있습니다.

그러나 이것은 불교의 인과법을 잘못 이해한 결과로 빚어진 것입니다. 이러한 어리석음은 오히려 공덕의 진정한 의미를 우스꽝스럽게 만드는 우를 범하고 있습니다.

깨달음이란 이 수행법으로 정진한다고 필연적으로 나타나는 것도 아니며 또 우연하게 이루어지는 것 역시 아닙니다. 이 수행법은 열반을 성취하게 하는 조건들 중 필수적인 것이긴 하지만 여기에는 깨달음과 관련된 그 밖의 많은 요인들도 얼마든지 있습니다. 말하자면 현생의 수행의 공덕도 중요하지만 업의 조건들이 소멸되고 수행이 성숙되었을 때 무상정등각의 열반에 이르게 되는 것입니다.

수행의 도와 과가 쌓이고 모여야 되는데 이것이 금생의 것만이 아니라 많은 전생에서부터 비롯되어야만 한다고 경전에 밝히고 있습니다. 과거생의 공덕이 얼마나 쌓이고 모였느냐에 따라 어떤 사람은 부처님의 한 말씀으로도 깨우쳤는가 하면, 어떤 사람은 일생을 두고 수행을 열심히 하더라도 완전한 깨달음에 이르지 못하는 경우도 있습니다.

자성 밝히는 수행이나 자기희생 같은 실천 덕목에 한 가지의 공통점이 있습니다. 그것은 실제로 존재한다고 믿어왔던 자아에 대한 환상과 이기적인 관념에서 벗어나 있다는 것입니다. 불교수행의 정상에 다다른 사람들은 항상 무아의 깨달음으로 행동합니다.

수행을 처음 시작하는 사람들 중에서도 공덕을 쌓아 자아관념의 허상에서 벗어난 사람들은 자아의 집착에서 생기는 의심이나 갈등에 얽매이지 않고 스스로 전심전력하여 부처님의 가르침을 믿고 따릅니다. 그래서 법을 가르쳐주는 대로 빠르게 깨닫게 되고 또 별로 어려움 없이 수행의 과를 거두게 됩니다. 이것이 곧 전생 공덕의 많고 적음이 수행의 과정에 미치는 영향입니다.

정신적인 향상을 가로 막으며 밝은 자성을 어둡게 하는 갈등과 의심은 삼독심에서 비롯됩니다. 우리들이 수행을 시작하기 전에 하는 삼귀의가 얼마나 중요한지 한번 되새겨봐야 할 것입니다.

삼귀의는 결코 가볍게 봐서 안 되는 아주 중요한 것으로서 어쩌면 삶의 전 궤도를 바꾸게 되는 중대한 조치라는 점을 깊이 이해해야 합니다. 그래서 보다 신중하게 숙고한 뒤

결정해야 하는 자각적인 행위입니다.

우리들의 피난처가 되는 삼귀의의 세 대상은 2,500년 전 무상정등각의 열반을 성취하신 부처님과 그의 가르침, 그리고 그의 제자들의 공동체인 승가가 곧 삼보입니다.

물론 부처님은 지금 우리들의 시대나 장소에 함께하지 않습니다. 그렇지만 부처님이 우리들의 귀의 대상이 되는 것은 직접 우리들에게 길을 제시하셨고 그 분과 같은 본성을 갖추었다는 사실 때문입니다.

승가는 그 가르침을 실천하며 현대의 우리들에게 직접적으로 전해주는 성스러운 분들의 공동체이기 때문에 귀의처가 됩니다. 이 귀의처를 찾음은 괴로움에서 벗어나기 위한 것인데 만약 이 괴로움에 대해서 잘 이해하지 못하면 귀의처를 찾음도 불가능해집니다.

즐거움이 곧 괴로움이라는 사실도 모르고 물질적으로 모자람이 없이 쾌락 속에서 살고 있는 사람들은 심연에서 꿈틀거리는 불만족을 느끼지 못하므로 귀의처가 왜 필요한지 그것마저 모를 것입니다.

그러나 불만족을 이해하는 사람들은 피난처를 구하게 되는데 그 곳은 오직 한 길 뿐입니다. 즉 괴로움에서 벗어나기 위해서 노력하는 길입니다. 궁극의 피난처는 열반이 되겠지만 실제로 정신적인 향상을 추구하는 수행법과 결실에 대한 확신이 보장될 때 완전한 피난처가 되고 귀의처가 성립되는 것입니다.

이 단계를 불가 용어로서 수다원과 혹은 예류과, 입류지, 부동지 등으로 불러지고 있습니다. 이 「흐름에 들어선 경계」라는 지혜만 갖추더라도 최소한 일곱 생 이상은 윤회하지 않는다고 부처님께서 직접 공언하셨습니다.

이 단계에 이른 사람이라면 열반의 완전한 깨달음은 불을 보듯 뻔하며, 아직 최후의 목적지까지는 몇 번인가 더 윤회의 생을 받아야 하지만 그 생은 앞으로 일곱 생을 넘을 수 없기 때문에 윤회의 끝이 일단 시야에 들어오게 됩니다.

성스러운 팔정도의 실천을 전제하는 위빠싸나는 사마타로 시작해서 서서히 절정에 달하게 됩니다.

사마타법은 마음을 모아 기복이 없고 균형이 잡혀 한결같이 고요하고 전일한 마음상태를 뜻합니다. 오직 열반이라는 한 가지의 목표를 위해 통일된 마음을 갖추는 것입니다. 이렇게 마음을 모으는 집중력이 강해지면 사물을 있는 그대로 여시여시하게 볼 수 있는 준비가 됩니다. 그때 마음 챙김에 아무런 갈등이나 의심이 없는 상태가 되는 것입니다.

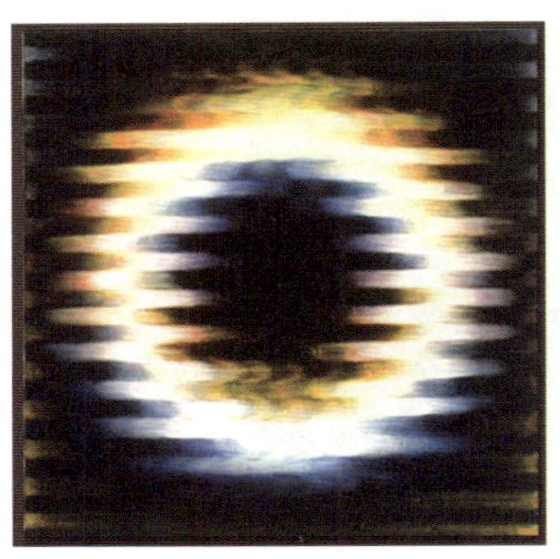

바르게 수행을 실천하는 동안 삼보가 유일한 피난처라는 사실을 확신하면서 흔들리지 않는 믿음이 자리 잡게 됩니다. 수다원과에 진입하기 전이라도 깊은 사유로서 삼보에 대한 거룩함을 이해할 수 있습니다.

그러나 지난날의 환상적인 집착과 관념의 뿌리가 너무 깊고 강하기 때문에 사유로 얻은 지혜로는 도저히 감당하지 못하고 다시 어리석음에 빠져 드는 경우가 많습니다.

특히 현대사회를 사는 우리는 마음과 몸을 청정하게 갖추지 않으면 물질과 쾌락에 오염되어 수행의 소중한 기회와 심신의 건강을 잃게 됩니다. 그러므로 현대사회를 살아가며 마음 챙김을 한다면 정신 건강은 물론 육체적인 건강까지도

232

얻을 수 있습니다. 그래서 몸과 마음의 조화로 건전한 정신과 몸이 갖춰지게 됩니다.

우리들의 질병은 실패와 불안, 공포와 스트레스에서 비롯되는 정신적인 긴장이 그 원인이라고 의학연구서에서 밝히고 있습니다. 이미 우리들은 이 수행을 실천해 오는 동안 정신적인 긴장이 어떻게 사라지는가를 체험했을 것입니다.

그래서 이 수행을 실천하면 정신적 긴장과 강박적인 신경증에서 발생되는 위장병이나 신경통 등의 질병은 자연스럽게 치료될 수 있습니다.

이 수행법으로 정진하는 가운데 모든 사고가 쉬게 되면서 호흡은 순일해 집니다. 호흡이 고요해지려면 체내의 탄산가스가 적어야 하는데 그렇게 하려면 강제로 심호흡을 하거나 많은 호흡으로 탄산가스를 많이 뱉어 내어야 합니다.

또 다른 방법은 체내에서 탄산가스의 생산량이 줄어지도록 하는 방법밖에 없습니다. 그러나 이 수행법으로 정진할 때 강제로 심호흡을 하지 않고 평상시의 호흡을 유지하면서 아랫배의 일어나고 사라지는 움직임에 마음 챙김만 해도 호흡이 순일해 집니다.

우리들의 에너지는 탄소가 산화된 뒤 탄산가스로 배출되는 과정을 통해서 생산됩니다. 즉 많은 활동은 더 많은 에너지를 필요로 하기 때문에 더 많은 탄소가 산화되어 탄산가스가 나가야 하는 것입니다. 적은 에너지만이 필요한 적은 활동은 탄소가 적게 산화되므로 탄산가스의 배출도 그만큼 적게 됩니다. 수행 중에 일어나고 사라지는 현상에 마음을 챙기고 있는 동안은 몸과 마음이 왜 고요하고 평화스러워지는가를 이제 이해하게 될 것입니다.

이제 우리 선우들은 인생 최고의 가치인 해탈을 향하여 매진해야 합니다. 여러분들이 수행으로 잃어버릴 것은 단지 여러분들을 묶고 있는 다섯 가지의 감각적인 족쇄일 뿐입니다.

나는 알고 있다

나는 알고 있다

　요즈음 일상생활 속에서 참 불자가 되자는 슬로건을 자주 접합니다. 그러나 진정한 불자의 모습은 거창한 명분을 통해서라기보다는 수행의 결과로서 드러나야 합니다. 이것이 진정한 불교의 모습입니다.

　생활 속에서 부처님의 가르침을 실천하는 길은 오직 팔정도인 중도를 따라 실천하는 것입니다.

　만약 「나는 알고 있다.」는 무지에 빠져 수행의 본질을 도외시한 채 생활불교를 실천하고 있다고 생각한다면 중대한 오류를 범하는 것입니다. 우리들의 주변에는 단지 「나는 알고 있다.」라는 무지와 자만으로 스스로 깨닫지도 못한 채 이와 같은 오류를 범하고 있는 경우가 있습니다.

　무지하고 자만에 빠진 사람일수록 알맹이가 없는 빈 껍질의 불자가 되어 「상구보리하화중생(上求菩提下化衆生)」이라는 대승불교사상의 방망이만 마구 휘두릅니다.

　우리들이 현실의 삶에서 만나는 '고통'의 특성을 바르게 이해하지도 못하면서 어떻게 불교를 생활화할 수 있겠습니까?

　괴로움은 물질적인 욕구뿐만 아니라 몸과 마음에서 비롯

되는 희망이나 기대감이 깨어졌을 때 받는 충격이나 심리적인 상실감을 포함합니다. 우리들이 갖고 있는 맹목적인 믿음들이 진리의 진실 앞에 와르르 무너져 버릴 때 우리는 현실의 실상을 이해하게 됨과 동시에 죽음을 초월하는 진리를 이해하게 됩니다. 괴로움은 잠깐도 멈추지 않고 계속 일어나고 사라지는 진행과정 속에서 잠깐도 멈추지 않습니다. 이와 같은 제행무상의 진리를 이해하게 되면서 허망하고 무상하며 즐겁지 못한 일들은 정말 어디에서 비롯되는지 의문이 일어나지 않을 수 없습니다.

신이 그렇게 한 것일까요? 내가 그렇게 한 것일까요? 결코 신이 원해서, 내가 원해서 그렇게 진행시키지 않았을 것입니다. 그것은 나의 영역 밖에서 일어나는 업의 진리에 의한 것입니다.

그러면 나는 존재하는가?

여기서 한 번 더 깊이 사유해보면 순간순간 변화하는 나를 발견할 수 있을지언정 고정불변한 실체적 나는 발견되지 않습니다. 여기서 우리들은 있는 그대로의 진리 곧 제법무아의 진리가 무엇인가를 확실하게 이해하게 됩니다.

내가 어떤 일에 몰두해서 나를 의식하지 못할 때의 현상을 무아라고는 하지 않습니다. 그것은 자기의 육체에 대한 망각입니다. 무아를 깨닫는다는 것은 주체적인 존재가 없음을 체험으로 바르게 이해했다는 의미입니다. 나라고 지칭할 만한 개체가 실재하지 않는다는 사실을 바르게 이해했다는 것입니다.

이렇게 되면 우리들은 정신적으로 큰 진전을 이루게 됩니다. 지금까지 우리들은 잘못된 자아관념 때문에 윤회의 고통 속에서 시달려왔고 탐진치의 속박에서 벗어나지를 못했습니다. 그러나 이제 무아의 진리를 깨닫고 보니 자아에 대한 고정적인 관념들이 완전하게 무너져 버렸습니다. 이제 더 이상 태어나야 할 원인이나 더 이상 환상이나 착각 속에 머무를 필요가 없어졌습니다. '나' 라는 존재에 대한 강박관념과 「나는 영원하다.」라는 고정 관념에서 벗어나 단지 물질과 비물질의 결합체로 나를 바르게 이해하게 될 것입니다. 내가 영원할 것이라고 믿었던 사실을 바르게 깨달았을 때 우리들은 모든 얽매임에서 벗어나 다시 태어나지 않는 대자유를 누리게 됩니다.

자아 관념에서 완전하게 벗어났을 때 물질적인 소유에서도 벗어나게 됩니다. 어떤 부분을 잡아서 나의 자아, 나, 나의 것이라고 하겠습니까? 모든 물질은 계속 일어나고 사라지는 진행 속에서 계속 변화되고 있습니다.

그럼에도 불구하고 물질에 대한 잘못된 착각과 집착들이 우리들을 많은 불안과 공포, 슬픔과 고통, 끊임없는 불만족 속으로 몰아넣었습니다. 지금까지 우리들은 이렇게 물질들을 이고, 지고, 업고, 붙들고 하나라도 자기로부터 잃어 버릴까봐 근심과 걱정 속에 갇혀서 살아왔습니다.

이렇게 얽힌 그물 속에서 벗어나 모든 것을 놓아 버렸을

때의 자유를 한번 상상해 보십시오. 이것이 진정한 자유, 평화, 열반입니다. 보통 해탈이라고 하면 내가 영원히 죽지 않는 상태라고 잘못 알고 있지만 불교에서의 열반이라고 하는 해탈은 잘못된 관념에서 벗어나 고통의 원인이 되는 나고 죽는 조건이나 업에서 자유로워지는 것을 말합니다.

생멸의 진행을 챙겨보면 나라고 하는 주체나 개체가 전혀 실재하지 않습니다. 그러면 여기 나라는 존재는 무엇일까요? 그것은 단지 조건에 의해서 원인과 결과만이 일어나고 사라지는 진행현상[生滅]일 뿐입니다.

한 시간만이라도 알뜰하게 마음을 챙겨보면 그 마음도 일어나고 사라지는 현상에서 한 치도 어긋나지 않음을 알 수 있습니다. 진심(嗔心)이 일어났다가 사라지고, 즐거움이 바뀌어서 일어났다가 사라지면서 망상(妄想)으로 바뀌기도 합니다. 한 시간 동안 수없이 바뀌는 그 마음을 어느 누가 「내 것, 나, 나의 자아」라고 할 수 있겠습니까?

고정된 마음이 이리저리 자리를 바꾸는 것이 아니라 슬픔의 조건이 사라지면 그 슬픔도 사라집니다. 그리고 새로운 조건에 의해서 새로운 마음이 일어나고 또 다른 조건에 의해서 다른 마음이 일어납니다. 슬픔이나 기쁨은 조건에 의해서 바뀝니다. 우리들의 마음이 슬프다가 즐거움으로 바뀌는 경우가 있습니다. 그것은 우리들의 마음이 슬픈 마음에서 기뻐하는 마음으로 바뀌는 것이 아닙니다. 단지 슬픔의 조건이 사라져 그 슬픔은 완전하게 사라지고 새로운 기쁜 조건이 일어나기 때문에 기쁨을 느낍니다.

우리들이 「일어남-사라짐」하고 염송할 때 「일어남」하는 마음과 「사라짐」하는 마음 역시 각각 새롭게 나타나고 새롭게 사라지는 독립된 것입니다. 「일어남」하는 마음과 「사라짐」하는 마음은 같은 마음이 바뀌어서 나타나는 것이 아니라 각각 다른 마음이 조건에 의해서 일어났다가 사라지고, 또 다른 조건에 의해서 다른 마음이 일어났다 사라지는 것입니다. 일어남의 마음이 사라졌을 때 곧 사라짐의 마음이 일어나지 않는가 하면, 사라짐의 마음 역시 사라졌을 때 일어남의 마음이 금방 일어나지 않는 경우가 있습니다.

몸에서 일어나고 사라지는 현상의 하나하나에 마음을 챙겨서 생활해야 합니다. 이와 같이 오감으로 느끼고 인지하는 모든 것도 마음으로 챙기지 않으면 안 됩니다.

우리들이 음식을 먹을 때에 인지되는 맛도 바르게 마음을 챙겨보면 잠시 일어나고 사라지는 현상일 뿐입니다. 혀끝에 느껴지는 맛에 「맛, 맛, 맛」이라고 염송하면서 알아차리면 맛 때문에 일어나는 「싫다, 좋다.」라는 분별의식이 일어나지 않습니다. 그래서 우리들의 마음을 맛이 끌고 가지 않으며 우리들이 맛에 얽매이지 않게 됩니다. 마찬가지로 소리도 노래를 듣게 되면「저 노래는 누가 불렀는데, 그 가수가 멋이 있다, 없다. 좋다, 싫다. 인기가 있다, 없다. 언제 불렀는데, 가사가 좋다, 나쁘다.」라는 생각들로 빠지게 됩니다.

이때의 마음은 현재의 순간순간에 깨어있는 마음이 아니라 과거의 순간순간으로 되돌려진 마음입니다. 즉 현재의 삶은 까마득히 망각한 채 과거의 삶에 묻혀있는 현상입니다.

이렇게 과거의 기억에 빠져있는 삶은 현재의 우리들에게 어떤 유익함을 갖고 오겠습니까? 결국 과거의 삶에 묶인 채 현재의 삶을 놓치는 결과가 됩니다. 그러나 수행자는 이때「소리, 소리, 소리」또는「소리 들림, 소리 들림, 소리 들림」이라고 염송하면서 현재 소리의 진행과정에 마음을 챙겨야 합니다. 이것이 현재를 사는 방법입니다.

이렇게 마음을 챙겨서 알아차리는 마음은 현재의 삶에 머물러 있는 상태가 됩니다. 그래서 소리가 우리들을 더 이상 과거나 미래로 끌고 가지 못합니다. 즉 우리들이 더 이상 소리의 영향력에 얽매이지 않고 바르게 현재의 깨어있는 삶을 살게 되는 것입니다.

눈에 보이는 사물을 비롯해서 손에 닿는 물건들과 냄새들도 우리들에게 이루 헤아릴 수 없이 많은 생각들을 일으키게 합니다. 그러나 아무리 많은 느낌일지라도 느낌을 관찰하면서 생각을 차단시키면 마음은 더 이상 방황하거나 진행되지 않습니다. 이와 같이 우리들의 눈, 코, 귀, 혀, 몸 등에서 일어나는 모든 느낌들에 대해서 바르게 다스릴 줄 알게 됩니다. 즉 의식까지 포함해서 여섯 감각의 문을 열고 닫을 줄 알아야 됩니다.

이때 여섯 감각기관을 비롯해서 그 대상들에 더 이상 노예가 되지 않는 동시에 그 육문(六門)도 다스리고 그 대상들도 모두 다스리게 됩니다. 다시 말해서 육근이 청정해지고 육경에 주인의식을 갖추게 되면 자연히 사대도 강건해집니다.

육근이 청정해지고 사대가 강건하게 되려면 쉼 없는 마음 챙김을 모든 육문과 그 대상에 마음을 모아야 합니다. 그리고 또한 수행의 기본 당처인 아랫배의 일어나고 사라지는 움직임에 대한 현상 관찰도 매우 중요합니다.

숨을 들이 쉴 때 배가 불러 옵니다. 이때 「일어남」이라고 염송해야 되는데 그것을 놓치면 착각이 일어날 수도 있습니다. 숨을 들이 쉴 때 바람의 작용에 의해서 배가 일어나고 바람의 본질에 의해서 배가 팽창하게 됩니다. 바람의 특성은 배가 일어나 사라지는 과정을 통해 나타나게 됩니다.

숨을 내어 쉴 때 배는 꺼지는데 「사라짐」이라고 염송합니다. 이것은 바람의 작용에 의한 것입니다. 그리고 바람의 본질은 수축 현상이고 그 특성은 운동 작용이 되는 생멸 현상입니다.

제 26 일

어떻게 숨 쉴 것인가?

어떻게 숨 쉴 것인가?

우주만물이 끊임없이 일어나고 사라지는 생멸 운동은 우리들의 안과 밖에서도 진행되고 있는 현상입니다. 또한 우리들이 인식하거나 인식하지 않거나 살아있는 동안은 계속되는 운동 작용입니다.

우리들이 순간순간에 일어나고 사라지는 이 운동 작용을 바르게 마음을 챙겨서 인식할 때 그것은 자연적인 현상임을 빠르게 이해하게 됩니다. 자연적인 현상임을 바르게 이해하게 되면 모든 것이 일어나고 사라지는 법칙에 지배됨을 알 수 있습니다. 그것은 우리들이 자유롭게 지배할 수 있거나 인위적으로 컨트롤 할 수 없는 자연의 법이며 진리입니다.

만약 호흡을 자연스럽게 하지 않고 인위적으로 진행하다 보면 그 호흡에 따르는 몸의 반응은 결코 자연스러울 수가 없습니다. 호흡을 인위적으로 하거나 의념으로 하면 반드시 부작용이 일어나게 됩니다.

자연스런 호흡은 바로 불규칙적인 호흡이며 불규칙이 곧 자연입니다. 왜냐하면 이 몸에서 받아들이는 바람의 양이 불규칙적이기 때문입니다. 어떤 때는 깊은 호흡으로 바람을

244

많이 들이 마시고 어떤 때는 짧은 호흡으로 바람을 적게 들이 마시기도 합니다. 또 어떤 때는 아주 깊은 심호흡으로 많은 바람을 들이마셔서 많은 바람을 나오게 하기도 하고 어떤 때는 아주 작은 호흡으로 약간의 바람만 들이마시기도 합니다. 즉 이 몸이 필요한 만큼의 바람만 받아들이고 내어 보내는 것이 진정한 자연의 이치입니다.

그래서 몸이 원하는 대로 자연스런 호흡을 하지 않고 의도적으로 어떤 규칙이나 방법을 정해서 호흡을 하게 되면 몸에는 금방 부조화가 따르게 됩니다. 자연의 현상을 바르게 이해하려면 자연스런 호흡으로 우주의 진리를 바르게 파악해야 합니다. 이것이 호흡을 통해 견청정의 경지에 이르는 방법입니다.

견청정이란 몸에서 일어나고 사라지는 현상과 그 진행 과정을 바르게 이해하는 것입니다. 그래서 몸은 영원하지 않다는 것을 바르게 알고 마음도 영원하지 않다는 것을 바르게 이해할 때 나의 것, 너의 것, 영원하다고 믿어왔던 오염된 마음이나 잘못된 마음을 더 이상 갖지 않게 됩니다. 이런 경계를 우리들은 청정해진다고 합니다. 이렇게 일어나고 사라지는 현상을 관찰하기 위해서 필요한 조건들이 있습니다.

첫째 바르게 노력하는 마음입니다. 이것은 우리들의 몸과 마음에서 일어나고 사라지는 현상을 하나라도 놓치지 않고 모두 알아차리려는 노력을 말합니다. 이와 같은 노력이 갖춰지면 졸림이나 망상도 일어나지 않습니다.

열심히 일어나고 사라지는 현상에 마음을 챙기고 있노라면 절대 몽롱함이나 졸림이 오지 않습니다. 그러나 노력하는 힘이 부족하게 되면 마음이 예리하지 못하게 되므로 자연히 마음은 몽롱해지고 금방 졸림의 현상이 일어나게 됩니다.

졸고 있는 상태에서는 어떤 현상이 진행되고 있는지 모르게 됩니다. 이 졸림이란 의식기능이 사라지고 성성하지 못하게 되는 현상입니다. 노력하는 마음이 느슨해지면 그 만큼 신경도 이완되면서 몸이 편안하게 되니까 몸의 균형이 깨져 버립니다. 그래서 졸릴 때는 자연히 몸이 흔들리게 되는데 이것은 몸의 균형을 바치고 있는 바람의 작용이 균형을 잃었기 때문입니다.

만약 바람의 작용이 지나치게 강하거나 지나치게 약해서 균형이 깨어지면 중심을 잃게 되어 흔들리거나 넘어지게 됩니다. 그러나 우리들이 반듯하게 앉아 있는 이것은 알맞은 바람의 균형 작용에 의한 것입니다.

수행 중에 졸릴 때

「졸림, 졸림, 졸림……」이라고 염송하며 졸림이 오고 있는 현상을 빨리 알아차리면 졸림은 금방 사라집니다. 이런 졸림의 상태에서 그 졸림에 마음을 챙겨서 졸음을 사라지게 할 수 있다는 것은 오직 이 수행법만의 장점입니다.

가벼움 졸림은 몇 번만 염송하면서 알아차리면 쉽게 사라지고 심한 상태의 졸림이라도 쉬지 않고 계속 염송하며 마음을 챙기면 어렵지 않게 사라집니다.

노력하는 정도에 따라 다르겠지만 졸림이 조금 심하다고 하더라도 계속 마음을 강하게 챙겨나가면 그 졸림은 사라집니다.

즉 「졸림, 졸림, 졸림……」이라고 염송하며 그 졸림의 현상과 육체적인 눈의 상태를 느끼는 듯이 관찰하면 졸림은 확실하게 사라지지만 노력의 정도에 따라 1분, 5분, 10분, 30분에서 1시간까지 오래 걸릴 수도 있습니다.

이와 같이 졸림의 현상이 일어날 때는 즉시 「졸림, 졸림, 졸림……」이라고 염송하며 졸림에 마음을 챙겨야 합니다.

성나는 마음이 일어날 때는 즉시 「화남, 화남, 화남 또는 진심, 진심, 진심……」이라고 염송하며 성냄에 마음을 챙겨야 합니다. 생각이 일어날 때는 즉시 「생각, 생각, 생각 또는 망상, 망상, 망상……」이라고 염송하며 망상에 마음을 챙겨야 합니다.

슬픈 마음이 일어날 때는 즉시 「슬픔, 슬픔, 슬픔……」이라고 염송하며 슬픔에 마음을 챙겨야 합니다.

가려운 느낌이 일어날 때는 즉시 「가려움, 가려움, 가려움……」이라고 염송하며 가려움에 마음을 챙겨야 합니다.

통증이 일어날 때는 즉시 「아픔, 아픔, 아픔……」이라고 염송하며 아픔에 마음을 챙겨야 합니다.

또 다리에 저림의 현상이 일어날 때는 즉시 「저림, 저림, 저림……」이라고 염송하며 저림에 마음을 챙겨야 합니다.

아랫배의 움직임을 제외하고는 그 어떤 현상이 일어나더라도 그 현상에 마음을 챙겨 그 현상들은 바르게 이해하게 되면 분명히 전부 사라지게 됩니다. 만약 어떤 수행자가 정진 중에 아픔이 일어나 「아픔, 아픔, 아픔……」이라고 염송하며 마음을 챙겨서 그 아픔이 사라지는 것을 체험할 수 있습니다.

그는 아픔이란 한낱 일어나고 사라지는 현상이라는 것을 아는 지혜와 아픔도 면밀하게 마음을 챙기는 과정에서 사라진다는 경험을 깨닫게 됩니다. 그래서 이후 그 수행자는 아픔에 대한 두려움이나 불안감에서도 벗어나게 됩니다. 또 아픔에 대해서 자신이 스스로 다스려 극복한 경험이 있기에 아픔이란 스스로 다스릴 수 있는 존재라는 것도 이해하게 됩니다.

이와 같이 졸림이나 망상이나 저림이나 슬픔이나 가려움이나 그 어떤 현상도 일어나는 찰라에 그 느낌을 염송하며 마음을 챙기면 그 현상은 사라집니다. 그 때 그 현상이 사라지면 즉시 그 마음 챙김은 아랫배의 움직임으로 옮겨서 일어나고 사라지는 현상 관찰을 계속해야만 합니다.

그러나 우리들에게 망상이 일어났을 때 즉시 「망상, 망상, 망상……」이라고 염송하며 마음을 챙기지 않고 그 망상이 일어난 것마저 모를 때에 망상 속에 빠져 있게 됩니다.

또 아픔이 일어나자마자 「아픔, 아픔, 아픔……」이라고 마음을 챙길 때 그 아픔은 사라지게 되면서 동시에 아랫배의 움직임으로 돌아와야 합니다. 그때 만약 아랫배로 즉시 옮겨오지 않으면 안 됩니다. 그러지 않으면 금방 아랫배의 움직임은 몽롱하게 되면서 망상이 일어나기 때문입니다. 이것은 마치 기와가 잘못 덮여져 틈이 생긴 지붕과 같아서 비가 조금만 내려도 빗물이 뚝뚝 떨어지는 현상과 같습니다.

그러나 일어나고 사라지는 마음 챙김이 면밀하게 잘 챙겨진다면 모든 번뇌나 망상이 일어나지 않을 것입니다. 이것은 마치 기와가 잘 정돈되어져 있는 지붕과 같아서 아무리 많은 비가 내려도 결코 빗물이 새지 않는 것과 같은 현상입니다.

가려움이 일어날 때 즉시 「가려움, 가려움, 가려움……」이라고 마음을 챙기면 그 가려움은 사라집니다. 만약 우리들의 집중력이 예리할 때는 가려움이 일어나자 그 느낌을 염송하려는 찰라에 즉시 사라져 버립니다. 그때 다른 생각을 하지 않고 즉시 마음 챙김의 기본 당처인 아랫배의 현상 관찰로 옮겨야 합니다.

졸림이 일어날 때 「졸림, 졸림, 졸림……」이라고 염송하

다 그 졸림이 사라지면 아랫배의 일어나고 사라지는 움직임
에 마음 챙김을 옮겨서 계속해야 합니다. 슬픔이 일어날 때
「슬픔, 슬픔, 슬픔……」이라고 염송하다 그 슬픔이 사라지
면 아랫배의 일어나고 사라지는 움직임에 마음 챙김을 옮겨
서 계속해야 합니다.

　이와 같이 모든 느낌이나 감정의 현상에 마음을 챙기다
그 현상이 사라지면 즉시 아랫배의 움직임으로 돌아와 「일
어남-사라짐, 일어남-사라짐, 일어남-사라짐……」이라고 염
송하며 마음을 챙겨야 합니다.

　이때 우리들은 그 어떤 느낌이나 감정도 잠깐 일어났다
사라지는 현상임을 바르게 이해하게 되는 것입니다. 즉 느
낌이나 감정에 더 이상 얽매이지 않게 되면서 지금까지 그
들의 노예나 종과 같은 속박에서 해방되게 됩니다. 즉 그 어
떤 감정이나 느낌의 노예가 더 이상 되지 않는다는 뜻입니
다. 이 마음 챙김은 이성적인 힘을 강화해서 감정을 제어할
수 있는 능력과 지혜를 향상시키는 결과를 가져옵니다.

시공을 초월한 수행법

시공을 초월한 수행법

남녀노소를 막론하고 자신의 이성이 감정에 휘둘리거나 억압받고 지배당하면 어떻게 되겠습니까? 바로 감정의 노예가 됩니다. 감정이 전혀 없는 돌과 같아서도 안 되지만 너무 지나치게 고삐 풀린 망아지같이 날뛰는 열정도 문제가 됩니다.

우리들이 살아있다는 것은 감성에서 비롯된 반사 작용에 의해 다양하게 활동함을 말합니다. 감성에서 비롯되는 몸의 반사작용은 슬픈 마음이 일어날 때는 눈물이 나오게 하고 즐거운 마음이 일어날 때는 미소나 웃음이 나오게 합니다.

상황에 맞지 않게 웃거나 우는 것이 지나치면 비정상적인 사람이라고 하거나 미쳤다고 합니다. 즉 현실에 대한 상황 판단이 잘못된 몸의 반사작용이 표출되는 것입니다.

그러나 일어나고 사라지는 현상에 마음을 챙기며 적절하게 상황을 이해하고 감정을 다스리게 되면 그는 곧 감정에서 벗어나 참 자유인이 됩니다. 아랫배의 움직임에 일어나고 사라지는 현상을 중점적으로 챙겨나가는 동안 또 다른 생멸의 현상들을 이해하게 됩니다.

감정과 이성이 서로 견제하며 균형을 갖춰 조화를 이루어야 깨달은 이의 바른 삶이 됩니다. 즉 고삐 풀린 망아지에게 고삐를 다시 메어 잘 길들이는 것이 이 수행의 목적입니다.

우리들이 아랫배의 일어나고 사라지는 움직임을 중심으로 여러 다른 생멸의 현상들을 하나라도 빠트리지 않고 계속 마음을 챙기면 어떤 상황의 감정이나 느낌에도 얽매이지 않고 항상 중도적인 입지를 지키게 됩니다. 그 어떤 상황이나 조건에도 얽매이거나 빠져들지 않으므로 나고 죽는 상황에서도 중도적인 입지로 견지할 수 있다는 것입니다.

태어남에 대한 기쁨은 즉, 태어남에 대한 집착을 갖게 되는 원인이 되고 또 그 집착은 죽음을 초래하는 결과를 낳습니다. 무엇이든 태어났으면 죽게 마련이고, 무엇이든 조건에 의해서 일어났으면 사라지게 됩니다. 즉, 무엇이든 인연에 의해서 생겨났으면 반드시 소멸되게 마련입니다. 이런 사실은 객관적으로 이해되는 것도 아니고 남에게 귀동냥해서 이해되는 것도 아닙니다. 이것은 오직 자신의 체험으로서 얻어지는 주관적인 체험이며 깨달음입니다.

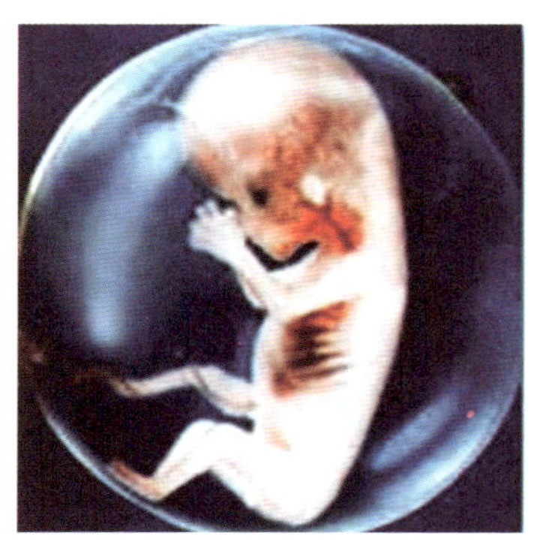

이 수행법은 어떤 환경에서라도 바르게 실천하고 이해하면 깨닫게 되므로 결코 장소나 시간에 구애되지 않습니다. 그래서 학생들이나 비즈니스맨들을 비롯해서 운동선수나

예술가들에게 더 능률적이라는 것을 쉽게 이해할 수 있습니다. 특히 화를 쉽게 잘 내는 사람들은 수행의 초기부터 자신의 감정을 조절할 수 있는 힘을 기르게 합니다.

부처님이 계실 때나 지금이나 모든 사람들이 여섯 감각기관과 네 가지의 물질적인 요소와 네 가지의 정신적인 현상으로 이루어진 모습은 조금도 다르지 않습니다.

이 수행법은 우리들이 갖고 있는 몸과 마음의 구조와 기능에 대해서 바르게 깨닫게 해주는 것으로 시공을 초월한 수행법입니다. 이 수행법을 만난 인연을 다행으로 생각하고 우리들에게 주어진 제한된 삶의 시간을 조금이라도 낭비해서는 안 될 것입니다. 제행무상이라는 말처럼 이미 흘러간 시간은 다시 우리들에게 돌아오지 않습니다. 우리들은 다음을 기약할 수 없으며 내일을 기대할 수 없습니다.

우리들이 모르고 있는 전생 숙업이 언제 우리들을 어디로 휩쓸어 갈는지 아무도 예측할 수 없습니다. 거룩한 법을 만난 이 순간을 가장 훌륭하고 다시없는 기회로 생각하고 잠시도 쉬거나 멈추지 말고 정진해야 합니다.

우리들의 마음은 먼 곳이나 가까운 곳, 언제라도 어디든지 갈수 있지만 몸은 마음을 따라갈 수 없습니다. 즉 몸이 있는 곳에 마음은 함께 할 수 있지만 마음이 있는 곳에 몸은 함께 할 수 없습니다. 현재의 몸에 마음을 함께한다는 것은 몸과 마음이 분리되지 않고 조화를 이루며 항상 현재에 머물러 깨어있다는 의미입니다.

불교의 생활화에 바탕이 되는 팔정도 즉, 중도의 실천은 수행자의 일상생활이며 사람으로서 가장 보람되는 삶입니다.

이 수행법의 네 가지의 수행 대상인 몸·느낌·마음·법 중 몸의 현상을 관찰하려면 걸을 때 자신이 걷는 움직임을 보아야 합니다. 보통의 걸음걸이로 걸을 때「왼발-앞으로, 오른발-앞으로……」라고 마음을 챙기며 걷지만 바쁘게 걸을 때는「왼발, 오른발, 왼발……」하고 마음을 챙겨 걷습니다.

또 천천히 걸을 때는「왼발-들어-앞으로-내려-놓음, 오른발-들어-앞으로-내려-놓음……」라고 걸으며 마음을 챙기고 빠르게 뛰어갈 때는「좌, 우, 좌……」라고 뛰면서 마음을 챙겨야 합니다. 걷거나 뛸 때 발의 하나하나 움직임에 마음을 밀착시켜서 미세하게 마음을 챙기고 앉을 때는 앉는 몸의 하나하나 움직임에 마음을 챙겨야 합니다. 일어설 때는 일어서는 몸의 움직임에 마음을 챙기고 팔을 들 때나 팔을 내릴 때 또는 팔을 펴거나 구부릴 때에는 그 몸의 움직임에 마

음을 챙겨서 관찰해야 합니다. 또 식사를 할 때는 몸의 움직임과 입을 비롯해서 혀 끝에 음식이 닿는 부분까지 마음을 챙겨서 관찰해야 합니다.

또한 공공장소나 화장실이나 언제 어디서라도 몸이

있는 곳에 항상 마음을 함께 할 수 있다면 그는 진정 현재에 머물며 깨어있는 사람으로서 지극히 고요하고 평화롭고 행복하게 될 것입니다. 이때 여섯 감각기관의 대상들에 묶여서 끌려 다니던 노예 신세를 벗어나 여섯 감각기관과 그 대상들을 다스리는 참 주인이 될 것입니다.

이와 같이 몸의 현상에 마음을 챙기는 것이 매우 중요한 일입니다. 특히 네 가지 수행 대상 중 몸이 중요한 것은 몸의 기관은 매우 다양하며 '나' 라는 자아의식의 바탕이 되기 때문입니다.

다음으로 살펴보아야 할 느낌의 현상들은 차거나 뜨거운 것, 부드러운 것이나 딱딱한 것, 그리고 다리의 아픔이나 저림 같은 것 등입니다. 즐거운 것이나 즐겁지 않은 것이나 즐겁지도 괴롭지도 않은 불고불락의 느낌 등 그 어떤 느낌을 막론하고 모든 현상에 마음을 챙기면 느낌 때문에 일어나는 모든 번뇌 망상을 다스릴 수 있으며 또 분별심도 일어나지 않게 됩니다. 그래서 느낌의 대상들이 더 이상 우리들을 오염시키지 않아 우리들은 진정한 평화와 적정을 즐길 수 있게 됩니다.

세 번째 관찰대상은 마음입니다. 마음이 만들어내는 환상, 망상, 슬픈 생각, 즐거운 생각, 억울함, 분함 등을 깨어 있는 마음으로 관찰해야 합니다. 그렇게 되면 그 생각들은 우리들을 더 이상 좌우하지 못하게 되어 우리들은 항상 편안하고 자비로운 상태에서 머물게 됩니다.

　마지막으로 몸 밖에서 일어나고 사라지는 경계들을 일컫는 법에는 우리들이 보는 경계들이나 듣는 대상들을 의미합니다. 그들에 대해서 역시 마음을 바르게 챙기게 되면 그들이 우리들을 더 이상 끌어당기지 못합니다. 만약 그 경계를 우리가 다스리지 못하면 우리들이 그 경계에 의해서 묶이게 되고 그 경계의 지배를 받게 되어 그 경계의 노예가 되는 것입니다. 또 찰라간 일어나고 사라지는 현재의 일들은 까맣게 잊고 몸 밖의 어떤 경계에 집착해서 그것을 붙들려고 하거나 놓으려고 발버둥치는 어리석음을 경계해야 합니다. 이 어리석음이 생사윤회의 뿌리가 되고 족쇄가 되는 것입니다.

　이 어리석음은 현재의 일을 제쳐놓고 오감에서 일어나는 현상들을 다스리지 못해서 생기며 이것에 끌려 다니는 동안 어리석음은 점점 자라게 됩니다. 지난번에도 설명했지만 눈, 코, 귀, 혀, 몸의 대상들이 일어나면 즉시 마음을 챙겨 알아차려야 그 대상을 다스리게 될 것입니다.

　소리가 들릴 때 「소리, 소리, 소리……」라고 염송하면서 바르게 마음을 챙기며 알아차리면 그 소리 때문에 일어나는 집착심이나 혐오감에서 벗어나게 됩니다. 그러나 마음 챙김이 없으면 혐오감과 성내는 마음 또는 집착과 욕심이 일어나게 됩니다.

귀에 들리는 소리뿐만 아니라 눈에 비춰지는 영상, 혀에 느껴지는 맛, 코에 느껴지는 냄새, 몸에 접촉되어 느껴지는 사물, 마음에 비춰지는 생각 등 여섯 가지의 대상들을 법 또는 진리라고 합니다. 이 여섯 가지 경계가 이 수행법의 네 가지 수행대상 중 법(法)에 해당됩니다. 이와 같은 육경에 낱낱이 마음을 모아 챙기면서 그들을 다스리며 지배할 때 노예 신세에서 벗어난 참 자유인 되는 것입니다. 이렇게 참 자유인이 되는 것은 이론이나 귀동냥으로 되는 것이 아니라 바른 수행법으로 실천해야만 성취될 수 있는 것입니다.

이 수행법 이외의 다른 수행법은 일시적으로 마음을 고요하고 평화롭게 해줄 수는 있지만 실질적으로 참 진리와 법의 근원을 충분히 깨닫기가 불가능합니다. 즉 몸, 느낌, 마음, 법 등 이 네 가지를 수행대상으로 정진하지 않으면 우리들이 원하는 열반의 깨달음을 성취할 수 없다는 뜻입니다.

우리들의 수행법은 언제 어디서라도 일어나고 사라지는, 호흡이 멎을 때까지 실천되어야 하는 아주 중요한 일입니다. 이렇게 마음을 챙기는 생활을 지속하면 호흡이 멎는 순간도 미리 알게 되고 또 그 진행과정도 분명하게 이해하게 될 것입니다.

간단없는 마음 챙김으로 그때그때의 현상을 잘 알아차리는 사람은 문 밖으로 나갈 때 「나는 지금 문 앞에 이르러 문을 열고 문 밖으로 나간다.」라는 상황을 분명하게 파악하며 행동하게 됩니다.

생사의 분기점

생사의 분기점

우리들이 다음 생을 결정하는 찰나는 바로 한 호흡의 순간입니다. 임종 때 마지막 호흡은 내어쉬게 되고 태어날 때 첫 호흡은 들이쉬게 됩니다. 생과 사의 분기점은 한 호흡의 순간이기 때문에 마지막 호흡이 멎기 바로 직전에 진행되는 정신적인 상태의 에너지가 다음 생을 결정짓습니다.

한때 부처님이 기원정사에 계실 때 파세나디 왕의 부인이 되는 말리카 왕비는 부처님을 위해서 지극한 신심으로 항상 공양을 올렸습니다.

아침에는 「부처님의 사시공양은 무엇을 어떻게 해 드릴까?」 오후에는 「무엇을 시원하게 마실 수 있도록 해 드릴까?」 그 일이 끝나면 「내일 아침엔 무엇으로 부드럽고 맛있게 해 드릴까?」라고 항상 부처님께 공양 올리는 신심으로 살았습니다.

무수한 공양보시와 많은 선행을 실천하던 말리카 왕비에게는 남편인 파세나디 왕을 속였던 한 가지의 일이 평상시에도 띄엄띄엄 양심의 가책을 느끼며 그 기억이 되살아나곤 했습니다.

그것은 옛날 목욕탕에서 애완견과 함께 목욕하다가 파세나디 왕에게 발각되어 순간적인 기지로 부끄러움을 속여서 넘긴 잘못 때문이었습니다.

그러던 그녀가 임종을 맞이했을 때 자신이 실천해 왔던 착한 일들은 전혀 기억되지 않고 오직 남편을 속였던 그 일만이 생생하게 기억되어 마침내 그녀는 지옥으로 가게 되었습니다.

그와 같은 사실을 전혀 모르는 파세나디 왕은 말리카 왕비가 죽은 삼일 째 되던 날 오후 왕비를 잃은 쓸쓸함으로 정원 숲을 거닐다가 「왕비는 참으로 나의 훌륭한 반려자로서 나보다 더 부처님을 위하며 선근공덕을 키웠기에 어떤 좋은 세상에 다시 태어났을까?」라는 상상에 잠겼습니다.

이어서 「기원정사에 계시는 부처님을 직접 찾아뵙고 왕비가 어디에 태어났는지를 물어봐야지.」라고 생각하고 왕궁을 나와 부처님이 계신 곳으로 향했습니다.

이때 기원정사에 계시던 부처님은 파세나디 왕이 이곳으로 오고 있다는 전갈을 받고 어떤 생각으로 이곳에 오는지 미루어 짐작을 했습니다.

현재 지옥에 떨어져 뜨거운 고통을 받고 있는 말리카 왕비에 대해서 부처님이 알고 계시는 그대로 「지금 지옥에 떨어져서 갖은 뜨거운 고통을 받고 있습니다.」라고 한다면 파세나디 왕은 엄청난 실망과 더불어 불법에도 많은 회의와 의심이 일어날 것이라고 생각하셨습니다.

그때 파세나디 왕이 부처님 앞에 이르자 부처님의 의지대로 파세나디 왕이 말리카 왕비에 대한 질문을 하지 못하도록 먼저 세상살이의 얘기를 물으시며 분위기를 이끌었습니다.

그 동안 파세나디 왕은 부처님의 물음에 왕비의 그리움과 그녀가 어디에 태어 났는지를 물어 보려던 생각은 까마득하게 잊어버리고 왕궁에서 나올 때의 의도와는 전혀 관계없는 얘기만 하다가 시간이 되자 궁으로 돌아 왔습니다.

그 후 일주일이 지나서 말리카 왕비는 그 거짓말의 악연이 죽음을 맞이할 때 기억에 남아 7일간의 지옥에서 업을 소멸하고 다시 천상세계의 도솔천에 왕으로 태어나게 되었습니다.

그제야 부처님은 제자들과 함께 의도적으로 파세나디 왕의 의문을 풀어주고 삶의 무상함을 일러주려고 탁발을 나갔습니다. 그리고 그 탁발하신 공양물을 먹기 위해서 왕실의 마차들을 간수하는 차고의 처마 아래에 자리를 잡았습니다.

이 상황의 전갈을 받은 파세나디 왕이 쫓아 나와서 「세존이시여, 왜 여기서 공양을 드시려 하십니까? 대궐 안에 자리를 준비하겠습니다.」라고 하자 「대왕이시여, 여기가 전망도 좋고 그늘도 좋은 곳이니 염려하지 말고 여기에 앉으십시오.」라는 말씀을 하신 후 함께 공양을 드시기 시작했습니다.

얼마 뒤 공양을 마친 부처님은 발우를 챙기신 뒤 파세나디 왕의 허전한 마음을 마차에 비유해서 무상에 대한 이치를 일러 주었습니다.

「세존이시여, 왕비가 떠난 뒤 참으로 허전하고 왕비가 그립습니다. 왕비는 지금 어디에 태어났습니까?」

「대왕이시여, 말리카 왕비는 전생에 삼보에 지극한 공덕을 쌓아서 그 업으로 도솔천에 태어났습니다.」

「말리카 왕비는 평소에 부처님과 삼보에 대한 공경심이 대단해서 그렇게 천상에 태어나게 되었지만 신심이 약한 저는 어떻게 살아야 하며 어떻게 옛날같이 다시 행복한 마음으로 돌아올 수 있겠습니까?」

「대왕이여, 저 수레들은 대왕의 선대부터 대대로 사용해 왔던 자랑스럽고 훌륭했던 마차들이었습니다. 그 마차들이 처음 만들어졌을 때는 아주 아름답고 견고해서 대왕의 선대 왕들을 잘 태우고 다닐 수 있었습니다.

이제 세월이 흐르면서 저 마차도 세월 따라 늙어지고 허물어져 더 이상 사용할 수 없어 저렇게 차고 속에 있습니다.

대왕이여, 이 몸도 시간이 지나면 늙어지고 병들어 바로 저 마차와 같이 아무 쓸모없게 되는 것입니다. 모든 욕망을 내려놓고 덧없음의 진리에 마음을 모아 다시 욕망이 일어나지 않도록 하시오. 그리고 그와 같은 허황되고 허무한 집착에서 벗어나십시오!」 이렇게 부처님이 파세나디 왕에게 무상의 진리를 일러 주셨습니다.

우리들도 평소에 마음을 챙기는 수행을 해 놓지 않으면 어느 순간엔가 맞이하게 될 죽음 앞에서 큰 불안과 공포에 휩싸이게 될 것입니다.

마지막 호흡이 멎는 순간의 평정한 마음상태는 피나는 수
행 없이 쉽게 이루어지지 않습니다.

수행자들이여,
생명체나 비생명체나
복합적인 구성에서 벗어나는 것이
가장 으뜸 되는 길이니라.
교만을 제거하고 갈망에서 벗어나
모든 집착의 뿌리를 뽑아 버리는 것이
생사윤회의 사슬을 완전히 끊고
모든 욕망을 완전히 소멸시켜
모든 세상의 환상과 착각에서 벗어나는

열반의 깨달음에 이르는 길이니라.

- 중아함경 2권에서-

　언제나 수행자들은 모든 애착과 집착과 갈망을 끊어 생사 윤회의 족쇄가 되는 집착의 뿌리를 제거하여 완전한 깨달음에 도달하는 것을 목표로 삼아야 합니다. 이것이 수행자의 삶이며 목표입니다.

　우리들도 이와 같은 목표를 세우고 항상 정진하는 자세로 삶을 살아야 할 것입니다. 그래서 더 이상 감각적인 쾌락, 욕망이나 환상, 착각의 사슬에서 빨리 벗어나야 할 것입니다. 어리석음의 노예가 되지 않고 고통을 직시해서 그것을 알아차리고 다스려야 할 것입니다. 고통의 본질을 이해하며, 보다 보람된 삶을 사는 법을 일러주는 가르침이 곧 중도인 동시에 불교입니다.

　이제 이 수행법이 얼마나 귀중한 것이며 어떻게 생과 사를 초월하는 진리의 맛을 볼 수 있는지를 이론적이나마 충분히 이해하였을 것입니다.

　이제 우리들도 마음을 다져서 수행을 실천해야 하겠습니다. 즉 순간순간 이어지는 일상생활 속에서 바르게 마음을 챙기며 깨어 있어야 합니다.

　우리들이 현재의 순간을 잘 보내면 미래로 이어지는 순간들 역시 순탄하게 다가올 것이고 현재의 순간순간을 불행하게 잘못 보내면 미래로 이어지는 순간순간 역시 불행하게 이어질 것입니다.

어떻게 사느냐에 따라 이어지는 삶의 모습이 결정되는 인과의 이치를 이해해야 합니다. 우리들이 일상생활 속에서 끊임없이 호흡에 마음을 챙기고 살아야 지나간 과거의 그림자를 쫓는 어리석음이나 아직 다가오지 않은 미래의 꿈을 쫓는 어리석음에서 벗어나게 됩니다.

어떤 사람들은 일상생활 속에서 마음을 지속적으로 챙겨야 한다는 의미를 잘못 이해하고 자신들이 하는 일에 장애가 되지 않을까 염려하는 경우가 있으나 그것은 전혀 문제되지 않습니다.

우리들이 하는 일에 전념하면서 아랫배에서 일어나고 사라지는 호흡현상에 마음을 챙기다 보면 평소보다 오히려 실수가 적어지며 일도 능률적이 될 것입니다.

일상적인 생활 속에서 먹고, 대소변도 보며, 옷도 입고, 잠도 자면서, 또 앉고 걸으며, 눕고 뛰기도 하는 것도 궁극적으로 고통에서 벗어나기 위한 것입니다.

이와 같이 일상생활 속에서 항상 깨어있는 경우 삶은 보다 유익하게 될 것입니다. 즉 마음이 항상 깨어 있으므로 몸의 움직임이 보다 조화롭게 되고 마음은 스스로 고요해져 평화롭고 행복하게 살아갈 수 있습니다.

불교가 고통의 측면을 부각시키다 보니 불교가 염세적, 비관적이라고 비판하는 사람들이 있습니다. 그러나 이러한 시각은 불교에 대한 피상적인 이해에서 비롯되는 경우가 많습니다.

바른 불자라면 고통에 대한 진리를 바르게 있는 그대로 이해하면서 그 고통의 원인이 되는 잘못된 행위를 멈추고 그 뿌리를 근절시켜야 할 것입니다.

나아가 우리들에게 진정한 평화와 행복을 안겨다 줄 수행법을 계발하고 발전시키는 실천으로 지혜를 증득해야 합니다.

불교는 부정적이거나 절망적인 가르침도 아니고 염세적이고 현실 도피적인 것도 아닙니다. 현실을 가감 없이 정확하게 이해하여 긍정적이고 적극적으로 살려고 하는 가르침입니다.

전도몽상에서 벗어나 현실을 그대로 인식하는 것이야 말로 삶을 바르게 살아가는 방법입니다. 그렇게 하려면 현재에 마음을 챙기며 살아야 하고, 그런 사람은 후회나 불안의 상념에 사로잡히지 않을 것입니다.

이와 같은 수행법과 더불어 사는 것은 어떠한 감정이나 이성에도 치우치지 않고 철저히 중립적이고 중도적인 것입니다. 또 이것은 조금도 흐트러짐이나 헛됨이 없어 삶을 보다 값지고 보람되게 합니다. 또한 이와 같은 마음자세는 그 사람을 건전하게 성장케 해줍니다.

자신을 망각하고 환상과 착각에 얽매여 자신을 병들게 하고 썩게 하는 것이 아니라 항상 신선하고 새롭게 자신을 자각하며 적극적이고 현실적인 삶을 이어가게 합니다.

불교는 현실적이고 사실에 근거한 긍정적인 종교입니다. 우리들이 몸과 마음을 지니고 있는 자체가 환상이 아니라 사실이며 현실이라는 점을 전제해서 펼쳐지는 가르침이기 때문입니다.

칠각지의 완성

칠각지의 완성

부처님의 가르침으로 우리들이 반드시 실천해야 할 일이 무엇이며 어떻게 해야 하는지를 바르게 알고 살아야 하겠습니다. 즉 우리들이 현재 진행하고 있는 일이 무엇인가를 바르게 알고, 바르게 깨달아 , 바르게 행하는 것입니다.

이 가르침의 의미는 우리들이 길을 걸을 때 자신이 길을 걷는 사실을 분명하게 느끼며 알고 걷는다는 것입니다.

이 말은 길을 걷는데 스스로 알고 걷는다는 뜻만이 아니라 팔을 들어 올리고, 팔을 내리고, 몸을 구부리고, 몸을 펼 때는 물론 앉고 일어설 때에도 몸과 관계되는 모든 움직임에 마음을 함께한다는 의미를 내포하고 있습니다.

만약 몸과 마음이 조화롭게 함께하지 못하면 즉 몸과 마음이 따로따로 분리된 상태에서는 분명히 갈등을 일으키게 됩니다. 그리고 그 갈등은 갈애로 바뀌며 우리들의 몸과 마음을 태우게 됩니다.

이렇게 몸과 마음을 태우면 초조하고 불안한 현상이 나타나면서 모든 현실을 긍정적으로 보는 것 보다 부정적으로 보게 합니다. 그리고 초조와 불안은 비판적이고 비관적인 의심과 회의를 낳게 합니다.

즉 안정되어 평화로운 사람은 모든 현실을 긍정적이며 매사에 자신을 갖지만 불안정한 사람은 모든 것에 대해 자신을 갖지 못하기 때문에 초조하고 불안하게 되면서 의심과 회의로 연결되고 발전하게 됩니다.

몸과 마음이 편안하면 상대방이 접근해 오는 것도 편안하게 보이는데, 자신이 불안하고 초조해서 항상 남을 의심하고 해치려는 마음이 많은 사람일수록「저 사람이 도대체 왜 왔을까? 어떤 짓을 할까? 불난 집에 부채질하러 온 것은 아닐까?」라는 의혹으로 상대방을 대하게 됩니다.

사람을 맞이해서 좀 더 편안하게 해 주기에 앞서 불안하고 초조한 의혹으로 세상의 현실을 봅니다.

손님이 좋은 마음으로 방문했지만 그는 방문한 손님을 바르게 이해하지 못하고 불안과 초조한 마음으로 의심하고 있을 때에 손님은 그의 마음을 느낌으로 읽을 수 있습니다. 그래서 손님은 그 사람에게 결코 이익 되는 말을 하기는 매우 어렵게 됩니다.

의혹과 의심에 찬 마음으로 내뱉는 소리가 어떻겠습니까? 방문자에게 퉁명스러운 응대로 어떤 유익함을 기대할 수 있겠습니까? 불안과 초조감에서 비롯되는 원한과 갈등은 계속 증장되어 대인관계는 점점 소홀해지게 됩니다.

왜냐하면 그것은 현실을 바르게 이해하지 못하고 항상 몸과 마음이 분리된 갈등에서 비롯되는 잘못된 현상들입니다.

이 불교 수행은 어떤 이유를 막론하고 우선 몸과 마음이 함께 할 수 있도록 노력하면서 일어나고 사라지는 하나하나의 움직임과 그 현상에 마음을 챙기는 것이 중요한 핵심입니다. 더 나아가 수행자가 지켜야 할 네 가지 기본적인 조건이 있는데 그것은 첫째, 계율을 지켜야 하는 계율지킴(계청정), 둘째 자신의 감정이나 느낌을 자제할 수 있는 감관제어(심청정), 셋째 모든 몸의 움직임이나 마음상태에 마음을 챙기는 주의 깊음(견청정), 넷째 이 세상의 풍요를 누릴 줄 아는 지족(혜해탈) 등입니다.

몸, 느낌, 마음, 법 등 이 네 가지 대상에다 마음을 모아 지속적으로 마음을 챙기면 갈등에서 비롯되는 불안과 초조, 근심과 비탄에서 벗어날 수 있기 때문에 진정한 평화와 충만을 누릴 수 있습니다.

세상에서 가장 으뜸가는 부는 만족함을 아는 지혜입니다. 아무리 재물을 많이 가졌어도 만족할 줄 모르는 사람은 참으로 가난한 사람이고 아무리 명예가 높아도 그 명예에 만족할 줄 모르는 사람은 가엾은 사람입니다.

현재의 자신에게 주어진 것에 대해서 만족할 줄 아는 사람은 가장 부유한 사람입니다. 자기가 수용하는 것에 대해서 만족할 줄 아는 사람은 가장 행복한 사람입니다. 자기가 얻어지는 것에 대해서 만족할 줄 아는 사람은 가장 여유로운 사람입니다.

수행자들이여!
호흡의 현상에 마음을 챙기면
네 가지 마음 챙김의 대상을
낱낱이 이해하게 되리라.
네 가지 마음 챙김을 이해한다는 것은
신(身), 수(受), 심(心), 법(法) 등에 대해서
각각 앎의 완성을 이루게 된다는 것이니라.
이와 같이 마음 챙김을 네 가지로 앎을 완성시키면
칠각지로 발전되어
칠각지가 완전하게 계발되면
해탈의 경지에 이르게 되느니라.

우리들이 현재 실천하고 있는 수행법에서 몸을 통해서 나타나는 현상에 마음을 챙기고, 느낌을 통해서 나타나는 현상에 마음을 챙기고, 마음을 통해서 일어나고 있는 감정에 마음을 챙기고, 눈, 코, 귀, 혀, 몸, 마음 등의 대상이 되는 여섯 경계에 마음을 챙기면 어떤 경계에도 얽매이지 않게 되어 더 이상 감각이나 감정의 노예가 되지 않습니다. 신(身), 수(受), 심(心), 법(法)의 이 네 가지를 대

상으로 마음 챙김을 완성하는 것입니다.

이때 나타나는 이 칠각지는 완전한 바른 마음 챙김입니다. 이것은 현재 일어나고 사라지는 모든 현상을 알아차리며, 또 자신이 무엇을 하고 있는지 어떤 진행 상태에 있는지를 낱낱이 분명하게 마음이 아는 상태를 말합니다. 즉 어떤 현상이라도 마음이 함께 하는 것을 의미합니다.

우리들이 물건을 잡을 때나 놓을 때 또는 물건이 손바닥에 닿을 때의 느낌이 좋은지, 나쁜지, 따뜻한지, 차가운 것인지, 또 무거운지 가벼운지를 분명하게 알아차리는 것입니다. 그리고 우리들이 왼발을 들 때, 앞으로 나아갈 때, 내릴 때, 놓을 때, 눈을 감거나 뜰 때를 막론하고 모든 현상을 알아차리는 것이 마음 챙김입니다.

완전한 마음 챙김이 갖춰지면 자연적으로 진리에 대한 확인단계의 경계가 일어납니다. 즉 일어나고 사라지는 현상은 어떻게 일어나며, 무엇에 의해서 일어났다 어떻게 사라지며, 무엇에 의해서 사라지는가를 검증하게 됩니다.

또 어떤 조건에 의해서 일어났고, 어떤 조건에 의해서 사라지는지 그 원인과 결과를 분명히 알게 되는 단계를 의미합니다. 진리에 대한 검증과 확인이 분명할 때 우리들은 그 어떤 현상이나 느낌에도 얽매이지 않게 됩니다.

왜냐하면 모든 현상을 상세하게 검증·조사해 보았을 때 영원한 것이란 아무것도 없고 다만 끊임없이 진행되는 현상 즉 일어나고 사라짐의 현상일 뿐이란 이치를 깨달았기 때문입니다.

일어나고 사라지는 현상 가운데 어느 부분을 가리켜「나의 것」이라고 하며 어느 부분을 붙들고 그것을 소유하려고 할 수 있겠습니까? 지금까지 실체시해 왔던 나라는 것도 부여할 수 없고, 나의 것이라는 것도 소유할 수 없고, 또 계속 변하고 있는 자체를 대상으로「나는 이제 행복하다, 즐겁다.」라고 말할 수도 없습니다.

이 진리에 대한 조사와 확인이 잘 진행 될 때는 곧 삼법인의 진리도 그대로 깨닫게 됩니다. 그 삼법인의 진리를 깨닫게 해 주는 것은 결국 면밀한 현상관찰이 필수입니다. 그리고 이 법에 대한 조사와 확인은 또 지속적인 노력이 뒤따르지 않으면 안 됩니다.

「일어남-사라짐, 일어남-사라짐, 일어남-사라짐……」이라고 염송하며 한동안 마음을 챙기다 보면 그 아랫배의 움직임이 점점 희미해지다가 완전히 없어져 버릴 때가 있습니다. 그것은 마음을 챙기는 노력이 사라졌기 때문입니다. 즉 노력하는 마음이 사라진 채 그 움직임을 다시 찾지 않기 때문입니다.

만약 집에서 키우던 닭이 없어졌으면 닭이 어디 갔는지 찾아야 닭이 어디에 갔는지 알게 되고 또 다시 찾아올 수 있을 것인데 그냥「닭이 없어졌구나!」하고 가만히 있으면 닭이 영원히 돌아오지 않을 수도 있습니다. 닭뿐만 아니라 집에서 키우는 아기도 마찬가지입니다. 집에 있어야할 아기가 없을 때 찾아봐야 할 것입니다. 그냥「오겠지!」하고 있으면 하루가 지나고 이틀이 지나고 또 삼일이 지나고 일주일이 지나도 그 아기를 찾지 않는 것은 관심이 없다는 것입니다.

아기에게 관심이 있으면 벌써 찾으려고 노력했을 것이고 또 그 아기가 멀리 길을 떠나 헤매기 전에 찾을 수 있었겠지만 그냥 「오겠지!」하고 찾지 않았기 때문에 아주 잃어버릴 수 있다는 것입니다.

바른 노력이란 일어나고 사라지는 현상에 마음 챙김이 사라졌을 때 빨리 그 마음 챙김을 찾아오는 바른 노력을 의미하는데, 그것을 또 다른 말로 정정진이라고 합니다. 바른 노력이 갖춰지면 어떤 현상이 일어나더라도 쉽게 마음을 챙길 수 있으며, 또 그 마음 챙김이 없어지면 바른 노력으로 금방 잊어버린 것을 찾아오고 또 잊어버리면 또 찾아오게 됩니다.

즉 아기가 도망가면 찾아다 놓고, 또 도망가면 또 찾아다 놓습니다. 이렇게 계속 보이지 않으면 찾아다 놓으니 마침내 그 아기는 도망가지 않고 밖에 나가면 엄마가 찾아오니까 항상 집에 있게 되는 것입니다. 이제 아기가 더 이상 안 나가게 되고 만약 또 나가도 어디쯤 나가면 즉시 찾아오니까 아기가 떨어져 있는 시간도 없게 됩니다.

우리들도 이와 같이 항상 마음 챙김을 놓쳐 버릴지도 모르니까 최선의 바른 노력을 기울여 면밀하게 마음을 챙기면 자연히 환희심이 일어나게 됩니다. 수행에서 일어나는 환희심은 몸과 마음을 고요하고 평화롭게 하므로 진정한 행복도 누릴 수 있습니다.

불방일하라

불방일하라

우리들의 마음이 평화롭고 행복하면 어떻습니까? 심소처가 환해지면서 얼굴이 밝게 됩니다. 그리고 마음이 고요하고 평화로우면 몸도 고요하고 편안해 집니다. 왜냐하면 마음의 현재 상태를 몸으로 나타내는 거울과 같아서 몸이 없으면 마음을 나타내 보일 수 없습니다.

눈이 없으면 우리가 눈으로 보는 인식의 기능을 나타내 보일 수 없고, 귀가 없으면 소리를 듣고 그 소리에 대해서 이해하는 의미를 나타내 보일 수가 없습니다. 귀머거리는 귀에 소리가 들리지 않으므로 마음의 작용이 없는 상태지만 소리를 듣는 마음이 없어서 못 듣는 경우도 있습니다.

그래서 어떤 소리를 들어도 그 소리가 좋은 소리인지 나쁜 소리인지, 죽인다는 소리인지 살린다는 소리인지 모르고 그저 멍하니 있기만 합니다. 그 사람은 소리를 듣는 마음이 작용할 수 없기 때문에 그렇습니다.

소리를 듣는 마음이 있더라도 귀가 원만하지 못해서 못 들을 수도 있지만 이 경우 보다 소리를 들을 수는 있는데도 듣는 마음이 없어서 못 듣는 사람이 더 불행합니다. 즉 육체적인 귀머거리 보다 정신적인 귀머거리가 더 불행하다는 의미입니다.

몸과 마음이 편안해지면 마음 챙김이 잘 이뤄지고 법에 대한 현상관찰도 분명하게 드러납니다. 또 지속적으로 놓치지 않으려는 노력으로 환희심이 일어나고, 그 환희심이 곧 몸과 마음을 편안하게 해 주면 마음 챙김이 잘 됩니다. 또 간단없는 바른 마음 챙김에는 일체사가 평등해 집니다.

선과 악에도 평등해지고 현상에 대한 마음 챙김이 일념으로 지속되는 노력에 의해서 끊어짐이 없고 면밀하게 잘 이어져 나갈 때 즐거움이나 괴로움도 없고, 슬픔이나 기쁨도 없고, 원하는 것이나 원하지 않는 것도 없고, 미움이나 사랑도 없고, 절대평등의 상태 즉, 아주 고요하면서도 평정된 상태이기 때문에 그것을 진정한 행복의 칠각지라고 합니다.

이 절대평등지가 이루어진 수행자는 수행의 정도가 상당하다고 평가합니다. 어떤 일을 당했을 때 수행의 정도가 없어 쉽게 감정에 치우치는 사람은 조그마한 슬픔에도 금방 까무러치듯이 야단스럽습니다. 또 약간의 즐거운 일을 당하면 그만 정신이 나갈듯이 야단스럽고, 조금 괴로운 일을 당하면 금방 죽을 듯이 절망과 좌절에 빠져 버리는 것은 사실 자제력을 잃어버린 것입니다.

지나치게 감성이 예민한 사람은 엷은 냄비가 금방 뜨거워져 쉽게 물이 끓듯이, 또 「빈 깡통이 소리가 많다.」라는 서양의 속담과 같이 빈 깡통이 굴러갈 때 시끄러운 소리가 나듯

하지만 지혜가 가득 차 있는 사람은 돌 냄비나 내용물이 가득 찬 깡통과 같습니다.

내용물이 가득 찬 깡통을 한번 굴려 보십시오. 내용물이 든 깡통은 소리를 내지 않지만 빈 깡통은 소리가 요란합니다. 우리들 가운데 제대로 마음 챙김이 되지 못한 상태에서 또 마음이 들 떠있는 상태의 사람은 빈 깡통과 같습니다.

어쩌다 오랜만에 아는 사람을 만나면 떠나 갈듯이 소리를 지르고 팔을 휘저으며 야단을 치는 사람도 마음이 들 떠 있는 사람입니다. 또 가깝지도 않은 친구가 죽었다고 해도 대성통곡을 하는 사람이 만약 자식이나 부모가 죽었다고 하면 어떻게 되는지 한번 상상해 보십시오.

이것은 감정이 풍부한 것이 아니라 속이 텅 비었기 때문에 소리가 크게 나는 이치입니다. 속이 꽉 차 있다는 것은 현상을 관찰하는 마음 챙김으로 평등한 마음을 지니고 있을 때를 의미합니다. 이는 감정이 없는 사람이 아니라 가장 감정이 풍부하고 감정이 깊은 사람이라고 할 수 있습니다.

깊은 물은 흐를 때 소리를 내지 않고 흐르지만, 소리를 내면서 흐르는 물은 얕아서 가랑잎도 하나 흘려보내기가 어려울 것입니다. 이와 같이 수행을 통해서 지혜를 갖춘 사람과 수행도 모르고, 지혜를 갖추지 못한 사람, 마음을 깊게 쓰는 사람과 마음을 얕게 쓰는 사람이 이와 같이 비유할 수 있을 것입니다.

라훌라여,
호흡의 현상과
마음 챙기는 법을 익히며
계발해 나간다면
마지막의 호흡이
일어날 때
반드시 멈추는 것을
미리 알게 되고
깨닫게 되느니라.
마지막 호흡이
멈추는 것을
깨닫지 못하고 멈추게
되는 법이 없느니라.

부처님께서 라훌라에게 일러주신 가르침과 같이 호흡의 현상관찰과 마음 챙기는 법을 잘 실천하는 사람은 호흡이 멈춰지는 순간이 도래될 때 몇 개월에서 며칠 이내로 자신이 안다고 했습니다.

수행자는 막연하게 어느 날 갑자기 죽는 법이 없다는 것입니다. 그래서 자신의 죽음을 분명히 알게 되면 그는 매일매일 죽음을 준비합니다. 이렇게 준비된 죽음을 맞이한 사람의 몸은 빨리 썩지 않고 모습도 고요하고 평화로우며 피부도 아주 아름답습니다.

우리들이 지금 호흡의 현상관찰을 면밀히 챙기면 호흡이 변화하는 현상을 알게 될 것입니다. 호흡의 변화에 따라 우리들의 감정이 변화되고 있다는 것을 분명히 알게 해줍니다.

그 감정의 변화를 알아차리고 그 감정이 어떤 것인가를 깨달았을 때 감정을 다스리는 마음의 여유가 생깁니다. 그래서 상대방에게 어떤 불편한 감정을 보이지 않고도 얼마든지 자신의 평화와 고요를 지킬 수 있는 것입니다. 이와 같은 수행법으로 마지막 생명이 끝나는 죽음을 맞을 때 역시 어떻게 할 것인가를 충분히 이해할 수 있을 것입니다.

우리들이 실천하고 있는 이 수행법으로 열심히 정진하는 수행자는 비명횡사를 하지 않으며 또 갑작스런 죽음이나 예기하지 않았던 사고사를 당하지 않습니다.

우리들이 정상적으로 들이쉬고 내쉬는 호흡을 할 때 1분에

약 20번 정도 하게 됩니다. 즉 우리가 살아있는 순간은 숨을 한번 들이쉬어서 내쉴 때까지니까 약 3초의 순간을 우리는 살아있는 것입니다. 그 다음은 어떻게 될는지 아무도 모르는 것입니다.

이렇게 덧없고 허무한 이 호흡에 마음을 챙기면 호흡을 통해서 나타나는 몸의 현상이나 마음의 현상이 아주 다양함을 깨닫게 해 줍니다. 호흡이 거칠어지면 마음도 긴장되고 흥분됩니다. 또 마음이 긴장되고 흥분되면 호흡도 역시 거칠어지고 질서도 없어집니다.

물질과 비물질의 관계가 이렇게 분명하게 나타나고 있으나 이 세상에 어느 정도의 사람들이 이 사실을 바르게 알고 살겠습니까? 그렇게 많지 않을 것입니다. 슬기로운 사람이 많지 않아서 이 세상은 항상 어둡고 불안합니다.

많은 사람들이 바른 수행법으로 정진해서 자신이 지금 무엇을 행하고 있는가를 분명히 알고 행하는 사람들이 많아지면 결코 이 세상은 어지럽지 않고 평화로운 세계가 될 것입니다. 그래서 부패와 혼란이 없는 질서와 조화가 이루어져 화합만이 있을 것입니다.

몸과 마음이 함께하는 균형과 조화를 갖춘 사람은 갈등을 일으키지 않으므로 의혹이나 공포도 일어나지 않을 것입니다. 개인의 갈등이 없으면 사회의 갈등도 없어집니다. 개개인의 갈등이 결과적으로 계층 간의 갈등이 되고 사회의 갈등이 되고 국가의 갈등이 되는 것입니다.

그리고 개개인의 투쟁이 결과적으로 사회의 투쟁이 되고 국가 간의 투쟁이 곧 전쟁이 되는 것입니다. 지금도 어리석은 몇몇 사람들의 갈등이 모여 지역적인 이기주의나 노사의 분쟁을 유발하고, 또 다른 곳에서는 부정과 부패가 자행되고 있습니다.

「세존이시여, 왜 사람들은 슬기롭지 못하고 어리석음에 휩싸여 있습니까?」라고 젊은 비구가 부처님께 물었을 때 「갈등에서 비롯되는 질투와 감각적인 탐닉의 게으름에서 일어나는 방일 때문이니라.」고 일러 주셨습니다.

갈등에서 비롯되는 질투심은 다른 사람들이 자기의 정신적 · 물질적인 수준까지 도달하는 것을 바라지 않는 마음입니다. 즉 다른 사람의 삶이 자신보다 나아지는 것을 바라지 않는, 시기하는 마음입니다.

이와 같은 사람들은 가진 재산이 넉넉하면서도 보시는 물론 남에게 베푸는데 인색하고 어려운 사람들을 전혀 도와줄 줄도 모릅니다. 보시를 하면 자신의 재산이 줄어들게 되지나 않을까 하는 불안으로 인색하기 짝이 없는 구두쇠가 됩니다.

이런 사람들은 인간의 존엄성도 희박해져 가정에서나 사회에서 남을 존경할 줄 모르는 언행과 더불어 점점 대인관계도 소원해 집니다. 그리고 그들 속에서 자라나는 아이들은 또 어떻게 되겠습니까?

특히 나쁘고 좋은 것을 분별할 수 없는 어린 아이들에게 가정에서 어른들의 모든 언행을 무의식적으로 받아들이게 되어 학교에서는 교우관계가 원만하지 못하고 더 나아가 교사와 학부모의 관계도 조화롭지 못하게 될 것입니다.

아이는 교우들 간의 따돌림이나 놀림 때문에 문제아가 되는가하면 옥상에 올라가 자살까지 망설이지 않게 됩니다. 또 그 부모는 교사를 처벌해 달라고 고소고발하고 집 앞에 주차한 차를 보고 울화를 참지 못해서 자동차 주인과 싸워 또 고소고발하게 되는 연속적인 불화가 일어나게 됩니다.

이런 사람들의 가정은 평화로울 것 같습니까? 결국 갈등을 일으키는 뿌리를 제거하지 못하고 시기심과 질투로 어리석게 살아가는 사람의 미래 역시 쌓아놓은 공덕이 없으므로 어렵고 가난하게 될 수밖에 없습니다.

어떤 일은 자신에게도 이롭고, 남에게도 유익하고, 또 어떤 일은 자신에게도 이롭지 못하고, 남에게도 피해를 줄 수 있는 일들이 있습니다. 감각적인 쾌락이나 그 욕망 때문에 자신에게나 남에게 유익한 일을 하지 않는 방일 때문에 사람들은 어리석음에 휩싸여 있습니다. 부처님의 가르침은 지난번에 일러준 개미가 꿀통에 빠져죽는 얘기나, 여우가 살구 씨앗기름에 취해서 죽는 비유들은 감각적인 탐닉으로 치명적인 재앙을 불러들인 경우와 같습니다.

부처님의 입적 때 마지막으로 일러주신 「불방일」을 바르게 실천한다는 것은 의식이 잠들지 않고 항상 깨어있는 상태 즉, 팔정도인 중도를 실천하는 것입니다. 중도 실천은 먼저 정진하는데 도움이 되지 않는 사람 즉 수행에 대한 열의가 없고 수행을 하지 않으며 지혜를 닦지 않는 등 세 가지의 방일에 빠져있는 사람들을 가까이 하지 말고, 수행에 도움이 되는 사람 즉, 수행하는데 힘쓰고 정진으로 지혜를 닦으며 수행을 지도하는 스승과 같은 사람들을 사귀어야 합니다.

이것은 절대 이기적인 것이 아니라 스스로 삶의 향상을 위해 노력하는 것입니다. 불방일은 우리들이 항상 지녀야 하는 덕목인 동시에, 방일은 늘 멀리해야 하는 위험스런 악덕입니다. 우리들이 지켜야 하는 계·정·혜 즉, 중도의 불방일은 항상 규칙적인 시간에 수행하는 습관과 현재 순간에 마음 챙김을 갖추려는 노력이 필수적인 덕목이 됩니다.

방일한 사람들 중
불방일한 사람과
잠든 사람들 중
깨어있는 사람은
둔마를 뒤로 제치고
앞으로 나아가는 준마처럼
열반의 깨달음으로
빠르게 나아간다.

수행 점검 요령

수행 점검 요령

오늘은 수행자들의 수행상태를 점검하기 위하여 수행자들이 스스로 경험한 사실들을 바르게 보고할 수 있도록 하는 내용입니다.

「왜 수행을 해야 하는가?」라는 문제의 해답은 지금까지 일러드렸기 때문에 그 부분은 어느 정도 이론적이나마 이해가 되었으리라 생각합니다.

다음으로 「수행자들이 수행을 시작해서 정진해 오는 동안 수행자들이 어떻게 정진을 해야 하는가?」라는 문제 역시 좌선, 행선 등 기초적인 수행법에 대해서는 어느 정도 기초지식을 갖췄을 것입니다.

이제 「무엇을 알아차려야 하는가?」라는 문제에 대해서 상세하게 설명하겠습니다.

「무엇을 알아 차려야 하느냐?」라는 문제의 핵심은 여러분들이 오감에서 비롯되는 현상(現狀)인 감각과 느낌입니다. 즉 자신의 다섯 감각기관과 그 각 대상들이 접촉되어 일어나는 현상을 분석적으로 아는 것이 아니라 전체적인 현상을 바로 알아 차려야 합니다.

만약 여러분이 자동차를 볼 때 바퀴, 핸들, 창, 덮개, 좌석 등 나눠서 보지 말고 어떤 관념이나 알음알이가 가미되지 않은 상태의 현상 그대로 전체를 봐야 합니다.

다시 말해서 분석이 시작되는 순간 보는 의식에서 개념화로 진행되기 때문에 「있는 그대로」를 알아차리기는 거의 불가능해 집니다.

여러분들의 오른손을 올려 보십시오!

그리고 천천히 주먹을 쥐어 보십시오.

손가락을 오므리면서 주먹이 쥐어져 가는 과정을 낱낱이 알아차려 보십시오.

어떤 현상을 볼 수 있습니까? 찰나간의 움직임에 찰나찰나 마음의 의지작용이 동반되는 현상을 알아차릴 수가 있을 것입니다. 그 정신적인 의지작용 즉, 의도를 알아차리면서 동시에 주먹으로 쥐어지는 과정에서 오므려지는 손가락과 팔목 등에서 근육의 팽창과 수축, 긴장과 이완되는 현상 외에도 더 많은 느낌들을 비롯해서 더 많은 현상들을 볼 수 있을 것입니다.

마찬가지로 말을 할 때나 몸을 움직일 때 역시 의도가 동반됨을 알아차릴 수가 있습니다. 그리고 의도와 함께 일어나고 사라지는 현상들을 알아차릴 것입니다. 처음에는 의도와 현상의 알아차림은커녕 어떤 현상이 일어나는지조차 알아차리기가 어렵습니다.

그러나 계속 정진함으로서 마음 챙김의 힘과 마음집중의

힘이 강해지면 질수록 의도와 현상의 일어나 고, 사라짐에 대해서 점 점 더 분명하게 알아차 릴 수 있게 됩니다. 이 와 같이 몸에서 어떤 현  상이 일어날 때 바로 그 찰나 알아차려야 하는 이것이 마음 챙김의 과정입니다. 또한 여러분들이 이 현상들에 대해서 알아차리려는 의욕이 강하면 강해질수록 마음집중도 강해 집니다. 이렇게 몸의 감각기관에서 그 대상과 만날 때 일어 나는 현상을 즉시 알아차리게 되면 그 어떤 번뇌도 침입해 들어올 수가 없으며, 이렇게 정진하는 동안 번뇌는 일어날 수 없게 됩니다.

 번뇌가 쉽게 일어나지 않도록 제어하고 번뇌에 얽매이지 않도록 마음을 챙기는 노력이 필요합니다. 제어된 마음은 자신이 해야만 할 말과 해야만 하는 행동만 하게 됩니다. 마 음이나 감정을 제어하는 목적은 곧 삶의 질을 향상시키는 동시에 자신의 몸과 마음에서 일어나고 사라지는 현상을 바 르게 이해하는데 있습니다.

 즉 바른 행동과 바른 말이 도덕적인 삶이며 곧 계(戒)를 수지하는 행위입니다. 본격적인 수행으로 들어가기에 앞서 자신의 몸과 입으로 짓는 행위를 청정하게 제어하는 일이 무엇보다 선결되어야 합니다.

도덕적인 청정 즉 계를 수반하는 조건으로 수행해 나가면서 처음에는 일주일에 두세 번씩, 그리고 조금 수행이 깊어지면 한 달에 두세 번 정도 주기적인 점검을 받아야 합니다. 점검을 받을 때 수행자가 선사에게 보고해야 하는 필수적인 보고 내용에 세 가지가 있습니다.

첫째 알아차린 대상은 무엇인가?

둘째 어떻게 알았는가?

셋째 그 대상을 관찰하면서 무엇을 이해했는가?

이 세 가지의 점검 내용 중 첫째 「알아차린 대상이란?」수행 중에 관찰된 모양, 소리, 냄새, 맛, 느낌 등의 대상들을 일컫는 것입니다. 즉 마음을 챙겨 주시하고 있는 동안 오감의 대상 중 제일 강한 느낌이 저절로 나타납니다. 자연적으로 그곳에 마음이 모아져 관찰되면서 그 대상은 뚜렷해집니다.

만약 좌선 중에 배의 움직이는 현상이 가장 두드러지게 느껴져 올 때 그 현상이 가장 시급히 관찰되어져야하는 수행의 대상이 됩니다. 그리고 배의 움직임을 의도적으로나 강제적으로 만들어서는 안 됩니다. 저절로 일어나고 사라지는 대상이 곧 알아차리는 마음의 대상이 되어야 합니다. 배에 바람의 드나듦은 자연적인 현상이므로 산소량이 많이 필요로 할 때도 있고 조금 필요할 때도 있습니다.

만약 의념으로 호흡을 할 때 산소량이 많이 필요한데도 조금 넣게 된다든지 조금 필요한데도 많이 넣게 된다면 어떻게 되겠습니까? 금방 부작용이 일어나면서 배가 딱딱해지거나 통증을 느끼게 될 것입니다.

다음 어떤 대상으로 의식이 일어나든 즉시 그 대상에 마음을 모아 관찰해야 됩니다. 그리고 있는 그대로 자연스럽게 약간의 거리를 두고 객관적으로 바라만 보면서 알아야 합니다.

둘째 「어떻게 알았는가?」라는 문제는 수행 중 저절로 일어나고 사라지는 대상을 주시하면서 알아차리는 내용입니다. 배의 일어나고 사라지는 움직임에 마음을 챙기면 그 어떤 사실들을 알아차리게 됩니다. 숨을 들이쉬면 배가 일어납니다. 배가 일어남과 동시에 동반되어 나타나는 복부의 팽창감이나 긴장감의 현상을 말합니다.

즉 배가 아래위로 또는 좌우로 불러오는가, 그리고 어느 쪽에서 꺼지기 시작해서 어떻게 그 꺼짐이 사라지는가, 또 배가 뻣뻣해지는 현상이나 숨을 들이마서도 뱃속에 바람이 꽉 들어찬 것같이 공기가 들어가지 않는 느낌, 배의 열기 등이 알아 차려져야 하는 대상이며 이 사실들을 선사에게 보고해야하는 내용들입니다.

셋째 「대상을 관찰하면서 어떤 것을 알게 되었는가?」라는 문제는 만약 배의 움직임을 알아차리지 못했으면 그 당시 어떤 생각에 빠져 있었거나 잠깐 혼침 상태였거나 아니면 무기 상태에 잠겨 있었으므로 우선 그것을 보고해야 합니다.

집안 걱정 때문에, 과거의 기억 때문에, 미래의 계획 때문에, 친구를 생각하는 등 갖가지 생각이 떠오르면 이 생각들이 계속 마음속에 자리 잡고 있기 때문에 결코 배의 움직임에 대해서 알아차리는 일을 못합니다.

생각의 내용은 보고할 필요가 없지만 단지 생각들 때문에 마음 챙김의 대상에 대한 알아차림을 놓쳤다는 사실을 알고 그 내용을 보고하면 됩니다.

다시 수행의 보고 요령에 대해서 요약해 본다면 좌선 중 주시하는 기본 대상 즉, 마음을 챙기는 일차적인 대상은 배의 움직임입니다.

배의 일어나고 사라지는 알아차림이 빈틈없이 잘 진행되었는지의 여부를 먼저 보고 합니다. 만약 알아차림이 잘 진행되지 않았을 때 그 이유(혼침 망상)에 대해 보고합니다.

그리고 알아차림으로서 이해된 사실 즉, 복부의 현상(팽창감이나 긴장감, 움직임 등)을 보고하면 됩니다. 즉 환자가 의사에게 자신의 병세를 어떤 형식이나 격식에 구애받지 않고 설명하듯이 수행자는 이 세 가지를 경험한 순서대로 보고하면 됩니다.

병원의 의사는 환자의 병세를 진찰한 뒤 약을 지어 약의 복용법까지 자세하게 일러 줍니다. 환자는 의사의 처방대로 약을 시간에 맞춰서 복용해야만 됩니다.

그리고 환자가 다시 의사를 찾았을 때 그 약을 복용한 뒤 그 환자 자신의 병세가 어떻게 변화되었는가를 정확하고 솔직하게 말해야 합니다.

그래서 의사는 환자의 상태에 따라 다시 약을 처방해 줄 수 있습니다. 이와 같이 여러분들은 수행 중 체험한 내용들에 대해서 앞의 세 가지 보고 요령대로 잘 보고해야 됩니다.

특히 여러분들이 스스로 「이것은 귀중한 체험인 것 같아서 보고해야 되겠고, 이것은 별로 귀중하지 않으니 보고하지 말아야 하겠구나.」라고 선별하지 않아야 합니다.

여러분들의 생각으로는 귀중한 것 같이 보이지만 반대로 스승에게는 그렇게 중요하지 않는 경우가 되고 여러분들에게는 별로 귀중하지 않는 것 같이 생각되지만 굉장히 귀중한 자료가 될 수 있다는 사실을 유념해 주셔야 합니다.

점검할 때 수행자는 체험한 그대로 마음을 열어 정확하고 간단하게 보고해야 여러분들의 정진상태에 맞춰 알맞은 수행 지도를 해줄 수 있습니다.

보고의 핵심에 초점을 잘 맞춰 진술하게 말하는 동안 스승은 수행자가 바르게 잘 정진하는지의 여부를 확인하게 됩니다.

그리고 바르게 수행하도록 지도하려는 마음으로 듣습니다. 여러분들의 체험을 바르게 보고할 때 자기에게 알맞은 처방으로 무거운 번뇌 병을 수행하면서 치료할 수 있을 것입니다.

해탈의 문턱

해탈의 문턱

우리들이 불방일이라는 팔정도 즉 중도의 끊임없는 실천으로 수행의 결과가 처음으로 나타나기 시작하는 첫 단계가 몸과 마음의 특성과 그 역학관계를 완전히 이해하게 되는 것입니다.

즉 사물을 볼 때 형상과 눈, 소리를 들을 때 소리와 귀, 냄새를 맡을 때 냄새와 코, 맛을 볼 때 맛과 혀, 몸으로 느낄 때 몸과 닿는 것 등은 물질이고 그 느낌을 아는 정신적인 현상은 비물질이라는 것을 확실하게 이해하게 됩니다.

눈, 코, 귀, 혀, 몸 등 다섯 감각기관과 그 대상은 물질이고 그것을 알아차리고 의식하는 마음은 비물질이라는 사실도 깨닫게 됩니다. 단지 물질과 비물질만이 존재할 뿐 나, 너, 그녀, 그이 등의 개체가 실제로 존재하지 않는다는 사실을 이해하게 되는 과정입니다. 즉 몸과 그 움직임은 물질이고 그 의도나 그 앎은 비물질이라는 명색의 관계를 명확하게 규명하는 지혜가 생깁니다.

다음으로 지금까지 실제로 존재한다고 믿어왔던 우리들의 자아관념이 하나 둘 벗겨지면서 인과의 법칙도 보다 사실적으로 가슴에 와닿게 됩니다. 몸과 다섯 감각기관과 그 대상은 원인이 되고 그것을 알아차리는 정신적인 현상은 결과가 됩니다.

우리들이 몸의 움직임을 아는 것을 자세하게 분석해 보면 몸의 움직임은 원인이 되고 아는 인식상태는 결과가 된다는 것입니다. 또 반대로 움직이려는 마음으로 몸을 움직이게 되면 정신적인 의도가 원인이 되고 그 움직임은 결과가 됩니다.

어떤 의도에 의해서 앉거나 구부리는 경우에는 의도가 원인이 되고 구부림이나 그 움직임은 결과가 된다는 사실들을 낱낱이 이해하고 깨닫게 됩니다. 어떤 때는 물질과 비물질의 원인과 결과가 동시에 일어나는 듯한 착각도 일어납니다.

배가 일어났는데도 사라지지 않고 배가 깊이 꺼졌는데도 일어나지 않는 듯 하며, 또 가끔은 갖가지의 아픔도 느낍니다. 또 배가 움직이지 않는 것 같으나 손바닥을 얹어보면 배는 여전히 움직이고 있을 것 입니다.

이때 배의 움직임은 원인이 되고 움직임을 아는 의식은 결과입니다. 즉 현생이나 내생의 모든 존재는 물질과 비물질만으로 이루어져 있으며 단지 원인과 결과에 의한 상호작용에서 파생되는 결과임을 이해하게 됩니다.

이렇게 물질과 비물질의 특성과 또 원인과 결과를 바르게 이해하는 과정을 거쳐 서서히 삼법인을 확인하고 검증하는 단계로 진입하게 됩니다.

이때가 되면 배가 두 단계나 세 단계로 일어나기도 하고 배의 일어나고 사라지는 움직임을 동시에 의식하기도 합니다. 자주 나타나는 환영이나 환상도 몇 차례의 마음 챙김으로 쉽게 사라지지만 그 현상으로 한 동안 시달리기도 합니다.

앉아서 호흡을 챙기면 허리부터 상체가 흔들려 놀라기도 하고 갑자기 빛이 벽을 투과하면서 나타나는 현상도 보입니다. 손과 발이 경직되거나 경련이 일어나는 현상을 비롯해서 호흡이 빨라지거나 느려지든지 아니면 호흡이 「덜컥」 멈추는 현상도 일어납니다. 이와 같은 현상들은 수행자에게 황홀감과 불안감과 기대감을 주면서 쉽게 정진을 포기하거나 자만하도록 합니다.

이때부터 삼법인의 덧없음과 불만족과 무아로서 물질과 비물질을 조금씩 이해하기 시작하면서 배가 일어나는 현상도 2~3단계로 일어나고, 사라지는 현상도 2~3단계로 사라지는 느낌도 일어납니다.

또 신경성 경련이나 온몸의 솜털이 가볍게 일어나 잔물결처럼 퍼지면서 심한 흔들림이나 전율도

느끼게 됩니다. 심지어 배 멀미 같은 메스꺼움이나 구토현상이 생기면서 어떤 때는 설사병이 생기기도 합니다.

이럴 때일수록 찰나간의 느낌들을 놓치지 말고 이런 현상들은 어디까지나 수행 중에 일어나는 하나의 과정이란 사실을 바르게 이해하고 명심해야 할 것입니다.

빛으로 둘러싸인 꽃이나 굉장히 빠른 속도로 꽃길을 내달리는 경계도 나타나고 넓은 바다가 펼쳐 보이는가 하면 코끼리 같은 큰 동물들도 보입니다.

수행이 점점 성숙되면서 눈앞에 현현하는 색깔들 중에는 초기에는 빨강이나 노랑이 보이다가 수행의 정도가 깊어지면서 황금빛을 비롯해서 은빛이나 회색, 초록, 에메랄드 색, 파랑 등등의 색깔들이 보일 때도 있습니다.

또 몸이 확장되어 위로 떠오르는 것 같은 경우도 있는가 하면 온 몸에 강열한 흐름을 느끼며 추운 기운이 온몸으로 퍼지는 듯한 기운이 일어나기도 합니다.

이와 같은 법열은 삼법인의 지혜가 서서히 가슴에 젖어드는 과정에서 흔히 일어나는 서막입니다. 자신의 머리를 누군가가 앞뒤로 마구 흔드는 것처럼 흔들리기도 하고 약한 전류에 감전 된 것처럼 찌릿찌릿한 현상도 일어납니다.

이때부터 수행에서 비롯되는 황홀감으로 따스함을 느끼며 자신도 모르는 사이에 눈물이 흐르고 온 몸이 뜨거워지기도 합니다. 지금까지 그렇게 아끼고 귀중하게 믿어왔던 자아는 끊임없이 녹아내리고 가슴이 「뻥」 뚫어버리는 듯이 황량해 지기도합니다.

갑자기 추운 기운이 온몸에 퍼지고 금방 얼음을 만진 뒤의 상쾌함 같은 현상도 나타납니다. 그때는 모든 산이나 바다나 사람을 비롯해서 세상에 존재하는 만물의 형성과정이 눈앞에 훤하게 보이는 것 같습니다.

스스로 제법 법안이 열린 것 같은 기쁨과 법에 대한 희열 그리고 모자람 없는 충만감을 조금씩 느끼기 시작합니다. 몸은 마치 흐르는 물에 꽂힌 갈대나 사시나무처럼 떨리기도 하고 자신도 모르게 몸이 뛰어 오르거나 팔과 다리가 올라가기도 합니다.

이와 같은 과정이 어느 정도 가라앉고 한동안 수행에 전혀 진전이 없는 것 같은 무료한 시간들이 계속 되기도 합니다. 그러나 수행 중에 자주 일어났던 불안정한 마음은 점점 가라앉아 마음 챙김이 아주 뚜렷한데 큰 진전이 없는 것처럼 느낍니다.

평소의 생활 속에서 꼭 하고 싶은 충동으로 하지 말아야 된다는 사실을 알면서도 무심코 저질렀던 나쁜 짓들은 자연스럽게 포기하거나 꺼리게 되면서 반대로 착한 행위만을 쫓게 되는 사람 즉, 완전하게 달라진 사람이 되어 버립니다.

정진을 하면 할수록 행복과 평화를 느끼며 다른 일에는 점점 무관심 하게 되면서 수행에 대한 자긍심을 갖게 됩니다. 그리고 자신의 행복감으로 선근공덕을 키우기 위하여 유익하고 가치 있는 일을 찾으며, 수행센터에는 성금이나 보시를 하거나 사찰의 건립이나 보수의 의지를 강하게 나타내기도 합니다.

수행하는 즐거움이 점점 자라면서 「죽는 순간까지 정진해야겠다.」는 결심을 굳히면서 수행은 이 생에서 꼭 해야만 하는 일이란 사실도 깨닫고 자신의 체험을 다른 사람들도 수행할 수 있도록 설득도 합니다.

이렇게 차츰 수행에 대한 믿음이 확립되면서 이론적인 지식과 실제적인 체험으로 혼란을 일으키는 경우도 있습니다. 어떤 수행자는 경전도 자기의 편견으로 해석해서 허세를 부리며 스승과도 겨루게 되는 경우도 생깁니다.

「일어남-사라짐」을 「들이 쉼-내어 쉼」 또는 「들 쉼-날 쉼」이라고 명칭을 바꿔 붙이려 하고 현재에 마음을 챙기는 것보다 마음에서 일어나는 생각이 근본 지혜라고 잘못된 길로 빠져버리는 경우도 있습니다.

그러나 대부분 부처님의 가르침을 진심으로 믿고 존경하면서 스승과 자기를 이곳까지 인도해준 사람에게도 깊이 감사하는 마음과 존경심을 갖게 됩니다.

현재의 수행을 결코 멈추려 하지 않고 승려가 되려는 마음이나, 홀로 조용하고 평화로운 곳에 머물며 수행에만 전심전력하려는 사람도 있는가하면, 심지어 불굴의 투지로 노력이 지나쳐 집중력과 의식이 약화되고 산만해져 삼매에 들지 못하는 수행자도 있습니다. 또 어떤 사람은 죽기까지 합니다.

수행에 대한 열정이 지나쳐 현재를 의식하지 못하고 과거의 삶들을 희미하게 돌이켜 보면서 미래에 대한 상상에 파묻히게 되기도 합니다.

또 어떤 수행자들은 배가 일어나고 사라지는 움직임을 띄엄띄엄 느끼지만 망상 때문

에 방해받지 않고 마음을 챙기지 않아도 무의식적으로 모든 외부의 사물에 주의를 기울이게 됩니다.

수행자의 마음은 무관심하여 기분이 나쁘지도 않고 기쁘지도 않고 망각하지도 않습니다. 일어나고 사라지는 움직임은 분명한데도 동시에 마음을 챙기지는 않습니다.

수행의 정도가 한동안 무르익으면서 신체적인 욕구에도 무관심하게 되고 어떤 나쁜 일을 접하더라도 다치지 않습니다. 수행에 대한 즐거움과 행복이 충만한 상태가 자주 나타나면서 자신의 몸으로부터 빛이 발산되는 방광현상도 가끔 나타나기도 합니다.

불꽃이나 자동차의 불빛 같은 밝음이 칠흑 같은 밤중에 갑자기 방안이 환해지면서 방안의 모든 사물들이 대낮같이 보입니다. 이때 수행자는 문이 열려서 외부의 서치라이트가 방안을 비추는 착각을 할 만큼 놀라기도 합니다.

그래서 어느 문이 열렸는지, 빛이 왜 들어오는지를 알려

고 눈을 뜨는 수행자도 있습니다. 빛이 자신의 몸에서 발산
되는 것을 느끼며 많은 수행에 대한 기쁨으로 행복해 하기
도 합니다. 또 다른 영상들을 많이 접하는 경우도 있습니다.

이런 현상들도 잠깐 나타났다가 사라지고 이제 산란했던
정신적인 방황과 불안정한 들뜬 마음도 가라앉게 됩니다.
수행에 대한 기쁨과 황홀감이 점점 희미해지며 무관심과 만
족감에 이어 한껏 충만을 맛보게 됩니다.

이제 일어나고 사라지는 지난날의 많은 현상들을 관조할
수 있는 단계에 이르러 제법 정진에 대한 여유를 가지게 되
고, 다시 한 번 더 일어날지도 모르는 퇴굴심을 염려하면서
자신을 다집니다.

아랫배의 움직임을 미세하게 관찰하다 보면 일어남이 두
세 단계나 서넛 단계로 또는 대여섯 단계로 진행되는가하면
사라지는 과정도 그렇게 진행됩니다. 또 아랫배의 일어나고
사라지는 시작과 끝이 분명하게 의식되고 간헐적으로 일어
남과 사라짐이 완전하게 없어지는 현상도 느낍니다.

소리도 「들림, 들림, 들림」하고 알아차리면 재빨리 없어
지고 갖가지 빛이나 영상들도 보이지만 마음을 챙기면 금세
사라집니다. 배의 움직임이 빨라지다가 「뚝」 그쳐 버릴 때
의 무상함이 분명하게 나타나지만 무아와 고는 잠재해 있습
니다.

또 배의 움직임이 가벼워지다가 사라져 버릴 때는 무상과
고의 현상은 그대로 잠재된 상태입니다. 그리고 배가 딱딱

해지거나 긴장되는 현상이 사라지는 것을 인지하며 고를 깨닫게 되지만 무상과 무아는 그대로 묻힙니다.

이와 같은 현상들이 되풀이 되면서 선정에 들면 자주 호흡이 멎는 현상을 체험하게 됩니다. 이때 우리들은 진공상태의 용기 속에 갇혀서 깊은 바다 밑으로 가라앉는 것 같은 느낌이나 높은 하늘에서 구름의 기류 층으로 떨어지는 느낌을 갖게 될 것입니다.

이와 같은 과정을 거치면서 마음 챙김의 대상은 분명하지 않지만 일어나고 사라지는 움직임은 막연하게나마 의식될 것입니다. 또 일어나고 사라지는 움직임이 사라진 것처럼 느끼면서 몸은 사라지고 의식만 남은 듯합니다.

그러나 이때 물질적인 몸이 사라진 것이 아니라 움직임과 인식이 함께 작용하기 때문에 움직임이 사라진 것처럼 느껴질 뿐입니다. 일어나고 사라짐이 분명해 졌다가 희미해 졌다가, 또 배의 일어나고 사라지는 현상을 끝없이 볼 수 있을 것 같은 마음 챙김이 진행됩니다. 그러다가 갑자기 배의 움직임과 의식이 함께 멎어 버립니다. 한동안 시간이 흐른 뒤 갑자기 의식이 하나 둘 되살아납니다. 그리고 배의 움직임도 선명하게 보이면서 조금 전의 의식과 움직임이 멈췄던 사실도 분명하게 알게 됩니다.

참 자유인

참 자유인

수행에 정도가 깊어지면 질수록 평소에 느끼거나 볼 수 없었던 갖가지 현상들이 현현하게 나타나게 됩니다. 그때 법희와 법열이 수행에 가속도를 붙게 합니다.

마음 챙김은 분명하게 느끼지만 알아차림이 명확하지 않아 갖가지의 대상들이 아득한 곳에 있는 것처럼 느낄 때도 있습니다. 그래서 자아에 대한 생각은 전혀 없고 일어나고 사라짐만이 존재하는 것같이 느끼게 됩니다.

가끔 배의 움직임이 한동안 멈추는가 하면 하루나 이틀간 멈추는 현상도 일어났다가 또 갑자기 배의 움직임이 뚜렷해지기도 합니다.

그리고 내적인 현상 즉, 미세한 느낌이나 생각 같은 것은 잘 챙겨지지 않지만 바깥 경계인 나무나 건물들이 안개나 구름 속에서 흔들리는 것처럼 느껴질 때도 일어납니다. 그때는 하늘을 봐도 공기의 진동도 보이고, 산이나 바다가 굴절되어 보이며, 세상도 바뀌고, 시각도 점점 바뀌며 완전히 달라져 보입니다.

가끔 몸과 마음은 환영이나 허깨비처럼 전혀 존재하지 않는다는 두려움이 일어나기도 하지만 그것은 잠깐 스쳐 지나는 공포감인 동시에 또 다른 기쁨이기도 합니다. 수행에 대한 기쁨과 더불어 지금까지 귀중한 것이라고 믿어 왔던 몸과 마음이 실재하지 않는다는 사실들을 가슴으로 확실하게 깨닫게 되는 지혜 단계에 이르게 됩니다.

이제 세상에 영원한 것이란 아무것도 없고 단지 몸과 마음이라는 물질과 비물질만이 일어나 진행하다가 사라진다는 이치를 바르게 깨닫게 됩니다. 옛날과는 달리 오감에서 비롯되는 지각이나 인식이 분명하지 않을 때도 있습니다.

스스로 게을러진 것처럼 보이며 수행자에게는 모든 것이 덧없고 무상하게 느껴질 뿐 그동안 모두가 아름답고 신비하게 보이던 모든 것들이 별 가치 없어 보이기도 합니다.

뿐만 아니라 수행에 대한 환희심이나 기쁨도 점점 사라지고 지금까지 아끼고 사랑했던 모든 것들에 대한 진실과 가치관의 재정립에서 비롯되는 괴로움과 슬픔 같은 기분이 한동안 통감하게 됩니다.

지금까지 괴로움의 근본을 이해하지 못하다가 비로소 괴로움이 무엇인지를 진정으로 깨닫게 됩니다. 막연하게 지옥을 나쁜 곳이라고 생각해서 수행으로 선행공덕을 쌓아 지옥만은 피하고 싶었지만, 이제 해탈의 가치를 보다 더 뚜렷하게 이해하면서 선악에 대해서 서서히 초월하게 됩니다.

해탈이 세상의 어느 것보다 가치 있고 이 세상의 어느 것과도 비교할 수 없을 만큼 훌륭하고 거룩하다고 마음을 굳히며 해탈로 향하는 열의는 더욱 더 끓어오르게 됩니다.

마지막으로 해야만 하는 일 즉, 불방일을 깨닫게 되면서 모두가 나쁜 것이며 즐길만한 것이나 가치 있는 것이 아니라는 사실과 더불어 간단없는 최선의 노력으로 오로지 해탈 외에는 아무것도 없다고 확신하게 됩니다. 자신의 마음이나 몸에 대한 애착과 건강에 대한 집착도 사라져 버립니다.

어떤 수행자는 이전에 갖고 있던 명예욕이나 물질에 대한 집착심을 잃어버리는 허전함과 괴로움 같은 것을 느끼며 모든 것들은 소멸한다는 이치를 보다 더 절실하게 깨닫습니다.

세상은 물론 태양이나 달이나 우주까지도 결국 사라진다는 점을 깨달으며, 태어남에는 반드시 늙고 병들어 마침내 죽게 된다는 진리도 체득하게 되면서 해탈에 대한 열망도 점점 더 강열해 집니다.

이렇게 한동안 최선을 다해서 수행에 몰입하다가 어느 날 갑자기 자신의 노력만큼 결과가 이뤄지지 않는 것 같은 착각에 빠져 방일심이 일어나기도 합니다.

「나는 전생의 업장이 두터워 안 되겠구나! 이제 깨달음에 대한 진리를 이해하였으니 다음에 조용한 때가 되면 수행을 다시 해야지! 이제 어느 정도 깨달음을 성취했다! 수다원과는 성취된 것 같으니 내생에 다시 태어나 그때 완전한 해탈을 해야지!」라고 삶의 쾌락 때문에 해야 할 일을 뒤로 미루거나 자신의 게으름을 합리화하면서 수행을 포기하는 경우도 없지 않습니다.

그러나 이런 장애를 극복하며 계속 정진을 쉬지 않으면 자신이 어떤 경지에 들어간 듯한 지혜 단계를 스스로 인식하게 됩니다. 깜짝깜짝 놀라지도 않고 기뻐하지도 않고 또 행복도 슬픔도 느끼지 않으며 단지 냉정함이나 무관심과 같은 평등심만이 남게 되는 경지가 일어납니다.

마음 챙김은 보다 더 굳건해지는 동시에 잘 만들어진 길을 달리는 것같이 만족과 평온을 즐길 줄 알게 됩니다. 오랜 시간을 앉아서 정진을 하면서도 얼마나 앉았는지 모를 정도로 편안하게 정진을 하며, 두서너 시간 앉아 정진하고도 앉을 때 자신이 계획했던 30분정도 앉은 것처럼 정진이 가볍게 될 것입니다.

해탈은 무상, 고, 무아 등의 삼법인으로 각 나타나게 됩니다. 특히 자비심으로 남에게 많이 베풀며 청정하게 계율을 지켜온 수행자는 쉽게 무상의 도에 이르게 될 것입니다.

평소 바른 마음 챙김을 쉬지 않고 잘 실천한 수행자는 배가 일어나고 사라지는 움직임을 알아차릴 때나 앉아 있음이나 몸에 닿는 부분을 인식할 때 호흡이 막히는 현상들이 일어납니다.

괴로움으로 이르는 상응의 지혜는 무척 참기 어렵지만 멈추지 않고 계속 마음을 챙겨 나아가면 감각의 멎음이 일어났다 사라지기도 합니다. 일어나고 사라지는 배의 움직임이나 앉음과 닿음에 대한 고통이 멎으면서 적응의 지혜가 고개를 듭니다. 즉 괴로움의 도에 이르게 될 것입니다.

이것은 무아로 견성하게 되는 지혜 성취의 경우입니다. 이와 같은 종류의 수행법으로 전생에 정진을 많이 해왔던 수행자는 배의 일어나고 사라지는 움직임이 안정되어 순일하게 진행되다가 「뚝」 그쳐 버릴 때도 있습니다.

배의 일어나고 사라지는 움직임이 멎는 것은 그 움직임을 인식하던 정신적인 의식도 함께 사라진 상태를 의미합니다. 즉 몸과 마음이 함께 멈췄다는 것입니다.

초의 밀랍이 모두 닳아 없어지면서 이어 초의 심지가 다 타 버리고 촛불의 마지막 밝음마저 사라지는 동시에 깊은 어둠이 내리듯 진리의 인식처럼 동시에 나타납니다.

모든 것이 멎는 상태가 한동안 진행되다가 깨어난 뒤 약 30분가량 진행되는 일어남의 상태, 진행 상태, 그침이 시작되는 상태, 그침의 불연속성에 대한 상태, 일어나고 사라지는 현상이 없어진 상태, 등의 경지가 세간적인 것도 아니고 초세간적인 상태도 아닌 상태로서 한발만 해탈 문턱 안으로 들여놓은 상태입니다.

이 지혜 단계는 범부도 아니고 성인도 아닌 중간 상태라고 할 수 있습니다. 이제 일어나고 사라지는 현상관찰에만 깨어 있을 뿐 그 어떤 현상도 모두 없애고 다음에 일어날 현상을 없앨 준비를 하는 단계입니다.

자아에 대한 생각이나 규칙, 의식이나 훈련 등에 잘못된 인식들이 이때 끊어집니다. 해탈에 이르는 지혜로 완전한 깨달음에 이르게 되면서 해탈에 대한 더 이상의 의심도 완전하게 사라집니다.

이제 여러 현상들에 대한 조절능력과 심오한 지혜도 갖춰져 이생을 다한 뒤의 의심도 사라지고 천당이나 지옥에 대한 것과 진리에 대한 일체의 의심도 더 이상 일어나지 않는 초월적인 상태에 진입하게 됩니다.

이와 같은 체험의 단계를 지나면 그 뒤 일어나고 사라지는 움직임이나 앉고 닿은 느낌은 부드럽고 고릅니다. 여하튼 이런 무상지(無常智)는 실제로 체험되어 지는 것이지 머리로 상상에 의해 깨닫는 지식이 아닙니다.

멸정(滅淨)의 상태는 일어나고 사라지는 생멸에 대한 마지막의 지혜 상태로서 그 어떤 대상이든지 일어나고 사라지는 그 현상을 알아차리는 의식이 갑자기 멎게 되는 상태를 의미합니다.

마치 길을 걷다가 갑자기 어떤 구덩이에 빠져버린 것처럼 마음 챙김과 그 대상과 인식하려던 마음도 일체 기능을 멈춰 버립니다. 이 경지를 「도의 지혜」라고 하는데 이제 수행자는 성위 4과 가운데 최소한 수다원과나 사다함과의 경계에 가까워졌다고 할 수 있습니다.

이후 마음은 무슨 일이 일어났는지를 분명하게 알게 되며 도에 대한 초월적인 지혜가 두서너 번 진행될 때 마다 나타나는 「과의 지혜」는 곧 아라한과에 진입한다는 전조가 됩니다.

첫 번째, 모든 감각이 완전하게 벗어남은 세간과 비세간의 중간 단계의 지혜가 됩니다. 이 경지는 성위 4과 중 수다원과의 경계라고 합니다.

두 번째, 감각이 끊어진 중간 상태의 경지는 완전한 초월적인 상태로서 사다함과의 경계라고 합니다. 마지막으로 나타나는 완전한 초월적인 경지에서는 모든 현상이 근절되고 소멸하는 경계를 아나함과라고 합니다.

우선 나무들이 불에 타고 있는 상태에서 그 불을 끄는 과정을 비유하면 우선 불을 끄려면 먼저 물을 퍼부어서 불꽃이 더 이상 번지지 않도록 방지하면서 큰 불꽃부터 꺼지게 합니다.

그러나 연기는 계속 되겠지요? 이때 두서너 번 더 물을 계속 퍼부으면 그때 불은 완전하게 진화될 것입니다.

이와 같은 현상들이 이 경계에서 나타나는데 이것은 업의 힘이 계속 남아 있기 때문에 보다 철저히 반조하며 깨끗하게 업의 원인이 되는 뿌리를 철저하게 근절해야 할 것입니다. 반조하는 지혜 단계는 불을 끄기 위해서 물을 두서너 번

더 퍼붓는 것과 같은 경계를 말합니다.

앞으로는 지금까지 쫓아온 도에 대한 마음 챙김과 그 동안 얻어진 결과에 대한 검증이 진행되는 단계에 이르게 됩니다. 이미 제거하고 극복한 체험의 지혜와 아직 완전하게 제거되지 못한 잔영에 대한 마음 챙김을 포함해서 미세하고 특수한 의식에 대해서 체험된 지혜를 반조하는 경계에 도래됩니다.

드디어 일어나고 사라지는 현상을 인식하는 동안 도와 과에 들어가 그동안의 삼법인에 대한 지혜와 체험을 반조하면서 마지막의 지혜 단계인 아라한과를 향하게 됩니다.

멸정(滅淨)의 상태가 한동안 진행되는데 그 시간은 5~10분, 혹은 24~48시간 3~5일간 정도 또는 그 이상의 경지에도 들어갈 수 있습니다.

멸정의 시간은 집중력의 정도에 따라 다르지만 집중이 잘 될 때는 오랫동안 머물 수 있고 집중력이 약하면 잠깐 밖에 머물 수 없을 것입니다.

이곳까지가 수행자들의 최고 목표이며 구경열반지라고 표현되는 아라한과의 전단계로서 이후부터 피나는 수행도 필수적이지만 선행공덕과 인연공덕이 필연이라는 사실을 잊지 말아야 할 것입니다.

마하 반야바라밀
나무 석가모니불
나무 석가모니불
나무 시아본사 석가모니불

점검하는 날

Q1. 좌선 중 아랫배의 움직임에 집중하고 있으면 배가 굳어지며 숨을 들이 쉬어도 공기가 들어오지 않습니다. 또 명칭을 챙기면 배가 보이지 않고 배를 보려고 애쓰면 명칭을 잃어 버리게 되는데 어떻게 해야 합니까?

A. 처음에는 긴장되어 가끔 일어나는 초심자들의 현상입니다. 숨을 쉬어도 공기가 들어오지 않는 느낌은 호흡을 긴장하고 있다는 것입니다. 공기를 들이마신 만큼 내어놓지 않기 때문에 일어나는 현상입니다. 공기를 보다 많이 내어 쉬려는 듯이 그리고 자연스럽게 호흡하면 금세 괜찮아질 것입니다. 우선 긴장을 풀고 편안한 마음으로 어깨나 온몸에 힘을 빼십시오. 물론 마음이나 몸에도 일체의 의도나 힘을 가하지 말고 그냥 아랫배에서 일어나고 사라지는 현상만 지켜보십시오.

배의 움직임에 안식을 너무 밀착해서 보면 명칭을 잃어버리게 되고 명칭에 집중하게 되면 배가 보이지 않게 되는 현상이 일어날 수도 있습니다. 배의 움직임을 조금 떨어져 객관적으로 봐야 합니다. 그냥 지켜만 보면서 명칭을 붙이면 배의 일어나고 사라지는 움직임도 명확하게 보이고 명칭도 뚜렷해 질 것입니다. 그래서 배의 움직임이 일어날 때「일어남」이라고 염송하고 꺼질 때「사라짐」이라고 염송하며 마음을 챙겨서 확연하게 알아차려야 합니다.

Q2. 경행 중에는 발바닥이 땅에 닿을 때 바닥이 아주 부드러운 솜 위를 걷는 것 같았고, 발이 바닥에서 떨어질 때는 그 솜털이 발바닥에 붙어 올라오는 듯 하는가하면, 발이 앞으로 나아갈 때는 발등에 바람이 스치는 것 같았습니다.

조금이라도 발에서 마음 챙김이 약해지면 금방 몸의 중심이 흔들려 발을 바르게 내려놓지 못하고 비틀거리게 됩니다. 어떤 때는 발바닥의 앞부분부터 닿는 것이 옳은지 뒷부분부터 닿는 것이 옳은지 의문이 생기기도 합니다.

A. 수행자가 잘 알고 있듯이 처음에는 마음 챙김이 잘 되어서 미세한 느낌도 볼 수 있었습니다. 그렇지만 얼마 지나지 않아서 마음 챙김이 그 대상에 밀착되지 않고 순간적이나마 마음의 미세한 혼란이 일어나면서 몸의 균형을 잡지 못하게 됩니다. 즉 마음 챙김의 집중대상에 밀착되지 않은 탓이니 보다 집중해야 합니다.

보다 면밀하게 마음을 챙겨서 우선 발바닥에만 집중하여 관찰하십시오. 그러면 발에서 갖가지의 현상들이 일어났다 사라지고 사라졌다 또 다른 현상이 일어날 것입니다. 그 현상들에 낱낱이 마음을 챙겨서 발을 들 때, 앞으로 나아갈 때, 내려놓을 때는 어떻게 느껴졌으며 몸의 체중을 옮길 때는 어떻게 진행되는지를 바르게 알아차려야 합니다.

경행할 때 평소의 걸음걸이대로 하며 특별하게 걷지 말고 발바닥의 앞뒤 부분이 동시에 닿도록 하십시오.

Q3. 좌선 중에 가끔 배의 움직임이 어렴풋하게 보일 듯 말듯 하다가 배의 움직임이 전혀 보이지 않습니다. 또 좌선을 처음 시작할 때는 배가 긴장되어 호흡이 고르

지 못하고 힘이 들었으나 얼마 후에는 호흡은 잘 되는 것 같은데 숫자가 열 번까지 명확하게 지속되지 않습니다.

그리고 이마와 미간 쪽이 마비되는 것 같은 현상이 자주 일어나는데 어떻게 해야 됩니까?

A. 배의 움직임이 명확하게 보이지 않을 경우 아랫배에다 양쪽 손바닥을 얹어서 「일어남-사라짐」을 염송하며 배의 움직임을 보다 객관적으로 지켜보십시오.

호숫가에 앉아서 백조가 한가로이 떠다니는 모습을 하나의 움직임이라도 놓치지 않고 지켜보듯 시험관 속의 곤충을 지켜보듯이 아랫배의 움직임도 단지 지켜만 보면서 그 움직임에 따라 염송하며 마음을 챙겨 알아차리기만 하십시오.

처음에 호흡이 고르지 못한 것은 집중력이 갖춰지는 동안 잠깐 일어나는 현상이니까 그렇게 염려하지 않아도 됩니다.

수행을 어느 정도 해왔던 수행자들도 좌선을 하기 전에 경행을 할 수 없는 환경에서 좌선을 시작할 때는 약 5~10분 정도 자비관이나 염불관을 합니다. 자비관이나 염불관 뿐만

아니라 부정관이나 수식관이나 백골관(묘지관)과 같은 사마타법의 정심관법을 선택해서 한동안 마음을 가라앉힌 뒤 아랫배의 움직임으로 진입하면 됩니다.

미간과 이마가 마비되는 것은 움직이지 않고 부동의 자세로 마음을 챙기고 있었던 현상으로서 모든 의식을 아랫배에 한동안 집중하고 있으면 일어나는 것입니다. 그때는 즉시 그 느낌을 「느낌, 느낌, 느낌……」 또는 「앎, 앎, 앎」이라고 염송하며 마음을 챙겨 알아차리면 금방 사라지게 됩니다.

이제 배를 주시하는 것을 보다 객관적으로 하십시오. 안식 앞에 배의 움직임과 숫자를 함께 놓고 애기들이 그림놀이를 할 때 그림을 보고 글자를 갖다 놓듯이 하면 금방 좋아질 것입니다.

Q4. 좌선 중에 호흡을 챙기는 과정에서 수식관법의 숫자 헤아림이 한 사이클 끝나는 시간이 20분정도 걸린다고 했는데 저는 3년 전부터 이 수행을 하기 전까지 단전호흡법으로 수련을 해서인지 방선죽비를 칠 때까지 한 사이클도 끝나지 않습니다. 그러나 저 나름대로 마음과 몸이 착 가라앉으며 호흡이 고르게 진행되는 듯 하더니 갑자기 몸이 완전하게 사라진 듯 저의 몸을 전혀 의식할 수가 없을 때도 있었습니다.

그리고 얼마 뒤 아주 깊은 안정 속에서 호흡과 숫자를 맞춰 배에 집중하고 있는데 갑자기 옛날에 침을 맞았던 부위에 당시 침 맞을 때의 아픔을 새롭게 잠깐 느꼈습니다.

A. 여기서 정진하는 호흡법은 의도적이거나 의념으로 하는 호흡이 아니라 평소의 호흡에 마음을 챙겨 알아차리는 것입니다. 다른 호흡법은 호흡을 억제하며 규칙적으로 하기 때문에 이 수행법의 호흡 보다 늦을 수밖에 없습니다.

여기서는 자연적인 일상생활 속의 호흡을 지켜보면서 몸 있는 곳에 마음을 함께하는 수행을 하는 동시에 자신이 하는 호흡의 특성을 이해하는 과정을 거쳐야 합니다.

우리들은 호흡의 움직임을 길면 길게 알아차리고 짧으면 짧게 알아차려 나가야합니다. 자연적인 한 호흡에서 무상과 고와 무아의 보편적인 특성을 보며, 지수화풍의 고유한 특성도 함께 볼 수 있습니다.

또 자신의 몸을 의식하지 못함은 무기나 혼침 같은 현상이 있어서거나 아니면 아랫배의 미세하고 작은 움직임만 보이고 몸 전체를 의식하지 못했다면 그것은 다릅니다.

그리고 옛날의 심하게 아팠던 경험을 다시 느끼는 것은 비록 잊어 버렸지만 잠재의식 속에는 계속 남아 있었기에 다시 떠 오른 현상입니다. 그 의식은 이제 영영 사라지게 될 것입니다. 정진이 잘되면 옛날의 기억과 느낌도 일어나서 사라지게 되는데 그것은 어디까지나 환영에 불과한 것입니다. 문제는 그 당처의 느낌이나 현상을 알아차리는데 있습니다.

Q5. 경행 중에 한참 걷다보니 발을 들 때는 무거움을, 나아갈 때는 바람을, 「내려」할 때는 딱딱함을, 「놓음」할 때는 뜨

거움을 보았습니다. 또 무릎의 밑 부분이 없는 것 같기도 하고 몸이 굉장히 가볍고 발로 밟는지 무릎으로 밟는지 잘 모를 때도 있었습니다.

특히 「내려」라고 염송하며 발을 내려놓는 순간 한동안 발이 밑으로 「쑥」 빠져 내려가다 갑자기 딱딱함이 부딪는 것 같았습니다. 그러자 금방 다음 발의 중심이 흔들려서 몸의 중심을 바르게 하려고 하면 발의 조금 전의 느낌을 다시는 느낄 수 없었습니다.

A. 수행자는 걸을 때 자신이 걷고 있음을 바르게 알아차려야 하며, 발을 들 때는 듦을 바르게 알아차려야 하고, 발을 앞으로 내밀 때는 내밂을 바르게 알아차려야 하고, 발을 내려서 놓을 때는 내려서 놓음을 바르게 알아차려야 합니다.

발을 들 때의 무거움은 물의 특성인 유동성을 보았고, 발을 앞으로 옮길 때 느낀 바람은 바람의 특성인 운동성을 보았고, 내릴 때의 딱딱함은 흙의 특성인 견고성을 보았고, 발을 놓을 때의 뜨거움은 열기의 특성인 냉온성을 본 것입니다.

발이 땅에 닿는지 무릎이 땅에 닿는지를 모를 정도로 몸이 가볍다는 것은 「수행하려는 열의」는 지나치게 강하고 알아차림은 약했다는 것입니다. 그리고 바닥이 딱딱했다는 현상은 지나친 집중에서 잠시 자신의 걷는 사실을 깜빡 놓치는 현상에서 나타나는 때 입니다.

다시 마음을 모으지 않고 조금 전에 느꼈던 현상을 찾으니 마음은 현재의 찰나에 머물지 못하고 과거를 쫓는 것입니다. 그때는 조금 전에 일어났던 현상의 기억을 되살릴 것이 아니라 「딱딱함, 딱딱함, 딱딱함」, 「닿음, 닿음, 닿음」이라고 염송하며 알아차리고 곧 「오른발, 앞으로, 내려, 놓음, 왼발……」 이렇게 염송하면서 발바닥에 마음을 챙겨야 합니다. 다음 점검 때까지는 발이 닿기 직전의 현상과 발바닥의 닿는 부분에서 일어나는 현상을 보다 미세하게 알아서 오십시오.

Q6. 좌선 중에 조용히 호흡을 지켜보는 동안 호흡은 하나의 포물선을 그리며 일어나고 사라지는 것이 아니라 작은 일어나고 사라짐의 모임들이 일어나고 사라지는 것처럼 느껴졌습니다.

즉 작은 톱날들이 모인 큰 톱날이라고 비유하고 싶습니다. 그래서 더 자세하게 보니까 작은 움직임 역시 더 작은 움직임의 집합이라는 현상도 알게 되었습니다.

오늘은 눈앞의 먼 어둠 속에서 하나의 하얀 점이 점점 커지며 눈앞으로 다가오면서 확대되어 눈앞이 확 밝아지는 것 같은 현상이 계속 반복되는 것 같습니다. 그러다가 양쪽으로 꽃들이 가득히 핀 길을 한없이 빠르게 달려도 끝이 보이지 않아

한없이 달려 보았지요. 그러다가 죽비소리에 눈을 떴습니다.

　A. 좌선 중의 호흡을 미세하게 잘 지켜보았습니다. 호흡은 하나의 에너지이며 떨림의 진동입니다. 좀 더 미세하게 보인 것은 전기면도기로 수염을 미는 것과 같습니다. 수행을 시작할 때의 호흡은 손으로 미는 수동적인 면도기와 같고 지금 본 호흡은 전기면도기를 미는 것처럼 이해하면 되겠습니다.

　우리가 들이쉬고 내쉬는 한 가지의 호흡으로 배의 일어나고 꺼지는 바람의 특성과 차고 뜨거운 불의 특성과 딱딱하고 부드러운 흙의 특성과 배의 일어나고 꺼질 때 무거움과 가벼운 물의 특성을 함께 볼 수 있습니다.

　밖에서 급히 와서 앉아 눈을 감으면 배의 움직임이 금방 잘 보이지 않을 것입니다. 우선 자비관을 한동안 하다가 배의 움직임이 분명해지면 그때 「일어남, 사라짐……」을 시작하십시오. 그래도 배가 긴장되어 통증이 오거나 호흡이 순일하지 못할 때는 다시 온 몸의 각 부분마다 마음을 챙겨서 힘이 들어가 있는 곳이 있는지 점검하면서 몸의 긴장을 푸십시오. 그 뒤 천천히 「일어남, 사라짐……」을 하면서 아랫배에 마음을 챙기십시오. 그러면 마음 챙김은 성성해지고 아랫배의 움직임은 보다 뚜렷해 질 것입니다. 흰 점이 보이거나 꽃이 보이는 길 운운은 망상이 그린 환상이며 마음 챙김이 되지 않았다는 그림자입니다. 수행의 당처에 보다 면밀하게 마음을 챙겨서 바른 앎으로 일관되어져야 할 것입니다.

Q7. 경행 중에는 발의 움직임이 분명하면 망상들이 일어나지 않지만 망상이 들어오는 순간부터 발의 움직임이 흐릿해 지다가 보이지 않으면서 몸은 중심을 잡지 못합니다. 그래서 다시 발을 보려고 애를 쓰면 발이 쇠뭉치같이 무겁고 또 발이 땅에 붙어서 떨어지지 않는 것처럼 느껴지기도 하고 금방 또 다른 생각들이 일어났습니다. 그리고 다리의 전체에 마음을 챙기면 발이 들리기 직전에는 다리의 모든 근육이 긴장하는 듯 굳어지다가 발이 들리면서 스프링처럼 발이 자연스럽게 앞으로 튕겨져 나가니까 「앞으로, 앞으로, 앞으로」라고 염송하며 마음을 챙길 여유도 없이 「내려」의 동작과 바로 「놓음, 놓음, 놓음,」의 움직임으로 연결되어 버립니다.

A. 그냥 중환자처럼 아주 천천히 「왼발-왼발-왼발, 앞으로-앞으로-앞으로, 내려, 놓음-놓음-놓음」이라고 10단계로 걸으며 명칭을 붙이세요. 보다 마음을 모아서 발바닥의 가장 느낌이 강한 곳에 마음을 챙겨야 합니다. 그러면 몸의 중심이 흔들리거나 망상이 들어오지 않습니다. 마음은 금방 평화로워지면서 자신의 몸이나 발의 움직임을 바르게 챙겨볼 수 있을 것입니다. 왼발의 움직임은 찰나찰나 의도와 움직임과 그 알아차림 등이 원인이면서 결과가 되고 결과이면서 원인이 되어 서로 번갈아가면서 지속되는 것을 볼 수 있게 됩니다. 그리고 발의 연속적인 움직임에 대한 무상(無常)의 이해, 움직이는 주재자가 아니라 단지 몸과 마음의 인과

작용으로 움직이는 것을 알게 된 무아(無我)의 이해, 그리고 발을 움직일 때 일어나는 무거움, 뜨거움, 긴장감 같은 불만족의 특성인 고(苦)를 이해하게 됩니다. 지금까지의 경행은 톱을 나무위에 올려놓고 그냥 밀었다 당기는 것처럼 했습니다. 마음 챙김을 발바닥에 밀착해서 보다 면밀하게 챙기십시오.

Q8. 좌선 중에 머리와 몸이 굉장히 크게 부푸는 것 같은 현상을 느낍니다. 그리고 몸이 공중으로 떠오르는 것 같이 가볍고 심지어는 어지러울 정도입니다. 또 검은 구름 위를 뜬 것 같은 느낌과 더불어 순간적이지만 불안도 함께 느껴져서 눈을 떠 버렸습니다. 그래서 다시 눈을 감으면 속이 메스꺼워 지기도 하고 어지럽기도 합니다.

A. 마음 챙김이 잘 진행되다가 약간의 혼침으로 마음 챙김이 약화될 때에 일어납니다. 그때는 눈을 뜰 것이 아니라 「느낌, 느낌, 느낌」 또는 「어지러움, 어지러움, 어지러움……」하고 그 당시의 느낌이나 현상을 피하지 말고 마음을 챙겨서 관찰해야 됩니다. 결코 몸이 떠오르는 것도 아니고 또 몸이 부푸는 것도 아닙니다. 그리고 속이 메스꺼워지면 「메스꺼움, 메스꺼움……」 또는 「느낌, 느낌, 느낌」아니면 「앎, 앎, 앎」을 염송하며 마음을 몇 번 챙겨 보다가 계속 그 메스꺼움이 사라지지 않으면 그때는 자신이 일어나야 하

겠다는 의도와 한 동작 한 동작의 움직임을 차근차근 챙기
며 살며시 일어서서 경행을 하거나 입선을 하면 됩니다. 그
뒤 마음과 몸의 불편한 현상들이 가라앉으면 다시 좌선을
시작하십시오.

Q9. 수식관법으로 정진하던 중에 배의 중간이 움직이다가
갑자기 밝은 빛이 눈앞에 덮치는 것 같았습니다. 또 저의 몸이
점점 사라지다가 나중에는 전혀 없는 것 같았습니다. 처음에는
손과 팔 부분이 사라지면서 온몸이 완전하게 사라졌습니다. 또
숨을 전혀 쉬지 않는 것 같기도 하고 어떤 때는 숨을 들이 쉬어
도 바람이 들어오는지 모를 정도로 편안했습니다.

그리고 경행 중에 발바닥이 말랑말랑한 스펀지나 진흙 위를
밟는 것 같아서 발바닥이 스펀지나 진흙 속으로 한참 빠져드
는 듯 하고 발을 들어 올릴 때에는 발밑에 스펀지나 진흙이 달
라붙어 올라오는 것 같은 느낌이었습니다. 그리고 발을 앞으
로 내 디딜 때는 발이 굉장히 가벼워 구름 위를 걷는 것 같았
고 전혀 몸의 무게를 느끼지 않고 걸었습니다.

A. 수행의 중요한 것은 잘 알아차렸느냐 입니다. 「…것
같았다.」라는 것은 추상적이고 관념적이고 그림자 같은 것
이기 때문에 점검중의 용어로는 맞지 않습니다. 마음 챙김
이 순조롭고 면밀하면 문득문득 일어나는 현상이지만 이는
결론적으로 환상입니다. 수행을 잘 하다가 잠깐 마음 챙김

이 약화될 때나 잠시 무기에 빠질 때 일어나는 현상입니다.

수행의 초보자나 수행을 열심히 하지 않는 이에게는 이러한 환상도 보이지 않습니다. 이와 같은 환상 때문에 법열이 일어나기도 합니다. 비록 환상이지만 수행에 열의를 더하는 이익을 주는 환상입니다.

왜냐하면 이와 같은 것 때문에 더욱 분발해서 수행할 수 있도록 해 주는 유익한 것입니다. 그래서 이를 수행에서 비롯되는 미약한 법열 가운데 하나라고 합니다. 불안한 마음도 많이 간추려진 것 같습니다. 여하튼 지금의 상태가 매우 중요한 시기이므로 마음 챙김의 대상에 보다 밀착해야 다음 단계로 진입하게 된다는 점을 명심하십시오.

Q10. 이 수행을 처음 시작할 때 비록 다리는 아프고 힘은 들었지만 생각은 가라앉고 망상은 별로 일어나지 않았습니다. 그러나 지금은 다리도 아프지 않고 몸은 편안한데 망상 때문에 정진하기가 매우 힘이 듭니다.

수행을 하니까 우선은 마음이 편하고 또 걱정되는 일은 그때 생각하기로 결정하니까 전혀 걱정은 되지 않았지만 그것은 잠깐이었습니다.

A. 미래의 일을 지금 생각해 봐야 아무런 소득이 없다는 것을 이해하십시오.

망상이 일어나면 즉시 그 망상을 알아차리고 「망상, 망상……」하고 염송하며 마음을 굳건하게 챙겨야 합니다. 편안함이 지나치면 마음 챙김이 약화되면서 마음 챙김이 흐릿해지고 몽롱해지는 무기나 혼침이 옵니다. 그래서 졸림이 오거나 무기력한

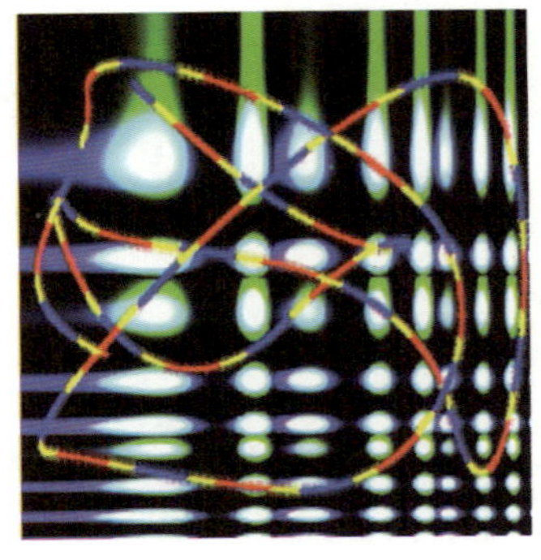

현상에 빠지게 됩니다. 편안할 때「편안함, 편안함……」이라고 알아차리며 마음을 챙겨야 합니다.

다리가 아플 때는 아파서 좋습니다. 왜냐하면 다리가 아프니까 망상이 일어나지 않기 때문입니다.

또 다리가 아프지 않으면 아프지 않아서 좋습니다. 왜냐하면 다리가 아프지 않기 때문에 일어나고 사라지는 현상들을 면밀하게 잘 챙길 수 있기 때문입니다. 일어나는 망상을 챙기지 못하므로 다리와 허리가 아프기를 기대하는 것은 아니겠지요?

Q11. 배에 마음을 모아 챙겨보면 배의 윗부분이 일어났다 꺼지고 또 꺼졌다가 일어나곤 합니다. 그리고 빛이 저의 몸에서 쏟아져 나오는 듯하며 앞이 훤해 지면서 몸이 굳어지는 것 같았습니다. 그러다가 몸이 벌렁 뒤로 넘어지면서 깜짝 놀라 깨어났습니다. 그래서 다시 조금 전의 신비한 빛을 다시 보려고 일체의 망상이 없는 가운데 아랫배의 미세한 움직임만

쫓아 마음을 챙기며 집중해 보는 동안 갑자기 저의 몸이 공중으로 날아 가버린 듯 했습니다.

단지 아랫배에서 미세하게 「똑딱 똑딱…」하고 움직이는 현상은 방석의 30cm 위쯤의 허공에서 움직이는 느낌이었습니다.

A. 배의 윗부분이 보이다가 또 아랫부분으로 내려가 움직이기도 합니다. 현재의 좋은 집중력을 유지하며 계속 정진하십시오. 그리고 빛이 눈앞으로 쏟아져 나오는듯하지만 그것은 실제로 몸에서 나오는 빛이 아니라 순간적인 황홀감에서 비롯되는 환영에 불과한 현상으로서 수행 중에 자주 나타납니다. 그럴 때 「빛이 보임, 빛이 보임, 빛이 보임」 또는 「앎, 앎, 앎」이라고 하면 그 빛은 금방 사라집니다. 만약 그 빛의 현상이 신기해서 한참 느끼며 붙들고 있으면 한동안 지속되지만 그것은 바른 수행이 아닙니다. 몸의 부분이나 전체가 사라지는듯하지만 그것은 의식하지 못할 뿐이므로 그 몸에 애착을 갖지 말고 무시한 채 안식의 대상에 밀착된 상태에서 더욱 밀착시켜 마음을 챙겨 나가십시오. 결론적으로 어떤 현상이든 좋아해서도 안 되고, 싫어해서도 안 되고, 좋은 것도, 싫은 것도, 아닌 무기의 상태가 되어도 안 됩니다. 다만 알아차려야 하고 의식해야만 합니다. 경행을 할 때 발이 바닥에 닿기 직전의 현상과 들기 직전의 현상을 다시 점검해 보십시오.

Q12. 약 28년 전 어릴 때 무심코 스쳐간 여자 친구의 기억이 되살아나 굉장히 괴로워했습니다. 「다시 그런 때가 온다면 결코 그렇게 어리석은 짓은 하지 않을 것인데……」라고 한없이 참회하면서도 당시의 제가 말할 수 없이 미웠고 후회스러웠습니다.

그날 정진하는 동안은 수행의 장애가 된다는 사실인 줄 알면서도 오랜만에 옛날의 기억 속에서 계속 머물며 많은 참회를 했습니다. 기억을 상세하게 더듬으며 돌이켜 잘못된 부분을 되새기며 자신의 잘못을 뉘우치고, 또 그녀의 행복과 안락을 빌어주는 것이 진정한 참회의 본질이라고 생각했습니다.

A. 선정이 없이는 지혜가 없고 지혜가 없이는 선정도 없습니다. 마찬가지로 지혜가 없이는 바른 참회 즉 용기 있는 자비가 일어날 수 없습니다. 가끔 「밀린 빨래 빨면서 살자.」라고 자주 언급했듯이 지난날의 잘못들을 참회하는 삶은 참 훌륭한 것입니다. 한번 형성된 업은 언젠가 결실을 만들기 마련입니다. 과거에 지은 업을 참회함으로서 다시는 그와 같은 어리석음을 재현하지 않게 됨과 동시에 그 업의 결실을 약화 내지 소멸할 수 있습니다. 그러나 수행 중에 언뜻 생각해 보면 타당한 것 같지만 우리들은 현재에 깨어있는 수행으로 선과 악을 초월해서 그 어떤 업도 장만하지 않겠다는 목적을 갖고 있습니다.

만약 지난 기억이 일어날 때는 「기억, 기억……」이라고 마음을 챙기며 현재에 머물러 있어야 합니다. 그러나 계속 옛날의 기억하고 싶지 않은 일이나 아름다운 추억에 빠져 「업장소멸, 참회……」 운운하며 자신이 해야 할 현재의 찰나에 섬광보다 빠르게 진행되는 즉, 일어나고 사라지는 당처를 놓치는 것은 그동안 수행을 쉬고 있다는 의미가 됩니다. 우리들에게 현재 외에는 아무것도 없다는 사실을 한 번 더 챙겨보길 바랍니다.

Q13. 경행 중에 왼발을 앞으로 옮기면서 발의 움직임은 조금 전의 움직임에 의한 결과가 되면서 또 그 원인에 의해서 다른 발이 따라 나가는 결과가 되는 연속적인 움직임을 알게 되었습니다. 그리고 발의 모든 움직임뿐만 아니라 모든 몸의 움직임 그 자체가 고통이란 사실도 함께 느껴졌습니다.

A. 모든 몸과 그 움직임은 물질이고 그 움직임을 알아차리는 것은 비물질입니다. 앉을 때는 앉는 몸과 그 움직임은 물질이고 그것을 의식하는 것은 비물질인 마음입니다. 단지 물질과 비물질 즉, 몸과 마음만이 존재할 뿐 나, 너, 그이, 그녀라는 개체는 따로 존재하지 않는다는 무아의 진리도 이해해야 합니다. 가끔 몸인 물질이 원인이 되고 마음인 비물질이 결과가 되는가하면 알아차리는 마음이 원인이 되고 몸의 움직임이 결과가 되는 경우도 함께 진행됩니다.

즉 걸을 때 걷는 움직임을 알아차리는 것은 물질의 원인에 의해서 비물질의 결과가 되는 것이고 앉으려는 의도에 의해서 앉게 되는 경우는 마음이 원인이 되고 몸과 그 움직임은 결과가 되는 것으로서 단지 나, 너, 그이, 그녀 등과 같은 개체가 존재하지 않는다는 사실도, 또 생사를 비롯해서 현생이나 내생의 결정도 원인과 결과가 이끄는 업만이 존재한다는 것도 이해하게 됩니다.

Q14. 아픔이 일어나서 「아픔, 아픔……」이라고 염송하면서 한동안 마음을 챙겨도 그 아픔이 사라지지 않아서 계속 마음을 챙기며 꿰뚫어 보았더니 그 아픔이 천천히 약해지다가 또 아파지고 아프다가 약해지는 현상이 몇 번

진행되다가 나중에는 완전하게 사라졌습니다.

그리고 또 많은 스님들이 어느 계곡 속에서 한 줄로 걸어 나오는 모습들이 흐릿하게 보여서 자세하게 보려고 애를 쓰니까 금방 맑은 물과 같이 투명하게 되었습니다.

A. 사람뿐만 아니라 여러 형상의 동물이나 아름답고 희귀한 온갖 색깔의 꽃들도 현현합니다. 그리고 여러 가지 색깔의 빛이나 까만 흑점이 커지면서 다가오는 형태 등 이루

말할 수 없이 많은 형상의 환영들이 보이는가하면 괴물이나 큰 동물들이 두려움이나 공포심을 일으키게도 하는 경우가 많습니다. 또 망상도 없으며 아랫배도 보지 못하는 경우에 온갖 영상들이 자주 일어나는데 이때 그 어떤 현상이 일어나더라도 그 느낌의 명칭을 그대로 염송하면서 마음을 챙기면 금방 사라지게 됩니다.

그때 다시 마음을 굳건히 챙기며 아랫배의 대상을 빨리 찾아서 챙겨야 합니다. 어떤 사람들은 이런 현상이 대단한 수행의 정도가 높아진 것으로 오해하는 경우도 있지만 이는 찰나의 무기 상태에서 일어나는 환영이란 사실을 이해해야 할 것입니다. 보다 면밀하게 마음을 챙기는 바른 노력이 절실한 때입니다.

Q15. 한동안 좌선 중에 다리의 심한 통증을 느꼈지만 계속 참았더니 갑자기 박하향이 섞인 찬물이 온 허벅다리에서 솟아나듯이 다리의 통증이 순식간에 사라졌습니다. 다리 속에 맑은 산속의 시냇물이 흐르는 것 같았습니다. 그리고 방금 앉은 것처럼 새로운 기분이 들었습니다. 가끔 손이 경직되는 것같이 느껴졌던 때도 있었으나 다리의 통증은 이제 알아차리는 찰라 쉽게 사라지는 것 같습니다. 단지 밖의 소음들이 수행에 장애가 되어 어떤 때는 짜증스럽게도 합니다.

A. 이제 마음 챙김의 정도가 강해지고 육체적인 업이 많

이 소멸되어 가는 듯합니다. 그대로 계속 마음을 챙기면서 어떤 경직현상이나 마비현상이나 아픔이나 그 어떤 느낌도 마음을 챙기면 사라진다는 사실도 이해하게 되었으니 얼마나 큰 유익함을 얻었습니까?

바깥의 소음 때문에 수행의 장애가 된다고 하셨는데 오히려 고맙게 생각할 수는 없을까요? 왜냐하면 바깥의 소음이 있음으로서 그 소리에 집중하면서 「소음, 소음, 소음」 또는 「소리, 소리, 소리」라고 명칭을 붙여서 마음을 챙기면 그 소음도 금방 먼 산 속에서나 저 강 건너에서 들리는 소리처럼 약화되다가 그 소리는 사라지게 될 것입니다. 그래서 이 소음이 있으므로 우리들에게 소리의 특성을 이해시켜주게 되었습니다. 이제 그 만큼 수행의 장애도 사라졌으니 열심히 정진합시다.

Q16. 저녁 무렵 뒤뜰에서 경행을 하던 중 갑자기 머리 위에서 서치라이트가 켜진 것같이 빛이 쏟아져서 깜짝 놀라 위를 보았더니 아무런 흔적도 없었습니다.

오늘 아침에는 앉아서 정진 하던 중에 갑자기 온몸의 털이 곤두서는 것같이 하면서 소름이 확 끼쳤습니다. 차가운 얼음 전기에 감전된 것 같았습니다. 아주 미약한 경련도 있었습니다.

A. 이런 현상은 한동안 마음이 잘 집중하다가 마음 챙김이 잠깐 약화될 때 비롯되는 기쁨의 충만함이라는 현상 중

에 하나입니다. 수행과정에서 순간적인 황홀감이나 충만감에서 나타나는 현상입니다. 어떤 느낌이든지 명칭을 찾기 어려울 때는 그냥 「느낌, 느낌……」 또는 「앎, 앎, 앎…」이라고 염송하며 빠르게 마음을 챙겨서 알아차리면 사라집니다. 그렇지 않고 어떤 황홀감이나 충만감에 머무르게 되면 다음의 징검다리를 건너지 못하고 주저앉아 쉬는 토끼 꼴이 됩니다.

이제 조금만 더 분발하시면 정진이 훨씬 쉬워 질 것입니다. 이런 때는 좌선 중에 아랫배의 움직임을 잘 챙기면 보다 더 심오한 움직임을 볼 수 있습니다. 이 수행법에는 절대로 힌트를 주지 않습니다. 현재는 바르게 잘 정진하고 있으니 다음에 보다 미세한 현상을 많이 챙겨서 보고 하십시오.

Q17. 한동안 호흡이 가늘어 지다가 미추와 회음 사이에서 먼지 보다 작은 두 개가 서로 「딱, 딱, 딱…」 붙었다가 떨어지고 떨어졌다가 붙는 현상이 또 한동안 진행하다가 나중에는 아주 미약하게 붙었다, 떨어졌다 하는 횟수가 말할 수 없이 빨라지다가 갑자기 없어지면서 저도 없어지고 의식도 사라진 것 같았습니다.

얼마 뒤 의식이 돌아와서 한동안 멍하게 앉았다가 「혹시나 제가 어떤 높은 선정에 들었다가 깨어난 것이 아닐까?」 생각하며 일어났습니다. 또 잠시 갑옷을 입고 완전 무장한 옛날 장수차림의 할아버지도 보였습니다.

A. 마음을 바르게 잘 챙기다가 대상도 의식도 사라졌다고 했는데 그 의식이 돌아 왔을 때 한동안 멍했었다는 그 상태는 가벼운 혼침이나 무기(無氣)로 진입된 것입니다. 즉 정진을 잘 하다가 순식간에 혼침에 빠졌던 것입니다. 다음에 보다 더 면밀하게 마음

을 챙겨서 의식이 사라지는 과정을 잘 살펴서 보다 상세하게 알아차려서 보고해 주십시오.

이 경우는 수행의 정도가 제법 진행된 수행자들에게 자주 나타나지만 혼침의 상태에서도 비슷한 현상이 일어납니다. 우선 혼침의 상태란 수행중의 졸리는 상황에서 비롯되지만 잠든 상태도 아니고 마음을 챙기고 있는 상태도 아닌 무기 상태에서 의식을 놓치는 때가 있습니다. 즉 마음 챙김을 놓은 채 졸림에 빠진 상태에서 일어나는 여러 가지의 환영을 보게 되는 때도 많습니다.

옛날에 이미 죽은 할머니가…, 금빛 의상을 갖춘 보살상이, 심지어는 불단의 부처님이 내려와서 걸어오시는 모습도 나타납니다. 이런 현상들은 결국 환영에 불과하지만 수행의 정도를 가리키는 바로 메타 역할을 합니다. 그래서 비록 환영이라고 하지만 수행의 점검 때는 무시하지 않는 것입니

다. 수행의 진전이므로 더 분발하기를 기대합니다.

Q18. 수행 중에 가끔 표현하기가 어려운 느낌이 일어날 때는 「어떻게 어떤 명칭을 붙여야 할까?」라는 생각에서 띄엄 띄엄 그 느낌을 놓치거나 다른 망상으로 휘말려 버리는 경우가 없지 않습니다.

이 수행법의 모든 호흡이나 느낌이나 생각이나 여러 가지 대상 등을 알아차리며 염송해야만 되는 「일어남, 사라짐」「왼발, 앞으로, 내려, 놓음, 오른발, 앞으로, 내려, 놓음」「아픔, 아픔, 아픔」「저림, 저림, 저림」 등등의 모든 명칭을 간화선의 화두처럼 간단하게 「무(無)」나 「이뭣고」라고 한 단어로 통일해서 염송하며 알아차리면 어떨까 의문이 생깁니다.

여러 가지 일어나는 현상 따라 명칭을 붙이는 것이 조금은 복잡한 것 같아서 어떤 현상이든지 일어나는 찰나찰나 단순히 어떤 단어를 고정해서 염송하며 알아차려도 괜찮은지 일러 주십시오.

A. 처음 얼마 동안은 명칭을 붙이며 몸과 마음에서 현현하는 물질적인 현상이나 비물질적인 현상에 대해서 몸과 마음의 특성이나 역학관계와 나의 감정이나 감각의 대상을 머리가 아닌 가슴으로 바르게 이해하는 수행법입니다.

마음이 고요하고 일어나고 사라지는 현상들이 뚜렷하게 잘 보이고 잘 알아차려질 때는 명칭을 붙일 필요가 없습니다.

훗날 명칭을 염송 할 필요성이 없을 때나 그럴 여유나 찰나도 없이 그냥 현상 그 자체를 인식하는 찰나에는 단지 일어나고 사라지는 현상과 앎이 하나로 오롯하게 남게 됩니다.

처음에는 생멸현상과 앎이 분리된 것 같지만 수행이 성숙되면 현상과 앎이 하나가 될 때가 도래합니다. 그때에는 도리어 몸 밖에서 빌려온 그 무엇도 불필요하고 거추장스럽게 할 뿐입니다. 그래서 이 수행법에서는 염주나 화두나 경구나 게송 같은 것에 의지하는 것이 아니라 몸과 마음에서 일어나고 사라지는 현상에만 의존해야 한다고 강조하고 있습니다. 보다 더 간단하고 편리한 지름길이 있었다면 이미 우리들 보다 더 지혜롭고 슬기로운 부처님께서 그냥 놓치지는 않았을 것입니다.

여러 가지의 요령을 미뤄두고 부처님과 당신의 가르침에 믿음과 존경심으로 열심히 정진을 지속하다 보면 훗날 자연스럽게 전체를 단숨에 이해하게 될 것입니다.

한 걸음 한 걸음 산으로 올라 정상에 이르면 산 아래가 한눈에 보이는 것처럼…

1999년 2월 27일 초 판 인쇄
2007년 5월 15일 개정판 발행

| 펴낸이 | 김 동 금
| 지은이 | 법 산 스님
| 펴낸곳 | 우리출판사
| 편 집 | 김 인 영
| 디자인 | 전 정 현
| 마케팅 | 김 동 조

| 등 록 | 제9-139호
| 주 소 | 서울시 서대문구 충정로3가 1-38번지
| 전 화 | (02) 313-5047 · 5056
| 팩 스 | (02) 393-9696
| 이메일 | woribook@chollian.net

ISBN 978-89-7561-105-6 13220

값 10,000원